mbti 런던

# m b t i 런 던

알고 떠나면 더 즐거운 7일간 런던 도보여행

**초 판 1쇄** 2024년 10월 28일

**지은이** 키오(석용석)
**펴낸이** 류종렬

**펴낸곳** 미다스북스
**본부장** 임종익
**편집장** 이다경, 김가영
**디자인** 윤가희, 임인영
**책임진행** 김요섭, 이예나, 안채원, 김은진, 장민주

**등록** 2001년 3월 21일 제2001-000040호
**주소** 서울시 마포구 양화로 133 서교타워 711호
**전화** 02) 322-7802~3
**팩스** 02) 6007-1845
**블로그** http://blog.naver.com/midasbooks
**전자주소** midasbooks@hanmail.net
**페이스북** https://www.facebook.com/midasbooks425
**인스타그램** https://www.instagram.com/midasbooks

ⓒ 키오(석용석), 미다스북스 2024, *Printed in Korea*.

**ISBN** 979-11-6910-883-6  03920

**값** 23,000원

미다스북스는 다음세대에게 필요한 지혜와 교양을 생각합니다.

much better travel in

# m b t i 런던

글 / 사진  키오

알고 떠나면 더 즐거운
7일간 런던 도보여행

미다스북스

프롤로그

위에서 좌측 사진은 경복궁 내부의 어느 건물들 사이의 작은 마당을 찍은 것이다. 서울 도심 한복판에 조선시대 본궁(本宮, main palace)인 경복궁이 있다. 경복궁에 가서 정문인 광화문을 통과하고 흥례문과 근정문을 지나면, 조선시대 조정의 대강당 역할을 했던 아름다운 근정전이 보인다. 근정전 뒤쪽에 왕의 집무실인 사정전이 있는데, 좌측 사진은 바로 근정전과 사정전 사이의 작은 마당이다. 모르고 지나가면 단순히 근정전과 사정전을 오가는 길목이겠거니 할 것이다. 하지만, 바로 이 장소가 세조가 사육신들을 직접 고문했던, 피비린내 났던 친국(親鞫)의 현장이라는 것을 알고 나면 이 작은 마당이 약간은 다르게 다가올 것이다.

런던도 마찬가지다. 런던의 거리는 그냥 걷기만 해도 거리 그 자체가 너무나도 아름답고 건물 하나하나가 모두 고풍스럽고 이쁘다. 우측 사진은 런던 중심가에 있는 뱅퀴팅 하우스(Banqueting House)다. 이 건물 역시 모르고 지나가면 단순히 멋진 런던 건물 중 하나로 알고 지나치거나, 뱅퀴팅이란 이름이 붙여진 걸로 봐서 예전에 연회가 열리던 장소였나보다 하고 추측하며 지나칠 수 있다. 그러나, 이 건물 앞 도로가 청교도 혁명 당시 영국 역사상 최초로 국왕이 참수당한 장소라는 것을 알고 나면, 이 뱅퀴팅 하우스는 이때부터 나만의 역사의 현장이 된다. 이 책을 집필하게 된 목적이 여기에 있다. 무작정 런던을 걸어 다니기만 해도 좋을 것이다. 그러나, 내가 지나가는 이곳에서 어떤 일이 일어났었고, 내가 지나치는 이 건물에서 누가 살았었는지를 알고 나서 구경하게 되면, 런던 여행은 더욱 재미있고 풍요로워질 것이다. 따라서, 이 책은 일반 여행 서적이면서 런던의 역사와 문화와 사회가 함께 버무려진 일종의 지리지(地理志)와 같은 책이다. 이 책에 기술된 내용들은 작가가 2년간 런던에 살면서 들은 이야기, 겪은 이야기, 알게 된 이야기들을 모두 담아보고자 했다. 그렇기에 객관성이나 역사적 정확성을 완벽히 담보할 수는 없음을 고백한다.

이 책은 기본적으로 런던의 가볼 만한 구역을 일곱 군데로 정하고, 하루에 한 구역씩 도보로 여행할 수 있도록 동선을 구성했다. 매 일차 마지막에 당일의 여행 동선을 요약했는데, 동선을 모듈형으로 구성해 놓았다. 따라서, 독자들은 자신의 런던 체류 기간과 관심사와 체력을 바탕으로 모듈들을 재조립해, 자신만의 동선으로 새로이 커스터마이징 하길 바란다. 짧은 시간 내에 런던의 구석구석을 모두 돌아보겠다는 것은 욕심이다. 런던은 서울과 달리 변화가 느린 도시이다. 오늘 런던을 다 못 보고 10년 후에 다시 오더라도 예전에 보지 못한 장소들이 사라져 버리는 경우는 거의 없을 것이다. 런던에 왔으니 런더너(Londoner)들의 성격대로 느긋하게 런던을 즐기고, 놓친 부분은 다음을 기약하는 여유를 부리며 런던을 걸어보자.

여행은 다름을 경험하는 과정이다.
나와 다른 사람들을 만나, 내가 먹던 것과 다른 음식을 먹고,
내가 살던 곳과 다른 공간을 지나면서 그 어색한 낯섦을 즐긴다.

그러나, 여기에 스토리가 더해지면 말이 또 달라진다.
그들의 이야기를 알고 나면, 그들 역시 나와 같은 사람이고
그들이 사는 공간 또한 사람 사는 세상이라는 것을 깨닫는다.


이제 그들의 이야기를 듣기 위해 런던의 거리로 들어가 보자.

프롤로그  004


# | DAY 1
정치의 거리 **화이트홀** Whitehall


## 1. 런던 여행의 시작점

A. 불멸의 영국 이순신 | 넬슨 기념탑                    021
B. 런던 관광객들의 성지 | 트라팔가 광장                024
C. 어머니를 기리며 | 애드미럴티 아치                   027


## 2. 정부 청사들이 늘어선 런던 세종로

D. 런던경찰청의 별명은? | 스코틀랜드 야드            030
E. 세프톤은 죽지 않아 | 호스 가즈                       032
F. 왕의 목을 쳐라 | 뱅퀴팅 하우스                       034
G. 사막의 여우 vs. 사막의 쥐 | 영국 국방부              037
H. 총리가 서열이 8위 | 총리 관저                        038


## 3. 국회의사당이 위치한 런던 여의도

I. 빅벤은 사실 시계가 아니다 | 국회의사당             042
J. 여성에게도 투표권을 달라 | 빅토리아 타워 가든스    047
K. 영국 국왕의 대관식 | 웨스트민스터 사원              050

## 4. 국민의 자긍심, 영국 경복궁

L. 헨리 8세의 사냥터 | 세인트 제임스 파크     052

M. 국왕은 버킹엄을 떠나지 않을 것이다 | 버킹엄 궁전     053

N. 도심 속 녹색의 휴식 공간 | 그린 파크     056

## 5. 분수에서 만나요, 런던 만남의 광장

O. 피카딜리는 왜 피카딜리일까 | 피카딜리     058

P. 에로스 아님 주의 | 피카딜리 서커스     060

Q. 오페라의 유령을 보다 | 헤이마켓 거리     063

R. 영국을 빛낸 수백 명의 위인 | 내셔널 포트릿 갤러리     064

# DAY 2
예술의 거리 **소호** Soho

## 1. 아름다운 곡선의 거리와 그 골목길들

A. 영국 전체가 슬퍼한 샬롯 공주의 죽음 | 리젠트 스트릿     069

B. 매너가 사람을 만든다 | 새빌로     075

C. 가련한 넬슨의 여인, 엠마 해밀턴 | 에덴 갤러리     077

D. 음악의 어머니와 천재 기타리스트 | 브룩 스트릿     080

E. 영국의 최고령 백화점 | 리버티 백화점     082

F. 쇼핑의 거리에서 영국의 음식을 듣다 | 옥스포드 스트릿     083

## 2. 문학과 음악이 있는 런던 대학로

G. 유색인 간호사 메리 시콜 | 소호 광장     087

H. 행복한 왕자 오스카 와일드 | 그릭 스트릿     089

I. 런던에서 재즈를 듣는다면 | 프릿 스트릿     091

J. 영국 젊은이들의 펍 문화 | 딘 스트릿     092

## 3. 시네마와 씨어터의 공존

K. 런던 속 작은 중국 | 차이나타운     096

L. 영화와 뮤지컬의 공간 | 레스터 스퀘어     098

## 4. 특별하지 않으면서 특별한 광장

M. 야! 레드 보이 | 내셔널 갤러리     102

N. 오드리 헵번이 꽃을 팔던 곳 | 코벤트 가든     105

# DAY 3

역사의 거리 **타워 힐** Tower Hill

## 1. 피로 물든 성채

A. 헨리 8세의 왕비들 | 런던탑     115

B. 영국에서 가장 아름다운 다리 | 타워 브리지     123

## 2. 템스강 남쪽 둑길을 따라서

C. 유리로 만든 달걀 | 런던시청     125

D. 한국전쟁에도 참전했소 | 벨파스트 함     126

E. 런던 롯데타워 | 샤드     127

F. 런던 다리 무너진다 | 런던 브리지     128

G. 도킨스의 안식처 | 서덕 성당      129

H. 런던에서 가장 오래된 식료품 시장 | 버로우 마켓      130

## 3. 고대에서 중세로 그리고 또 현재로

I. 셰익스피어의 공연장을 복원하다 | 셰익스피어 글로브 극장      135

J. 화력발전소의 변신 | 테이트 모던      138

K. 새로운 세기를 맞이해 | 밀레니엄 브리지      139

L. 세계에서 두 번째로 긴 성당 | 세인트 폴 성당      140

## 4. 순교자들의 성지 런던 새남터

M. 포카혼타스의 진실 | 올드 베일리      145

N. 벨기에의 마케팅 승리 | 황금 소년      148

O. 브레이브 하트를 추모하며 | 성 바돌로매 병원      149

P. 블러디 메리가 지켜보고 있다 | 성 바돌로매 게이트하우스      151

# DAY 4

종교의 거리 **템플** Temple

## 1. 템스강 북쪽 둑길을 따라서

A. 지하감옥에서 마시는 와인 | 엠방크먼트      159

B. 런던 한강공원 | 빅토리아 엠방크먼트 가든스      161

C. 작지만 알찬 미술관 | 코톨드 갤러리      167

D. 골든 트라이앵글 | 킹스 칼리지      168

## 2. 신비로운 기운이 감도는 런던의 소도

E. 공리주의 철학자 존 스튜어트 밀 | 템플     170

F. 런던은 용의 도시 | 작은 용의 동상     173

G. 장미전쟁의 시작 | 미들템플 가든스     176

H. 템플기사단이 프리메이슨? | 템플 교회     179

## 3. 왕립재판소가 있는 런던 서초동

I. 짐은 영국과 결혼했다 | 스트랜드     181

J. 왕립공군 교회 | 세인트 클레멘트 데인스 교회     185

K. 노벨경제학상의 산실 | 런던 정치경제대학교     188

L. 기묘한 분위기의 박물관 | 존 손 박물관     188

## 4. 박물관이 살아 있는 런던의 용산

M. 최초의 상형문자 로제타 스톤 | 영국박물관     190

N. 빅 브라더의 탄생 | 러셀 스퀘어     193

O. 제레미 벤담의 미라, 오토 아이콘 | 유니버시티 칼리지     196

## 5. 유럽으로 가는 관문

P. 해리포터의 9와 4분의 3 정거장 | 세인트 판크라스 & 킹스 크로스역     201

## 6. 요람에서 무덤까지 아스널 FC와 함께

Q. 에미레이츠 스타디움에서 프리미어 리그를 | 아스날     203

# DAY 5

박물관의 거리 **켄싱턴** Kensington

## 1. 박물관 삼각지대

A. 대왕고래 '호프' | 자연사박물관　　　　　　　　　　211

B. 제임스 와트에서 스티븐 호킹까지 | 과학박물관　　　215

C. 플레밍과 처칠의 우정 | 임페리얼 칼리지　　　　　　220

D. 세계 최대의 디자인 박물관 | 빅토리아 & 알버트 박물관　225

E. 영국에서 가장 큰 백화점 | 해로즈 백화점　　　　　　226

## 2. 외국 대사관이 즐비한 런던 한남동

F. 하이드 파크의 관문 | 웰링턴 아치　　　　　　　　　227

G. 동네 이름이 이쁘네요 | 메이페어　　　　　　　　　　229

## 3. 넓은 잔디밭과 호수가 있는 런던 호수공원

H. 피터 팬을 찾아보자 | 하이드 파크　　　　　　　　　235

## 4. 런던 푸바오의 동네

I. 패딩턴 베어의 등장 | 패딩턴　　　　　　　　　　　　241

## 5. 문학의 거리 런던의 신촌

J. 추리소설의 여왕이 살던 곳 | 켄싱턴 처치 스트릿　　　245

# DAY 6

이민자의 거리 **노팅 힐** Notting Hill

## 1. 패션의 거리 런던의 압구정 로데오

### A. 소녀 감성 캐스 킷스턴의 설립 | 홀란드 파크                255

## 2. 초승달 모양의 주택단지

### B. 기타 천재의 의문의 죽음 | 라드브록 그로브                260

## 3. 영화 <노팅 힐> 촬영지

### C. 영화의 거리 | 포토벨로 로드                               265

## 4. 노팅 힐 카니발의 시작점

### D. 인디 밴드들의 운동장 | 포위스 스퀘어                      270

## 5. 런던에서 가장 높은 런던 북한산

### E. 부자들은 높은 곳을 향해 | 햄스테드 히스                   275

# DAY 7

홈즈의 거리 **베이커 스트릿** Baker Street

## 1. 숨겨진 보석 같은 거리

### A. 런던에서 두 번째로 큰 백화점 | 셀프리지 백화점            289

B. 독재자가 된 영웅 | 시몬 볼리바르     290

C. 컬렉션이란 이런 것이다 | 월리스 컬렉션     292

D. 런던에서 가장 아름다운 서점 | 돈트 북스     294

## 2. 창조된 주소 베이커 스트릿 221B

E. 전 세계 셀럽들의 집합소 | 마담 투소 박물관     295

F. 셜록 홈즈의 모든 것 | 셜록 홈즈 박물관     297

G. 영국 대표 슈퍼카 | 벤틀리     299

## 3. 동물원 옆 대공원

H. 런던 최대 왕실 공원 | 리젠트 파크     301

I. 영국에서 시작된 스포츠, 크리켓 | 로드 크리켓 구장     304

J. 비틀즈의 횡단보도를 건너다 | 애비 로드     306

## 4. 접근성 좋은 런던의 남산

K. 마더 쉽톤의 예언은 이루어질 것인가 | 프림로즈 힐     312

## 5. 다양한 카페와 펍으로 힙한 런던의 홍대

L. 뱅크시당하다 | 오벌 로드     316

M. 캠든에서 영국의 경제를 듣다 | 캠든 마켓     319

**에 필 로 그**   323

**부록 : 영국 왕조 연대표**   330

# DAY 1

정치의 거리
## 화이트홀 Whitehall

**39** **P** 38

피카딜리 서커스

**35**

**37**

**34**

**O**

피카딜리

**33**

**N**

그린 파크

말 거리

**M**

버킹엄 궁전

# 1. 런던 여행의 시작점

*"Thank God, I have done my duty."*
(신이여 감사합니다, 저는 제 임무를 다했습니다.)

— 호라시오 넬슨, 트라팔가 해전에서 전사하며 남긴 말

## A. 불멸의 영국 이순신 | 넬슨 기념탑(Nelson's Column)

A. 넬슨 기념탑

런던 도보여행은 트라팔가 광장에서 출발한다. 트라팔가 광장은 지리적으로 런던의 중심부에 있으면서, 영국 정치의 중심지인 화이트홀 거리의 시작점이다. 지하철역은 노던 라인이나 베이커루 라인의 차링 크로스역이 제일 가깝다. 트라팔가 광장에서 가장 눈에 띄는 높은 돌기둥이 있으니 바로 넬슨 기념탑, 즉 넬슨 동상이다. 영국에서 넬슨 제독은 거의 이순신급이다. 그도 그럴 것이, 유럽 대륙을 제패한 나폴레옹이 마지막 남은 영국을 정복하기 위해 침략했는데, 넬슨은 이에 맞서 엄청난 전과를 거두고 승리하면서 자신은 전사했으니, 영국인들에게는 구국의 영웅이나 다름없다.

① 호라시오 넬슨

트라팔가(Trafalgar)라는 이름은 ① 호라시오 넬슨(Horatio Nelson, 1758~1805)이 이끄는 영국 해군이 나폴레옹의 프랑스 해군과 맞붙은 대규모 해전인 트라팔가 전투에서 따왔다. 당시 유럽에서는 나폴레옹이 유럽 대륙을 점령하고 난 후, 늘 앙숙이었던 섬나라 영국을 정벌하고자 기회를 벼르고 있었다. 나폴레옹은 자신이 육지에서는 최강자이지만, 바다에서는 강한 영국 해군을 상대하기가 쉽지 않다고 생각했다. 그러나, 프랑스 해군이 24시간 동안만 바다에서 영국 해군과 싸우며 버텨준다면, 그 사이 프랑스 육군이 도버해협을 건너 영국에 상륙해서 충분히 영국을 점령할 수 있으리라 확신했다. 그에 따라, 프랑스 남부에 있는 해군과 스페인 해군을 합친 연합 전력을 프랑스 북부 항구도시인 볼로뉴에 집결시켰다.

넬슨은 바로 이 프랑스-스페인 연합해군을 상대로 스페인 남부 트라팔가 곳에서 대승을 거두었다. 트라팔가 해전에서 영국 함대는 빅토리호를 기함(Flagship, 사령부가 설치된 군함)으로 27척의 전함이 주축을 이루었고, 프랑스는 피에르 빌뇌브가 이끄는 33척의 전함이 주축이었다. 영국 함대는 격침된 함정이 한 척도 없이 400명의 전사자와 1,200명의 부상자가 나왔지만, 프랑스 함대는 격침 1척, 나포 21척, 전사 3,200명, 포로 7,000명이라는 피해를 보았다. 나폴레옹을 상대로 이렇게 대승을 거두었으나, 안타깝게도 넬슨은 전투 중에 프랑스 저격병의 총에 맞아 전사했다. 당시 넬슨의 기함 빅토리호의 깃발에는 다음과 같은 문구가 있었다. "England expects everyman to do his duty(잉글랜드(조국)는 여러분들이 자신의 임무를 다할 것을 기대한다)."

넬슨 기념탑은 52m의 돌기둥과 그
위에 있는 넬슨 동상을 합쳐서 일컫는
다. 넬슨은 트라팔가 해전이 있기 이
전부터 여러 차례의 전투에서 오른쪽
눈과 팔을 잃었다. ② 기둥 위의 넬슨
동상은 멀쩡한 모습의 제독이 아니라
눈과 팔을 잃은 모습 그대로 제작되어
있다. 마치, 군인이 전투에서 신체를
상실했다는 것은 용맹함의 상징이기

② 기둥 위의 넬슨 동상

에 부끄러워할 이유가 없다는 것을 보여주는 것 같다. 한국의 경우, 한국
전쟁과 베트남전쟁을 경험했지만 아직 임무 중 신체를 상실하고도 고위급
으로 진급한 경우는 없다. 언젠가는 우리 군에도 의수를 한 육군참모총장
이나 한쪽만 안대를 한 합참의장이 나타날 수 있을 것이다. 그런 장성들이
있다는 상상만으로도 왠지 듬직한 느낌이 든다.

넬슨 기념탑 아래 ③ 4마리의 사자
동상은 트라팔가 해전 당시 나포했
던 프랑스 군함의 대포를 녹여 만들
었다. 그런데, 사자가 앉은 모습이 다
소 어색한 부분이 있어 프랑스 사람들
이 "사자가 너희 나라 동물이라면서
너희는 사자가 어떻게 앉아 있는지도
모르냐?"라며 핀잔을 준다. 넬슨의 시
신은 세인트 폴 성당 지하에 안장되어

③ 4마리의 사자 동상

있고, 그의 기함 빅토리호는 영국 남부의 해군 도시인 포츠머스의 2번 부두에 정박해 있다. 넬슨이 트라팔가 해전 당시 입었던 군복은 그리니치의 국립해양박물관(National Maritime Museum)에 전시되어 있으며, 그의 몸에 박힌 탄환은 윈저성에 보관되어 있다. 지금도 그는 트라팔가 광장 높은 곳에서 남쪽 프랑스 방향을 바라보며 영국을 지키고 있는 듯하다.

## B. 런던 관광객들의 성지 | 트라팔가 광장(Trafalgar Square)

B. 트라팔가 광장

넬슨의 이야기는 여기에서 마치고, 이제 트라팔가 광장을 둘러본 후 런던 도보여행을 시작해 본다. 트라팔가 광장은 넬슨 기념탑과 내셔널 갤러리 사이의 광장이다. 보통 런던에서 다른 도시까지의 거리를 측정할 때, 트라팔가 광장을 런던의 기준점으로 삼을 정도로 이곳은 런던의 중심이다.

④ 조지 4세

동상이나 기둥 아래에 기초로 받쳐주는 주춧돌을 영어로 '플린쓰(plinth)'라 한다. 트라팔가 광장의 네 귀퉁이에 주춧돌이 4개가 있고, 그 주춧돌 위에는 영국 근대의 유명한 정치인들의 동상이 있다. 내셔널 갤러리를 바라보며 1시 방향, 즉 북동쪽 주춧돌이 첫 번째 주춧돌인데 이 주춧돌 위에는 19세기 영국의 군주인 ④ 조지 4세(King George Ⅳ)의 동상이 있다. 원래는 마블 아치(Marble Arch) 지역에 건립될 계획이었는데 최종적으로 이곳에 설치되었다.

다음으로 남동쪽 두 번째 주춧돌 위에는 ⑤ **헨리 해블록**(Henry Havelock, 1795~1857)의 동상이 있다. 18세기 영국은 식민지 인도에 있는 동인도회사를 안전하게 보호하기 위해, 머스킷 총으로 무장한 인도인 보병 '세포이(sepoy)'들을 고용했다. 그러나, 이들은 1857년에 영국 동인도회사의 억압적인 통치에 항거

⑤ 헨리 해블록

하며 '세포이 항쟁'을 일으켰다. 해블록 장군은 바로 이 세포이 항쟁 당시 영국령 인도의 락나우, 쿤포레 등을 지켜내는 수훈을 세웠다.

남서쪽 세 번째 주춧돌 동상의 주인공은 ⑥ **찰스 제임스 네이피어**(Charles James Napier, 1782~1853)인데, 해블록 장군과 비슷한 시기의 사람으로 식민지 인도의 총사령관을 지냈다. 2000년에 노동당의 케네스 리빙스톤 런던 시장이, 해블록 장군과 네이피어 장군이 별로 유명한 인물들이 아니라는 이유로 이들의 동상을 다른 사람의

⑥ 찰스 제임스 네이피어

동상들로 교체하자고 주장해 논란이 된 적이 있다.

⑦ 네 번째 주춧돌(2024년)

　마지막으로 내셔널 갤러리를 향한 상태에서 10시 방향, 즉 북서쪽 주춧돌이 ⑦ 네 번째 주춧돌(The 4th Plinth)이다. 이 주춧돌 위에는 매년 '네 번째 주춧돌 위원회(The 4th Plinth Commission)'가 선정한 예술작품이 전시된다. 트라팔가 광장은 런던을 방문하는 전 세계 관광객들이 모이는 장소이기 때문에, 이곳에 자기 작품이 전시되는 것은 대단한 영광일 것이다. 2013년에는 '푸른 닭'이라는 거대한 닭 모형의 작품이 전시되었다. 프랑스는 "왜 하필 프랑스가 패전한 전투의 이름을 딴 광장에 프랑스의 상징 동물인 닭을 전시하는가?"라고 불평했고, 영국은 "닭은 프랑스의 상징 동물인데 넬슨의 뒤통수에 이를 설치하는 것이 옳은가?"라며 비난했다.

⑧ 세계에서 가장 작은 경찰서

　남동쪽 두 번째 주춧돌 옆에 작은 건물은 한때 ⑧ 세계에서 가장 작은 경찰서였던 곳이다. 트라팔가 광장은 관광객들이 많이 모인 장소니 소매치기나 경범죄들이 발생할 가능성이 커서 경찰서를 두었을 것이다. 다만, 크기가 너무 작아 경찰서가 아니라 비밀 업무를 수행하는 장소였을 것이라는 음모론도 있다. 지금은 더 이상 경찰서로 사용되고 있지 않다.

매년 크리스마스 시즌이 되면 노르웨이가 선물한 거대한 크리스마스트리가 광장 한가운데 세워진다. 제2차 세계대전 중 영국의 도움을 받은 노르웨이가 매년 12월에 자국의 우수한 전나무를 트리로 장식해 보냄으로써 영국에 보답하고 있다. 넬슨 동상 앞쪽 회전교차로 한가운데 말을 타고 있는 동상은 ⑨ 찰스 1세다.

⑨ 찰스 1세

## C. 어머니를 기리며 | 애드미럴티 아치(Admiralty Arch)

트라팔가 광장에서 화이트홀 거리로 들어서기 전에 오른쪽을 잠시 보면 멋진 아치 모양의 건물이 있다. 애드미럴티 아치라는 이 건물은 1911년

C. 애드미럴티 아치

⑩ 에드워드 7세

에 ⑩ 에드워드 7세(King Edward Ⅶ, 1841~1910)가 그의 어머니 빅토리아 여왕을 기리기 위해 세운 건물이다. 에드워드 7세는 빅토리아 여왕의 장남이었으나, 여왕의 통치 기간이 64년이나 되는 바람에 거의 60년을 왕세자로 지냈고 국왕으로서의 재위 기간은 약 9년 정도밖에 안 된다. 에드워드 7세는 그의 증손자인 찰스 3세(약 70년간 왕세자)에 의해 기록이 깨어지기 전까지 최장기 왕세자였다. 그는 당시 유럽의 거의 모든 군주와 친척이어서 별명이 '유럽의 삼촌'이었다. 군주 대부분과 친했지만, 조카인 독일의 빌헬름 2세와는 사이가 좋지 않아, 제1차 세계대전을 앞두고 독일과 영국 사이에는 늘 긴장감이 맴돌았다.

애드미럴티 아치를 지나 버킹엄 궁전까지 쭉 뻗은 도로가 영국식 영어로 '말' 거리(The Mall)다. 말 거리는, 애드미럴티 아치에서 출발해 버킹엄 궁전에 도착하기까지 화이트홀 거리보다 더 짧은 거리다. 그러나, 딱히 볼거리가 없어 관광객들에게는 추천하지 않는다. 애드미럴티 아치는 이름에서 알 수 있듯이 해군본부(The Admiralty)와 해군 참모총장의 집무실이 있던 곳이었고, MI5 역시 과거에 이 건물에 있었다. MI5는 Military Intelligence Section 5(군 정보부 제5과)로 영국의 국내 정보 전담 조직이며, 영국 BBC 첩보 드라마 〈스푹스(Spooks)〉의 소재다. 'spook'이 스파이라는 뜻인데, 드라마 자체는 기존에 방송된 스파이 드라마 중에서 손에 꼽을 정도로 사실적이라는 평가가 있다. MI5와 반대로 해외정보 전담 조직인 MI6는 영화 〈007〉 시리즈에서 주인공 제임스 본드가 근무하는 곳이다. MI6는 1909년에 비밀경호국의 대외부서에서 시작해 제1, 2차 세계대전을 거치면서 크게 성장했다. 전후 냉전 시기에는 구소련의 KGB에 대항하며 미국의 CIA와 호흡을 같이했고, 냉전 직후에는 IRA(아일랜드 반군)와 대립했다. 오늘날에는 탈레반이나 알카에다와 같은 무장단체의 위협에 대응하며 명맥을 유지하고 있다. 현재 MI5는 런던 밀뱅크 거리에 있고 MI6는 복솔역 근처에 있다.

## 2. 정부 청사들이 늘어선 런던 세종로

"*I go from a corruptible to an incorruptible crown, where no disturbance can be, no disturbance in the world.*"

(나는 썩어 없어질 왕관에서 썩지 않는 왕관으로 간다. 그곳에는 어떠한 방해도 없고, 있을 수도 없다.)

**– 찰스 1세, 단두대에서 참수당하기 직전**

### D. 런던경찰청의 별명은? | 스코틀랜드 야드(Scotland Yard)

D. 스코틀랜드 야드

이제 본격적으로 화이트홀 거리로 들어가 본다. 화이트홀 거리에는 정부 청사와 역사적인 건물들이 많으므로, 거리 양쪽을 왔다갔다 하면서 구경하는 것이 좋다. "여의도에 입성했다."와 같이 우리가 국회를 가끔 '여의도'라고 칭하듯이, 영국도 영국 정부를 일컬을 때 그냥 '화이트홀'이라고도 한다.

먼저 대형 시계탑인 빅벤으로 가는 방향으로 왼쪽 보도를 걷다 보면,

그레이트 스코틀랜드 야드 거리가 있다. 과거 이 거리에 런던광역경찰청(London Metropolitan Police Service)이 있었기에, 오늘날 런던광역경찰청을 '스코틀랜드 야드'라는 별칭으로 부른다. 신문에서는 아직도 "Scotland Yard says, ~(런던경찰청에 따르면, ~)"라는 식으로 기사가 나온다. 런던광역경찰청은 한국에서 종종 '런던경시청'으로 번역된다. 한자문화권 국가에서 한국은 경찰청, 중국은 공안부, 일본은 경시청이라고 쓰기에 일본식 한자를 번역한 것 같다. 우리에게 친숙한 소설 『셜록 홈즈』에 나오는 레스트레이드 경감이 런던광역경찰청 소속이다.

영국의 현대적 경찰 제도는 ⑪ 로버트 필(Robert Peel, 1788~1850)의 경찰 개혁으로 정립되었다. 로버트 필은 귀족 가문에 태어나 영국 총리에 두 번이나 선출되었고, 내무부 장관도 두 번이나 역임했다. 그는 경찰조직에 계급제도와 정복 복장을 도입하는 등 경찰 제도를 개혁해, 자치경찰제를 유지하면서도 경찰조직

⑪ 로버트 필

의 통일성을 추구했다. 현재의 광역경찰청도 로버트 필에 의해 설립되었다. 영국 경찰을 필의 이름을 따서 필러(Peeler)라고 부르기도 하고 애칭인 보비(Bobby)라고 부르기도 한다. 영국 경찰은 무장경찰도 있긴 하지만 대부분은 총기를 소지하지 않는다. '보비 헬멧'이라고 부르는 독특한 모자를 써서, 누구나 쉽게 경찰임을 알 수 있다. 여행 중 긴급히 경찰과 연락하려면 '999'로 전화를 걸면 된다. 런던 시내를 걷다 보면 사이렌 소리를 많이 듣는데, 구급차 아니면 경찰차다. 사이렌이 울리면 도로 위를 달리는 모든 차가 길 양쪽으로 흩어져 정차한 후, 도로 가운데를 긴급차량에 양보

한다. 영국의 경찰차는 녹색 또는 주황색 무늬가 있는데, 주황색은 무장 경찰차다.

스코틀랜드 야드 원판처럼 거리를 다니다 보면 간혹 파란색의 원판이 건물 외벽에 붙어 있는 것이 보인다. 블루 플라크(Blue Plaque, 푸른 명판)라는 이 명판이 붙어 있는 곳은, 과거 이곳에 유명인이 거주했거나 역사적으로 유명한 사건이 발생한 지역임을 나타내 주는 표식이다. 이 책도 주로 이런 블루 플라크를 따라 동선이 잡혀 있다.

### E. 세프톤은 죽지 않아 | 호스 가즈(Horse Guards, 기마근위대)

E. 호스 가즈

스코틀랜드 야드에서 길을 건너 계속 시계탑 방향으로 걷다 보면, 말을 탄 병사가 보초를 서 있는데 이곳은 영국 기마근위대 사령부 입구다. 수많은 관광객이 말을 탄 병사와 함께 사진을 찍기 위해 줄을 선다. 말은 뒤차기가 강력한 주무기지만 신체적으로 옆차기가 안 되는 동물이기 때문에, 말 뒤쪽으로 가지 말고 옆구리에 서서 안전하게 사진찍기를 권한다. 기마근위대 건물에는 한때 영국 육군본부가 있었다. 건물 뒤쪽에 호스 가즈 퍼레이드(Horse Guards Parade)라는 운동장 같은 공간은 기마근위대가 훈련하거나 열병식이 열리는 장소다.

1982년 7월, 아일랜드 반군(IRA)들이 기마근위대를 표적으로 폭탄 테러를 감행해 11명의 군인과 7마리의 말이 사망했다. 당시 중상을 입은 말 '세프톤(Sefton)'은 수술과 치료 끝에 살아남았고, 이후 TV 프로그램에도 출연했으며, '올해의 말'에 수상되는 영광도 얻었다. IRA(Irish Republican Army)는 아일랜드의 무장단체로, 1910년대 말 아일랜드를 영국으로부터 독립시키기 위해 조직되었다. 영국의 국명인 The United Kingdom of Great Britain and Northern Ireland에서 알 수 있듯이, 영국은 브리튼 섬에 있는 잉글랜드, 웨일즈, 스코틀랜드 3개 나라와 바다 건너 북아일랜드를 합친 4개 국가의 연합왕국이다. 지역마다 자부심이 강하기 때문에 스코틀랜드인에게 "당신은 영국 사람입니까?"를 "Are you from England?"로 묻는 것은 큰 실례다. 따라서, 영국인과 대화할 때는, 영국을 England 대신 The UK(The United Kingdom)로, 형용사는 English 대신 British로 사용하는 것이 좋다.

　북아일랜드도 자부심이 강하긴 마찬가지인데, 원래 아일랜드라는 나라는 과거 800년간 영국의 식민지였다가 1922년에 영국으로부터 독립했다. 이 당시 아일랜드 북쪽 지역에는 영국계 국민과 친영 세력이 다수여서, 영국 정부는 북아일랜드를 영국 내에 잔류시키는 것을 아일랜드의 독립조건으로 내세웠다. 그러자, 아일랜드 내에서 이에 대한 찬반을 두고 내전이 발생했고, 찬성파가 승리하면서 북아일랜드는 결국 영국에 남게 되었다. 그러나, 1960년대 후반 북아일랜드 내에서 다시 주민들 간 분쟁이 발생했고, 특히 1972년에는 영국군 공수부대가 평화적인 시위대에 실탄을 발포한 사건(피의 일요일 사건)도 일어났다. 이를 계기로 IRA가 대대적으로 성장했다. IRA는 1979년에 엘리자베스 2세 여왕의 친척인 루이 마운트배튼 백작의 요트에 폭탄을 설치해 그를 암살하는 등 영국 왕족, 정부 요인, 영국군을 노린 공격을 서슴지 않는 강경노선을 유지했다. 다행히

1990년대가 되어서는 아일랜드에서 강경 노선보다 온건 노선이 힘을 얻기 시작했다. 1997년에 토니 블레어, 당시 영국 총리도 아일랜드를 방문해 영국 정부가 아일랜드에 자행했던 유혈진압에 대해 공식적으로 사죄했다. 이어 1998년에 벨파스트 협정이 체결되면서 마침내 영국과 아일랜드 간 무장투쟁은 종식되었다. 2011년에는 엘리자베스 2세 여왕이 영국 국왕으로는 100년 만에 아일랜드를 방문해, 아일랜드 국민에게 영국의 가혹했던 식민 통치에 대해 사과성 유감을 표했다.

## F. 왕의 목을 쳐라 | 뱅퀴팅 하우스(Banqueting House)

F. 뱅퀴팅 하우스　　　　　　⑫ 구 전쟁청 건물

호스 가즈 바로 건너편의 큰 건물은 ⑫ **구 전쟁청 건물**(Old War Office Building)인데 지금은 호텔로 사용되고 있다. 전쟁청은 지금의 국방부가 생기기 전까지 그 역할을 했던 부처다. 구 전쟁청 건물 앞 동상은 ⑬ **캠브리지 공작 조지**(Prince George, Duke of Cambridge, 1819~1904)

다. 그는 조지 3세의 손자로, 1856년부터 1895년까지 무려 39년을 영국군 총사령관으로 지냈다. 장교의 사회적 지위에 기초를 둔 승진제도를 확립하고, 군사참모대학을 설립했으며, 군대 내에서 체벌을 금지한 업적들이 있다.

⑬ 캠브리지 공작 조지

　구 전쟁청 건물에서 호스 가즈 애비뉴를 건너면 뱅퀴팅 하우스가 있다. 뱅퀴팅은 '연회'라는 뜻이며, 뱅퀴팅 하우스는 제임스 1세가 파티를 열기 위해 지은 건물이다. 건물 안으로 들어가면 천장에 루벤스의 대형 그림을 볼 수 있다. 천장화는 그 크기가 너무 커서 오래 쳐다보면 목이 아프므로, 뱅퀴팅 하우스에는 고개를 숙이고도 천장을 볼 수 있도록 거울을 비치해 두었다. 뱅퀴팅 하우스가 유명한 것은 바로 이 건물 앞에서 영국 최초로 왕의 목이 잘리는 역사적 사건이 일어났기 때문이다. 제임스 1세의 아들 찰스 1세는 당시 3,000파운드(오늘날로 치면 수억 원 가치)를 주고 루벤스에게 천장화를 부탁했는데, 찰스 1세는 크롬웰에 의해 참수당하기 직전 이 그림 아래에서 대기했다.

　17세기 조선에서는 광해군을 쫓아내고 인조가 집권했고, 영국에서는 찰스 1세가 왕권신수설(왕의 권력은 신이 부여하는 것이다)을 신봉하며 전제정치를 행했다. 그는 잦은 대외 전쟁으로 재정난을 겪게 되자 과도한 세금을 자주 부과했는데, 그로 인해 의회와의 대립이 불가피했다. 1628년에 다시 한번 찰스 1세가 재정확충을 위해 특별세를 부과하려 하자, 의회는 '권리청원(Petition of Right)'을 승인할 것을 왕에게 조건으로 내걸었다. 찰스 1세는 이를 받아들이긴 했으나 이듬해 바로 의회를 해산하고 11년간 의회를 열지 않았다. 바로 권리청원의 주요 내용 중 하나인 "국왕은 의회의 승인 없이 과세할 수 없다."라는 내용이 마음에 들지 않았기 때문이었다. 그러나, 찰스 1세는 스코틀랜드와 전쟁을 하기 위해 세금을 걷고자 어쩔 수 없이 11년 만에 다시 의회를 소집했다. 그간 의회가 열리지 못한 것에 대해 불만이 많았던 의회는, 왕이 제안한 세금을 심의하기보다 왕의 권한을 제한하는 법안들을 통과시킴으로써 왕의 권력이 서서히 의회로 옮겨졌다.

그러던 중 의회는 왕을 지지하는 왕당파와 반대하는 의회파로 나뉘어져 결국 1차 내전이 일어났고, 그 결과 찰스 1세가 패배함으로써 왕의 권한은 더욱 축소되었다. 복수를 다짐하던 찰스 1세는 2차 내전을 일으켰지만, 또다시 패배함으로써 당시 의회군을 지휘하던 올리버 크롬웰에 의해 내란죄로 기소되었다. 결국, 그는 1649년 1월에 뱅퀴팅 하우스 앞에서 국민이 지켜보는 가운데 참수형에 처해졌는데, 이는 영국 역사상 국왕이 참수당한 유일한 사례로 국민이 받은 충격도 컸다. 찰스 1세는 단두대에 오르기 전 뱅퀴팅 하우스 안에서 대기했는데, 추워서인지 아니면 겁이 나서인지 사시나무처럼 떨었다는 이야기도 있고, 끝까지 당당한 태도를 유지했다는 이야기도 있다. 영국 육군을 영어로 British Army(BA)라 하고 영국 해군은 Royal Navy(RN), 영국 공군은 Royal Air-Force(RAF)라고 해서, 해군과 공군에만 '왕립(Royal)'이라는 단어가 들어간다. 이에 대해, 왕의 목을 친 크롬웰이 육군이기 때문에 육군은 '왕립'이라는 단어를 쓸 수 없다는 이야기도 있고, 해군과 공군은 국왕 직속이지만 육군은 전통적으로 의회 직속이었기에 그렇다는 이야기도 있다.

## G. 사막의 여우 vs. 사막의 쥐 | 영국 국방부(Ministry of Defence)

G. 영국 국방부 　　　　　　　　⑭ 헤이그 백작

　뱅퀴팅 하우스 앞 도로 위의 동상은 ⑭ 헤이그 백작(Douglas Haig, 1861~1928)이다. 그는 제1차 세계대전 당시 서부전선에서 승리한 장군이지만, 수많은 사상자가 나오더라도 전투만 승리하면 된다는 '소모전 전략'으로 이룬 승리였기에 그에 대한 비판도 많다. 뱅퀴팅 하우스 옆에 있는 대형 건물은 영국 국방부(MoD, Ministry of Defence)다. 미국의 국방부는 DoD(Department of Defense), 한국의 국방부는 MND(Ministry of National Defense)가 약칭이다. 한국 국방부가 Ministry를 영국식으로 따르면서 Defense는 미국식 철자를 따르는 게 재미있다.

　국방부 건물 앞에 동상이 3개가 있는데 제일 오른쪽 동상이 ⑮ 버나드 몽고메리(Bernard Law Montgomery, 1887~1976) 장군이다. 그는 별명이 '사막의 쥐'로 제2차 세계대전 중 아프리카에서 에르빈 롬멜의 독

⑮ 버나드 몽고메리

일군을 격퇴한 공로가 있다. 롬멜은 별명이 '사막의 여우'였는데, 롬멜의 경우 독일 정부로부터 탄약, 연료 등의 보급품 지원을 제대로 받지 못한 열악한 상태에서 전쟁을 수행하면서도 상당한 전과를 거두었다. 그 때문에 몽고메리의 승전이 과대평가 되었다는 이야기도 있으나, 풍부한 전력을 가지고도 패전한 장군들이 많으므로 단순히 비교하기는 어렵다고 본다. 한편, 롬멜은 억울하게 히틀러 암살 미수 사건에 연루되어 히틀러의 미움을 사서 권유 자살로 생을 마감했다. 이에 비해, 몽고메리는 영국 육군참모총장을 거쳐 나토(NATO)군 초대 부사령관을 역임하면서 90세의 나이로 천수를 누렸다. 뿌듯하게도, 몽고메리의 저서 '전쟁의 역사'에는 이순신 장군과 거북선을 높이 평가하는 대목이 있다.

H. 총리 관저

## H. 총리가 서열이 8위 I
**총리 관저**(10 Downing Street)

국방부 건너편에 경찰들이 지키고 있는 곳이 있는데, 이 거리 안쪽에 총리 관저가 있다. 따라서, 이 거리로 들어서려면 사전에 출입을 승인받아야 한다. 구글 지도에서 '다우닝가 10번지'로 번역이 되어 있는데, 영국도 한국과 마찬가지로 도로명주소를 사용한다. 그러므로, 10이라는 숫자는 번지가 아니라 건물번호이기 때문에 그냥 '다우닝가 10'이라고 표시하는 것이 맞다. 워낙 많은 관광객이 사진을 찍어서인지, 우리나라의 경호처와는 달리 이곳 경찰들은 함께 사진찍기를 요청하면 철창 너머로 흔쾌히 동의해 준다.

총리 관저에서 빅벤 방향으로 계속 걷다 보면 화이트홀 거리 한가운데 ⑯ 종전기념비(The Cenotaph)가 있다. 1918년 11월 11일은 제1차 세계대전의 종전일로, 영국에서는 이날을 리멤브런스 데이(Remebrance Day, 영국 현충일)라 부른다. 영국 현충일이 공휴일은 아니지만 11월 11일 11시에 전 국민이 하던 일을 잠시 멈

⑯ 종전기념비

추고 2분 동안 묵념을 한다. 심지어 EPL(English Premier League) 축구 경기도 묵념을 하고 진행하는데, 수만 명의 관중이 침묵 속에서 묵념하다가 묵념이 끝나자마자 환호하며 응원을 시작하는 것이 장관이다. 2분은 제1, 2차 세계대전을 의미하고, 따라서 제2차 세계대전 이전까지는 1분간 묵념했다. 부디, 앞으로 3분 이상 묵념하는 일은 발생하지 않길 바란다.

영국 현충일이 다가오는 10월 무렵부터 거리 곳곳에 '⑰ 포피(Poppy, 양귀비꽃)'라는 배지를 파는 것을 볼 수 있다. 포피의 가격은 정해져 있지 않고, 본인이 내고 싶은 금액만큼 지급해서 옷에 달고 다니면 된다. 이 수익금은 모두 참전용사 후원금으로 돌아간다. 영국 현충일 당일에는 영국 국왕을 비롯해 정부 인사들이 모두 화이트홀 거리의 종전기념비에 헌화하

⑰ 포피

며 11시 정각에 묵념한다. 재미있는 것은 헌화 순서가 영국 의전 서열에 따르는데, 영국 정치의 제1인자인 영국 총리가 의전 서열 8위라는 것이다. 1위는 당연히 영국 국왕이고, 2위는 왕비, 3위는 왕자들, 4위는 공주들, 5위는 캔터베리 대주교, 6위는 대법관, 7위는 요크 대주교, 8위가 총리다. 캔터베리 대주교는 영국 국교인 성공회의 수장이라서 5위라 해도, 6위인 대법관은 현재 법무부장관이 맡고 있어 총리가 법무부장관보다 뒷순위다. 과거에 영국 대법관은 상원의장이 겸임했기 때문에 상원의장 자격으로 총리보다 앞순위였으나, 2007년부터 법무부장관이 대법관을 겸직하면서 아이러니한 상황이 되었다.

영국에 사는 지인에 의하면 영국에는 이런 공식적인 의전 서열 말고 사회적 의전 서열이 별도로 있다고 한다. 1순위는 어린이, 2순위는 장애인, 3순위는 나이 많은 여성, 4순위는 젊은 여성, 5순위는 나이 많은 남성, 6순위는 젊은 남성 순이다. 실제로 지하철에서 한국인 젊은 여성이 영국 노인 남성에게 자리를 양보했는데, 그 영국 할아버지가 손사래를 치며 앉지 않는 장면을 본 적이 있다. 영국에서 남자들은 오직 어린 시절에만 1순위를 하고 자라서는 줄곧 꼴찌에 머무른다. 또 한 번은 버스정류장에서 버스를 기다린 적이 있다. 버스가 도착하고 문이 열렸는데 아무도 타지 않길래, '아 사람들이 이번 버스를 기다리는 게 아니었구나.'라고 생각하며 제일 먼저 버스에 올랐다. 그런데, 타고 나서 보니 뒤를 이어 목발을 짚은 소년이 올랐고, 정류장에 서 있던 나머지 사람들은 이 소년이 탈 때까지 기다렸다가 소년이 타고 나서야 모두 버스에 올랐다. 순간, 정류장에서 내

버스가 언제 오는지만 기다렸던 나 자신이 매우 부끄러웠고, 정류장에 누가 있는가를 한 번 둘러본 이 사람들의 여유가 부러웠다.

# 3. 국회의사당이 위치한 런던 여의도

*"Do not trust the cheering, for those would shout as much
if you or I were going to be hanged."*

(환호성을 믿지 마라, 왜냐하면 그 사람들은 당신이나 내가 교수형을 당하더라도 그렇
게 환호할 것이기 때문이다.)

– 올리버 크롬웰

## I. 빅벤은 사실 시계가 아니다 | 국회의사당(Houses of Parliament)

I. 국회의사당     ⑱ 빅벤

 현재 영국의 국회의사당 건물은 과거에 웨스트민스터 궁전이었다. 건
물 북쪽에 엘리자베스 타워라고 불리는 거대한 시계탑이 있는데, 원래는

이 시계탑 안에 있는 큰 종을 ⑱ 빅벤 (The Big Ben)이라 한다. 그러나, 현지에서는 시계탑 자체를 가리켜 빅벤이라고도 부른다. 빅벤은 공사를 담당했던 벤저민 홀의 이름을 따서 붙여졌다. 15분마다 종이 울리며, 그 종소리는 한국에서 보통 학교에서 쉬는 시간을 알리는 멜로디로 많이 쓰인다. 한국의 보신각 타종과 같이 전

⑲ 런던 아이

국민이 빅벤의 종소리로 새해 첫날을 기념한다. 국회의사당의 포토 포인트는 웨스트민스터 다리 한가운데다. 이 다리를 건너 ⑲ 런던 아이(The London Eye) 또는 밀레니엄 휠(The Millennium Wheel)이라고 불리는 대관람차를 한번 타보고 오는 것도 괜찮다.

의사당 건물 길 건너 의회 광장(Parliament Square Garden)에 가서 윈스턴 처칠과 벤자민 디즈레일리의 동상을 구경해 본다. 이 두 명은 영국을 대표하는 총리들로, 처칠은 제2차 세계대전에서 영국을 지켜냈고, 디즈레일리는 빅토리아 여왕을 보좌하면서 세계 곳곳에 영국 식민지를 개척해 영국을 '해가 지지 않는 나라'로 만드는 데 성공했다.

⑳ 밀리센트 가렛 포싯       ㉑ 엘리자베스 가렛 앤더슨

   이 광장에는 또한 앞서 이야기했던 영국 현대 경찰의 아버지 로버트 필의 동상도 있고, 그 옆에 ⑳ 밀리센트 가렛 포싯(Milicent Garrett Fawcett, 1847~1929)의 동상도 있다. 그녀는 여성 참정권 운동의 선구자로, 뒤에 나오는 에밀리 판크허스트에 비해 다소 온건한 노선을 택했다. 그녀의 11살 위 언니인 ㉑ 엘리자베스 가렛 앤더슨(Elizabeth Garrett Anderson, 1836~1917) 역시 영국 최초의 여의사, 영국 최초의 의학교 여성 교장, 영국 최초의 여성 시장이 됨으로써 여성 평등을 몸소 실천했다. 밀리센트 가렛 포싯은, 여성 인권을 존중하는 존 스튜어트 밀에게 감동해 일찌감치 여성 인권운동가의 길로 접어들었다. 그녀는 자신보다 14살 위인 시각장애인 정치가 헨리 포싯과 결혼했는데, 이 부부는 끝까지 서로 의지하며 정치적으로 지지했다. 헨리 포싯은 현재의 영국 우체국 체계를 설계한 사람으로 사고로 시력을 잃고 시각장애인이 되었는데 그에 대해서는 4일 차 템플편에서 얘기하기로 한다. 한편, 밀리센트는 폭력과 방화대신 대화와 설득으로 여성 참정권을 얻기 위해 노력했으며, 1928년에 마침내 모든 여성에게 보통 선거권이 주어지는 상황을 직접 보았다. 이러한 사회공헌을 이유로, 그녀는 영국에서 여성 최초로 의회 광장에 동상

으로 설립된 인물이 되었다.

의회 광장 옆에 있는 오래된 교회는
㉒ 세인트 마가렛 교회(Church of
St. Margaret)다. 교회는 영국 성공
회 교회로 웨스트민스터 궁전의 교구
교회이자 영국 국회의원들이 예배를
보는 곳인데, 정치인인 샤무엘 핍스
와 윈스턴 처칠이 이곳에서 결혼식을
올렸다.

㉒ 세인트 마가렛 교회

이제 의사당 쪽으로 건너와서 제일
먼저 보게 되는 동상은 ㉓ 올리버 크
롬웰(Oliver Cromwell, 1599~
1658)이다. 크롬웰은 찰스 1세 재임
기 왕당파와 의회파가 다투던 시기에
의회군을 지휘하던 장군이었다. 그는
독실한 청교도 신자였기 때문에, 그
가 이끄는 의회군이 찰스 1세를 처형
하고 영국 최초이자 마지막으로 공화

㉓ 올리버 크롬웰

정을 실시한 사건을 청교도 혁명이라 부른다. 크롬웰은 혁명 직후 공화정
을 선포하고 스스로 호국경(Lord Protector)에 취임해 군사 독재정치
를 시행했다. 그러나, 청교도 교리가 금욕, 절제 등을 강조하고 크리스마
스를 사치스러운 행사라는 이유로 폐지하는 등 국민에게도 엄격한 생활
을 강요함으로써, 오히려 왕정복고를 희망하는 국민이 늘어났다. 그는 아
일랜드를 정벌하는 과정에서 20~30만 명의 아일랜드인을 잔인하게 학

㉔ 찰스 2세

살해 아일랜드인들에게는 더욱 증오의 대상이 되었다. 크롬웰이 1658년에 병사하면서 결국 영국의 공화정은 막을 내렸는데, 그의 엄격한 통치에 질린 영국 의회는 ㉔ 찰스 2세(King Charles Ⅱ, 1630~1685)를 즉위시켜 다시 왕정 체제로 복귀했다. 찰스 1세의 아들인 찰스 2세는 즉위하자마자 자신의 아버지를 참수한 크롬웰의 무덤을 파헤쳐 유골을 처단하는 부관참시를 단행해, 현재 그의 시신이 어디에 있는지는 아무도 모른다.

㉕ 리처드 1세

크롬웰 동상 옆으로 ㉕ 리처드 1세(Richard Ⅰ, 1157~1199)의 동상이 있다. 1170년, 고려에서 무신의 난이 일어났던 시기에 유럽은 십자군 전쟁이 한창이었다. 리처드 1세는 이 전쟁에서 대활약했는데, 전투에서 너무도 용감무쌍해 사자왕 리처드로 불렸다. 십자군 전쟁을 수행하던 중 동생인 존이 반란을 일으켜 왕이 되자, 전쟁터에서 돌아와 동생을 왕위에서 끌어내렸지만 그를 죽이지는 않았다. 나중에, 리처드 1세가 후손이 없이 사망하자 동생인 존이 다시 왕이 된다. 잉글랜드 민담인 '로빈 후드'에서는, 십자군 원정에서 영국으로 몰래 귀국한 리처드 1세가 의적 로빈 후드와 의형제를 맺고 함께 폭군인 존 왕을 끌어내리는 이야기를 하고 있다. 이렇듯 전설 속에서는 멋진 주인공으로 묘사되어 있지만, 리처드 1세에 대한 역사가들의 평가는 박하다. 리처드 1세는 왕이 된 후 국내 정치보다 십자군 전쟁에 더 관심이 많았고, 그의 죽음도 용맹하게 전사한 것이 아니라 어느 귀족의 황금을 탐내서 전투를 벌이다 어깨에 화살을 맞고 염증이 심해져서 사망했기 때문이다.

한편, 그의 뒤를 이은 존 왕은 프랑스에 영국의 대륙령을 대부분 빼앗겨 별명이 실지왕(失地王) 또는 무영토왕(無嶺土王, John Lackland)이다. 영토 상실로 왕실의 수입이 줄어들자 오히려 국내 과세를 증가시킴으로써 백성과 귀족들로부터 원성이 자자했다. 1215년, 존 왕은 귀족들의 강요로 러니미드 평원에서 "국왕도 법 아래에 있다."라는 원칙을 명시한 대헌장(Magna Carta)에 서명했고, 이로써 근대 민주주의가 태동했다. 현재 대헌장 사본은 런던의 영국도서관에 2부, 영국 중부 링컨 대성당에 1부, 영국 남서부 솔즈베리 대성당에 1부, 이렇게 총 4부만 남아 있다.

## J. 여성에게도 투표권을 달라 | 빅토리아 타워 가든스(Victoria Tower Gardens)

J. 빅토리아 타워 가든스                    ㉖ 에밀리 판크허스트

리처드 1세 동상에서 애빙던 거리를 따라 조금 더 걸어가면 빅토리아 타워 가든스라는 공원이 나온다. 공원 입구에 여성 동상이 있는데 바로 여성운동가 ㉖ **에밀리 판크허스트**(Emmeline Pankhurst, 1858~1928)다. 빅토리아 시기 영국의 민주주의는 남성, 그것도 재력 있는 남성들을 중심으로 이루어졌다. 당연히 여성의 참정권은 허용되지 않았고, 당시 남성들은 여성이 참정권을 가지게 되면 가족제도와 결혼제도가 위태로워진다며 여성 참정권 운동을 탄압했다. 판크허스트는 보통의 방법으로는 문제해결이 어렵다고 보고 1903년에 여성사회정치연합을 결성해 급진적인 여성 참정권 운동을 전개했다. 그녀는 주로 방화, 상가 유리창 깨기, 단식 등의 과격한 행동으로 무력 저항을 시도했다. 그러나, 제1차 세계대전이 발발하자 잠시 저항을 중단하고, 여성들도 군수공장 등에 가서 간접적으로라도 나라를 지켜야 한다며 여성들을 독려했다. 1918년, 전쟁이 끝나고 영국 정부는 여성의 전시 노동의 공을 인정해 최초로 30세 이상의 여성에 한해 투표권을 승인했다. 선거연령에 차별을 둔 불완전한 여성 참정권은 1928년에야 비로소 남녀 모두 21세 이상이면 투표권을 갖는 것으로 법이 개정되면서 해결되었다. 그러나, 정작 판크허스트는 개정법이 시행되기 한 달 전에 사망한다. 세계적으로 여성 참정권은 1893년에 뉴질랜드가 처음으로 인정했고, 1920년에 미국이, 1928년에 영국이, 우리나라는 1948년에 인정했다.

㉗ 깔레의 시민들

공원 한가운데에도 조각품이 하나 있는데 '생각하는 사람'으로 유명한 프랑스 조각가 어거스트 로댕의 '㉗ **깔레의 시민들**(The Burghers of Calais)'이다. 이 작품은 영국과 프랑스의 백 년 전쟁 초기, 영국이 프랑스 영토 중 영국과 가장 가까운 항구도시인 깔레를 공격해 1년 만에 항복을 받아내는 과정에서 생긴 일화를 모티브로 했다. 영국 왕 에드워드 3세는 깔레를 정복한 후, 저항했던 깔레의 시민 모두를 학살하려다가 대표로 6명만 처형하겠다고 조건을 걸었다. 시민들은 누가 대표로 죽을 것이냐는 문제로 고심했고, 여러 가지 의견이 오가던 중 깔레시의 최고 부자인 유스타스 피에르가 제일 먼저 자기가 죽겠다고 나섰다. 이에 영향을 받아 깔레의 부자들이 줄줄이 손을 들어 모두 7명이 되었다. 6명만 희생하면 되었기에, 피에르는 다음 날 제일 늦게 나타나는 사람이 빠지기로 제안했다. 다음 날 모두 다시 모였으나 피에르가 나타나지 않아, 사람들이 피에르의 집에 가보니 그는 이미 자살한 상태였다. 한 명이 살 수 있다는 유혹 때문에 누군가가 흔들릴까 봐 그가 솔선수범해서 먼저 목숨을 끊은 것이었다. 이에 나머지 6명은 스스로 목에 밧줄을 매고 에드워드 3세 앞으로 나아갔으나, 당시 임신 중인 왕비가 국왕이 관용을 베풀어야 배 속의 왕자에게 복이 온다고 왕을 설득해 모두 죽음을 면할 수 있었다. 이 일화는 오늘날 상류층이 솔선수범해야 한다는 '노블리스 오블리제(Noblesse Oblige)'의 대명사로 전해진다. 그러나, 로댕의 작품 속 시민 대표의 표정이 당당하지 못하고 죽음을 두려워하는 듯이 제작되었다는 이유로 정작 깔레시에는 작품이 설치되지 못하고 있다.

㉘ 벅스턴 기념 분수

빅토리아 공원 끝으로 좀 더 걸어가면 분수 조각상이 나오는데, 이것은 영국의 노예해방을 기념하기 위한 ㉘ 벅스턴 기념 분수다. 노예해방의 선구자로 알려진 미국의 링컨 대통령이 노예제도 폐지를 선언한 해가 1865년인데, 놀랍게도 영국은 이보다 빠른 1834년에 노예제도가 폐지되었다. 한국은 조선 말기 1894년 갑오개혁에 의해 폐지되었다. 벅스턴 기념 분수는 제작을 의뢰한 의회 의원인 찰스 벅스턴의 이름을 따서 지어졌다.

## K. 영국 국왕의 대관식 | 웨스트민스터 사원(Westminster Abbey)

K. 웨스트민스터 사원

공원 입구로 다시 돌아와서 길을 건너면 웅장하고 아름다운 교회 건물이 보이는데, 이 건물이 바로 웨스트민스터 사원이다. 말 그대로 애초에는 교회로 시작했고, 수도원, 역대 왕실의 행사장, 왕족을 비롯한 유명인들의 묘지로 사용되고 있다. 앵글로 색슨계의 마지막 왕인 에드워드 참회왕은 신앙심이 깊어 웨스트민스터 사원의 건립을 지시했으나, 건물이 완공되던 해인 1066년에 세상을 떠났다. 그가 죽자, 당시 정권을 쥐고 있던 해롤드가 귀족들의 추대로 왕위에 올랐고, 그는 웨스트민스터 사원에서 대관식을 치른 첫 군주가 되었다. 해롤드 2세의 즉위가 부당하다고 여긴 노르망디 공 윌리엄은 자신이 잉글랜드 왕위계승자라고 주장하며 군대를 이끌고 영국으로 쳐들어갔다. 그는 헤이스팅스 전투에서 해롤드 2세를 전사시킨 후, 스스로 웨스트민스터 사원에서 대관식을 치르고 윌리엄 1세가 되었다.

이후 역대 영국 군주들은 웨스트민스터 사원에서 대관식을 올려야 정통성을 인정받는다. 우리나라 단종과 같은 운명의 에드워드 5세는 삼촌인 리처드 3세에 의해 축출되면서 미처 대관식을 치르지 못했다. 그리고, 에드워드 8세는 미국 국적의 이혼녀인 윌리스 심슨과 결혼하려 했으나, 영국의 군주가 외국인 이혼녀와 결혼하

㉙ 에드워드 어좌

는 것을 반대하는 사람이 많아지자 과감히 왕위를 던져버림으로써 대관식을 치르지 않았다. 대관식을 마친 군주는 목재로 된 ㉙ 에드워드 어좌(St. Edward's Chair) 혹은 대관식 의자(The Coronation Chair)라는 의자에 앉는데, 의자 아래에는 에드워드 1세가 1296년에 스코틀랜드를 정복하면서 빼앗은 스콘석(The Stone of Scone)이 있었다. 스콘석은 스코틀랜드인들의 자존심이기에 1996년에 영국 정부의 결정으로 다시 스코틀랜드로 돌아갔다. 단, 영국 왕실의 대관식 때에는 돌려보낸다는 조건이 있어, 2023년에 찰스 3세의 대관식을 위해서 잠시 런던에 옮겨졌었다.

# 4. 국민의 자긍심, 영국 경복궁

*"In this grave hour, perhaps the most fateful in our history, for the second time in the lives of most of us we are at war. There may be dark days ahead and war is no longer confined to the battlefield."*

(아마도 우리 역사상 가장 운명적인 이 엄중한 시간에, 우리는 삶에서 두 번째로 전쟁을 맞이했습니다. 앞으로 어두운 날이 드리워지고, 전쟁은 더 이상 전장에만 국한되지 않을 것입니다.)

— 조지 6세, 더듬거리는 말투였지만 진심 어린 연설로
국민에게 영국의 참전을 선포하는 킹스 스피치

## L. 헨리 8세의 사냥터 | 세인트 제임스 파크(Saint James' Park)

L. 세인트 제임스 파크

    웨스트민스터 사원에서 스토리즈 게이트 거리를 따라 세인트 제임스 파크로 들어간다. 세인트 제임스 파크는 헨리 8세가 사냥터로 사들인 지역인데, 찰스 2세가 프랑스 망명 중에 감탄한 프랑스 공원양식을 도입해 지금의 형태로 만들어졌다. 헨리 8세는

헨리 7세의 차남이었으나, 왕위계승자인 형 아서가 젊은 나이에 사망하자 세자가 되었다. 그는 젊은 시절부터 사냥, 마상 창 시합 등의 야외 활동을 좋아했고, 풍채에서 알 수 있듯이 육식을 매우 즐겼다. 전해지는 이야기지만, 어느 날 헨리 8세가 소고기를 먹다가 너무 맛이 있어 칼을 뽑아 그 자리에서 바로 소고기에게 기사 작위를 수여했다고 한다. 짐승의 허리부위를 영어로 '로인(loin)'이라고 하는데, 헨리 8세가 기사 작위를 수여함으로써 오늘날 등심을 영어로 '서로인(Sirloin, 로인 경)'이라 한다. 공원 한가운데 길쭉한 호수가 있고, 호수 가운데 세인트 제임스 파크 브리지 또는 블루 브리지(Blue Bridge)라 불리는 다리가 관광객들의 포토 포인트다.

## M. 국왕은 버킹엄을 떠나지 않을 것이다 | 버킹엄 궁전(Buckingham Palace)

세인트 제임스 파크의 끝은 버킹엄 궁전에 닿아 있다. 버킹엄 궁전은 조지 3세가 사들일 당시에는 단지 여러 왕궁 중 하나에 불과했으나, ㉚ 빅토리아 여왕(Queen Victoria, 1819~1901)이 여왕의 공식 집무궁으로 지정하면서부터 영국의 본궁이되었다. 버킹엄 궁전 정문 앞에 황금으로 된 '빅토리아 기념비' 꼭대기에는

M. 버킹엄 궁전

브리타니아 여신이 있다. 원래 브리타니아 여신(Britannia Goddess)은 창과 방패를 들고 코린트식 투구를 쓴 여신으로 고대 영국의 상징이자 수호신이다. 버킹엄 궁전 앞의 브리타니아 여신은 창과 방패 대신 승리의 횃

불을 들고 있으며, 빅토리아 기념비의 네 귀퉁이에는 특별히 평화, 진보, 농업, 공업을 상징하는 청동상이 있다. 버킹엄 궁전 근위병 교대식이 매일 오전에 열리는데, 광화문 수문장 교대식보다 이색적이고 화려하긴 하지만 개인적으로 크게 감흥은 없었다. 많은 관광객이 몰리므로, 교대식을 보기 위해 좋은 자리를 잡으려면 아침 일찍부터 와서 자리를 맡아야 한다.

㉚ 빅토리아 여왕　　　　　　　　㉛ 알버트 공

　빅토리아 여왕은 이곳에서 엘리자베스 1세 이후 대영제국의 영광을 재현했다. 그녀는 18세가 되던 1837년에 큰아버지 윌리엄 4세가 재위 7년 만에 71세의 나이로 사망하자 왕위에 올랐다. 1840년, 21세가 되던 해에 동갑인 ㉛ 알버트 공(Albert, Prince Consort, 1819~1861)과 결혼해서 20년간 9명의 자녀를 출산해, 여왕 부부는 금실이 좋기로 유명했다. 알버트 공이 42세의 젊은 나이로 세상을 떠나자, 빅토리아 여왕은 너무나 큰 충격과 상심으로 죽을 때까지 40년간 항상 검은 상복을 입고 다녔다.

　버킹엄 궁전은 빅토리아 여왕 이후 현 찰스 3세에 이르기까지 영국의 군주가 거주하는 곳인데, 제2차 세계대전 중 독일의 런던 대공습 때에는 폭

격으로 궁전의 일부가 파괴되기도 했
다. 당시 군주는 영화 〈킹스 스피치〉
의 실제 모델인 ㉜ 조지 6세(King
George Ⅵ, 1895~1962)였다. 조지
6세는 아버지 조지 5세의 차남이어서
왕이 될 생각은 하지 않았다. 그러나,
앞서 얘기했듯이 형 에드워드 8세가
사랑을 위해 왕위를 포기함으로써, 그
는 겨우 3주의 준비기간을 거치고 왕

㉜ 조지 6세

이 되었다. 에드워드 8세는 조지 5세의 장남으로 1936년에 왕위에 올랐다.
그러나, 당시 그의 연인인 월리스 심슨이 이혼녀 외국인이라는 이유로, 영
국 의회는 그녀가 왕비가 되는 것을 반대했다. 이에 그는, "I have found
it impossible to carry the heavy burden of responsibility and
to discharge my duties as king as I would wish to do without
the help and support of the woman I love(왕으로서 무거운 책임
감을 이행하고 나의 의무를 다하는 것이, 내가 사랑하는 여인의 도움과 지
지 없이는 불가능하다는 것을 알게 되었다)."라는 말을 남기며 1년 만에 동
생에게 양위하고 사랑을 선택했다.

　조지 6세는 어릴 때부터 병약하고 특히 말더듬이 심했는데, 영화 〈킹스
스피치〉는 왕과 언어치료사 라이오넬 로그와의 이야기를 다룬다. 이런 허
약한 왕 옆에서 훌륭한 언어치료사를 찾아내 말더듬이 병을 치료하도록
하고, 런던 대공습 기간에도 끝까지 버킹엄 궁전을 지키도록 왕을 독려한
사람이 바로 부인 엘리자베스 왕비였다. 공습으로 버킹엄 궁전 일부가 피
폭되자, 처칠 총리가 공주들만큼은 안전한 곳으로 피신시키자고 왕비에게
조언했다. 그러나 그녀는, "우리 아이들은 나를 떠나지 않을 것이고, 나는

왕의 곁을 떠나지 않을 것이며, 왕은 절대 버킹엄을 떠나지 않을 것이다."
라며 거절했다. 그녀는, 공습으로 무질서가 된 런던에서 폭동을 일으킬 법
도 한 영국인들을 오히려 단결시켜, 히틀러로부터 '유럽에서 가장 위험한
여인'이라는 평도 들었다. 조지 6세와 왕비 엘리자베스의 장녀가 엘리자베
스 2세 여왕이고 장손이 현 국왕 찰스 3세다. 국왕이 버킹엄 궁전에 머무
르고 있으면 영국 국기 대신 왕실 표준기(The Royal Standard)가 걸린
다. 국왕이 별궁인 윈저성으로 이동하면 왕실 표준기가 하강하고 영국 국
기인 유니온 잭(Union Jack)이 게양된다.


### N. 도심 속 녹색의 휴식 공간 | 그린 파크(Green Park)

N. 그린 파크                              ㉝ 리츠 호텔


버킹엄 궁전 정문을 향해 서서 오른쪽에 공원으로 들어가는 길이 있다.
이 공원이 그린 파크인데, 꽃보다 나무와 잔디가 많아 그린 파크라 불린
다. 직장인들이 점심시간에 찾아와 휴식하기 좋은 공원으로 알려져, 런던

시민들로부터 많은 사랑을 받고 있다. 다만, 잔디밭에 있는 편안한 휴식용 의자들은 유료이니 함부로 앉지 않도록 한다. 그린 파크로 들어서서 오른쪽 끝으로 난 길을 쭉 걸어서 가다가, 다이아나 여신 분수를 지나 공원을 빠져나오면 그린 파크역이 나온다. 평화롭고 한적한 그린 파크를 나오면 바로 런던의 혼잡한 번화가와 마주치는데, 마치 경복궁 안에서 조용한 산책을 즐기다가 광화문을 나오자마자 서울의 도심을 마주하는 기분이다.

그린 파크역을 지나면 큰 건물이 눈앞에 있는데, 바로 ㉝ 리츠 호텔(The Ritz)이다. 리츠 호텔은 영화 〈노팅 힐〉에도 등장한다. 영화를 본 사람이라면 마지막 장면인 이곳에서의 기자회견과, 배경음악으로 흘러나오는 엘비스 코스텔로의 'She'를 기억할 것이다.

*She may be the face I can't forget*
*The trace of pleasure of regret*
*May be my treasure or the price I have to pay*

그녀는 내가 잊을 수 없는 얼굴일 거야
기쁨이나 후회의 흔적일 거고
나의 보물이거나 내가 치러야만 하는 대가일 거야

# 5. 분수에서 만나요, 런던 만남의 광장

Think of me, think of me fondly
When we've said goodbye
Remember me, once in a while
Please promise me you'll try

나를 생각해 줘요, 다정하게 나를 생각해 줘요
우리가 작별을 할 때 말이에요
나를 기억해 줘요, 가끔씩이라도요
그렇게 노력하겠다고 약속해 줘요

– 크리스틴, 앤드류 웨버의 뮤지컬 〈오페라의 유령〉의 여주인공

## O. 피카딜리는 왜 피카딜리일까 | 피카딜리(Piccadilly)

㉞ 포트넘 앤 메이슨

리츠 호텔 앞 도로 이름은 피카딜리다. 런던의 어느 양복점 주인이 자신이 직접 만든 레이스 옷깃을 '피카딜'이라고 이름 지었는데, 이것이 유행하면서 그는 큰 부자가 되었다. 그는 지금의 피카딜리 지역에 '피카딜리 홀'이라는 호화로운 주택을 세웠고,

그 주택의 명칭에서 '피카딜리'라는 도로 이름이 생겨났다. 피카딜리 도로를 따라서 좀 걷다 보면 ㉞ 포트넘 앤 메이슨(Fortnum & Mason)이라는 가게가 나온다. 1707년에 윌리엄 포트넘과 휴 메이슨이 식료품 가게로 시작해 현재는 홍차 브랜드로 유명해진 가게인데, 현지인들은 이곳에서 햄퍼(hamper)라고 하는 소풍 바구니도 많이 산다. 조지 3세 때부터 왕궁에 물품을 납품했고, 빅토리아 여왕 재임기부터 왕실 납품증(Royal Warrant)을 보유해 오고 있다. 중저가 제품부터 고급 제품까지 다양한 종류의 홍차와 식료품들을 판매하는

데, 초콜릿은 10만 원짜리도 있으니, 가격표를 잘 살펴보고 구매해야 한다. 이곳은 카드 결제가 끝나면 환급 절차가 좀 복잡하기 때문이다. 현재 포트넘 앤 메이슨은 우리나라 백화점에도 입점해 있다.

㉟ 벌링턴 하우스

포트넘 앤 메이슨 건너편에 멋있는 건물이 있는데, ㉟ 벌링턴 하우스(Burlington House)라고 불리는 영국왕립예술원(Royal Academy of Arts, RA)이다. 왕립예술원은 1769년에 개교한 미술학교이자 학회이며 미술관도 같이 겸하고 있다. 초대 회장은 영국의 국민 화가인 ㊱ 죠슈아 레이놀즈(Joshua Reynolds, 1723~1792)이며, 벌링턴 하우스 마당에 그의 동상이 있다. 왕립예술원

㊱ 죠슈아 레이놀즈

은 현재 궁중으로부터 재정적 지원을 받지는 않는데, 레이놀즈가 1784년에 수석 궁정화가였기에 '왕립'이라는 용어를 사용할 수 있다. 미술관의 경우 기획전은 유료이지만 일반전시는 무료인 공간도 있으니, 시간적 여유가 있으면 한번 둘러볼 만하다.

㉟ 세인트 제임스 피카딜리 교회

포트넘 앤 메이슨에서 피카딜리 서커스 쪽으로 걷다 보면 교회 하나가 나온다. 크리스토퍼 렌이 설계한 ㊲ 세인트 제임스 피카딜리 교회(Saint James Piccadilly Church)인데, 이 교회의 마당에는 월요일부터 목요일까지 오전 11시에서 오후 3시 사이에 거리 음식장(Street Food Market)이 선다. 아시아 요리부터 중동이나 남미 요리까지 음식들이 다양하고 가격도 저렴한 편이며, 음식을 용기에 받아서 교회 마당의 테이블이나 벤치에 앉아서 먹어도 되므로 도보 여행자들에게 편하고 좋다.


**P. 에로스 아님 주의 | 피카딜리 서커스**(Piccadilly Circus)


피카딜리 도로 끝 교차로 이름은 피카딜리 서커스다. 피카딜리 서커스에는 ㊳ **샤프츠버리 기념 분수**(Shaftesbury Memorial Fountain)가 있고 분수 꼭대기에 동상이 있는데, 많은 사람이 에로스 동상(Statue of Eros)으로 잘못 알고 있다. 사실은 에로스가 아니라 안테로스(Anteros)

인데, 에로스나 안테로스 모두 아레스와 아프로디테의 아들들이다. 다만, 에로스가 사랑의 신인 반면, 에로스의 동생 안테로스는 사랑에 보답하지 않는 자를 벌하는 복수의 신이다. 에로스와 안테로스는 비슷하게 생겼으나 에로스의 날개가 새의 날개인 데 비해 안테로스의 날개는 나비의 날개다. 피카딜리 서커스 동상의 날개는 나비의 날개이므로 안테로스가 맞다.

㊳ 샤프츠버리 기념 분수

이 안테로스 동상은 샤프츠버리 백작 7세를 기념하기 위해 설립되었다. 19세기 당시 영국에서는 아이들의 노동인권에 대한 개념이 자리 잡기 전이었기 때문에, 많은 아이가 노동 현장에서 혹사당했다. 특히, 영국 주택의 굴뚝은 좁아서, 임금도 저렴하고 몸집이 작은 6~7세의 어린아이들이 주로 청소했다. 그러나, 아이들은 청소하다 떨어져 죽기도 하고, 불에 타거나 혹은 질식으로 아니면 폐질환으로도 많이 죽었다. 백작은 영국의 아이들이 굴뚝이나 공장에서 일할 것이 아니라 교육을 받아야 한다고 주장했다. 그는 1833년에 '10시간법'을 발의해 9세 미만의 아이들이 공장에서 일하는 것을 금지시켰고, 18세가 안 되면 하루에 10시간 이상 노동해서는 안 된다고 했으며, 25세 미만의 노동자는 야간 노동을 금지시켰다. 1842년에는 '탄광법'을 발의해 여성과 아이들이 탄광에서 일하는 것을 금지시켰다. 1875년에 마침내 그가 평소에 강하게 주장해 오던 '굴뚝청소부법'이 통과되면서, 이후 아이들의 굴뚝 청소는 전적으로 금지되었다.

동상 건너편에는 ㊴ 커브(The Curve)라고 불리는 대형 광고 전광판이

㊴ 커브

있는데, 이 일대의 유일한 LED 전광판이다. 1908년에 설립된 이 전광판은 최초에는 LED가 아닌 전구로 된 전광판이었다. 과거 일본의 산요나 후지, 코닥 등의 기업들이 차지하던 광고 공간을 2012년에는 삼성, 현대, LG가 함께 차지한 적이 있다. 2024년 현재는 삼성만 커브에 광고를 내걸고 있다.

㊵ 헬리오스의 말 동상

안테로스 동상 옆에 달리는 말 동상이 있는데, ㊵ 헬리오스의 말 동상(The Horses of Helios)이다. 헬리오스는 그리스 신화에 나오는 태양신이다. 그의 아들 파에톤이 자신을 찾아왔을 때 너무 기뻐 소원을 하나 들어주겠다고 하자, 파에톤은 아버지의 태양 마차를 몰아보고 싶다고 했다. 태양 마차를 이끄는 말들은 원래 거친 성격이었으나, 헬리오스가 그나마 길들여 놓은 것이었다. 그러나, 초보인 파에톤이 제대로 운전을 하지 못해 마차가 너무 높이 올라가니 대지가 얼어붙고 너무 낮게 날자 대지가 불붙는 듯한 혼돈이 왔다. 이를 보다 못한 제우스가 벼락을 내려 마차를 산산조각 내었고, 파에톤은 벼락에 그을려 죽었다. 슬픔에 빠진 헬리오스가 더 이상 태양 마차를 운전하지 않자, 제우스는 2대 태양신으로 아폴론을 임명했다.

## Q. 오페라의 유령을 보다 | 헤이마켓 거리(Haymarket)

헬리오스의 말 동상을 끼고 헤이
마켓 거리로 내려오면 영국의 유명
한 건축가 ㊶ 존 내쉬(John Nash,
1752~1835)의 두 작품을 만난
다. 하나는 ㊷ 국왕 폐하의 극장(His
Majesty's Theatre)인데, 이 건물
은 처음부터 극장으로 설계된 것은 아
니었고, 존 내쉬가 극장의 정면 외벽
과 청중석만 개축해 극장으로 만들었
다. 국왕 폐하의 극장에서는 우리에
게도 친숙한 오페라 〈오페라의 유령〉
이 1986년부터 지금까지 공연하고
있다. 오페라의 유령은 영국의 유명한
뮤지컬 작곡가 앤드류 로이드 웨버의
작품이다. 웨버는 〈오페라의 유령〉
뿐만 아니라 〈레미제라블〉, 〈에비
타〉, 〈캣츠〉 등의 명곡들을 작곡했다.

㊶ 존 내쉬

㊷ 국왕 폐하의 극장

국왕 폐하의 극장은, 최초 설립 당시인 1705년에는 앤 여왕의 이름을
따서 여왕극장(The Queen's Theatre)이라고 불리다가 빅토리아 여왕
때 여왕 폐하의 극장(Her Majesty's Theatre)으로 바뀌었다. 빅토리
아 여왕 다음이 에드워드 7세였는데, 남자 군주가 왕이 되면 극장 이름이
국왕 폐하의 극장(His Majesty's Theatre)으로 바뀌었다. 엘리자베스

②③ 왕립 헤이마켓 극장

2세의 재임 기간이 워낙 장기간이어
서 여왕 폐하의 극장으로 오랫동안 불
리다가 찰스 3세가 왕이 되면서 다시
현재의 명칭이 되었다.

존 내쉬의 다른 작품 하나는 국왕
폐하의 극장 건너편에 있는 ②③ 왕립
헤이마켓 극장(The Theatre Royal
Haymarket)이다. 현재까지 공연
중인 극장 중 세 번째로 오래된 이 극장은 1821년에 존 내쉬에 의해 새로
이 디자인되었고 현재 왕실 소유다.

## R. 영국을 빛낸 수백 명의 위인 | 내셔널 포트릿 갤러리(The National Portrait Gallery, 국립초상화미술관)

R. 내셔널 포트릿 갤러리

헤이마켓 극장 옆에 오렌지 스트릿
으로 들어가 내셔널 포트릿 갤러리로
향한다. 이곳에는 영국의 과거에서부
터 현재까지 유명인들의 초상화가 전
시되어 있다. 미술관을 더욱 재미있
게 즐기려면 미리 영국 역사를 읽어
보고 가는 게 좋다. 우리가 세종대왕
이나 이순신 장군의 얼굴은 익숙하지
만, 헨리 8세나 엘리자베스 1세의 얼

굴은 잘 모르기 때문에, 그들의 역사를 미리 알고 직접 보면 더 반가울 것이다. 사실 얼굴을 모른다 해도 초상화 밑에 누구를 그린 것인지 자세한 설명이 있으니 큰 상관은 없다. 런던 대부분의 미술관이 그렇듯이 입장료는 무료이고, 매일 아침 10시에 문을 열고 오후 6시에 닫는다.

## ≫ 1일 차 동선 요약

| 구분 | 모듈번호 | 시간 | 장소 |
|------|---------|------|------|
| 오전 | 1-1 | 1시간 | A. 넬슨 기념탑 → B. 트라팔가 광장 → C. 애드미럴티 아치 → D. 스코틀랜드 야드 → E. 호스 가즈 → F. 뱅퀴팅 하우스 → G. 영국 국방부 → H. 총리 관저 → I. 국회의사당 → J. 빅토리아 타워 가든스 |
| | 1-2 | 1시간 | K. 웨스트민스터 사원 |
| | 1-3 | 1시간 | L. 세인트 제임스 파크 → M. 버킹엄 궁전 → N. 그린 파크 → O. 피카딜리 → P. 피카딜리 서커스 → Q. 헤이마켓 거리 |
| 점심 | 식당가 : 피카딜리 | | |
| 오후 | 1-4 | 2시간 | R. 내셔널 포트릿 갤러리 |

# DAY 2

예술의 거리
## 소호 Soho

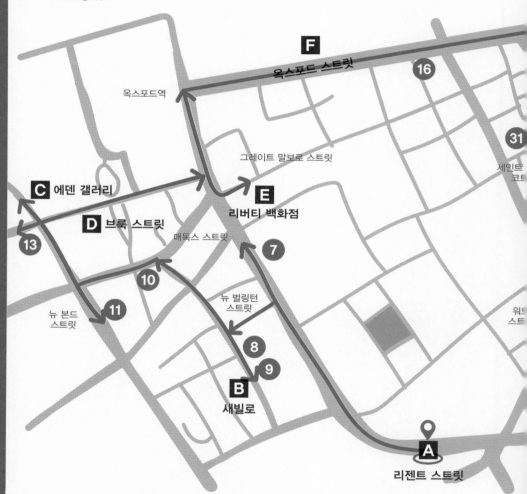

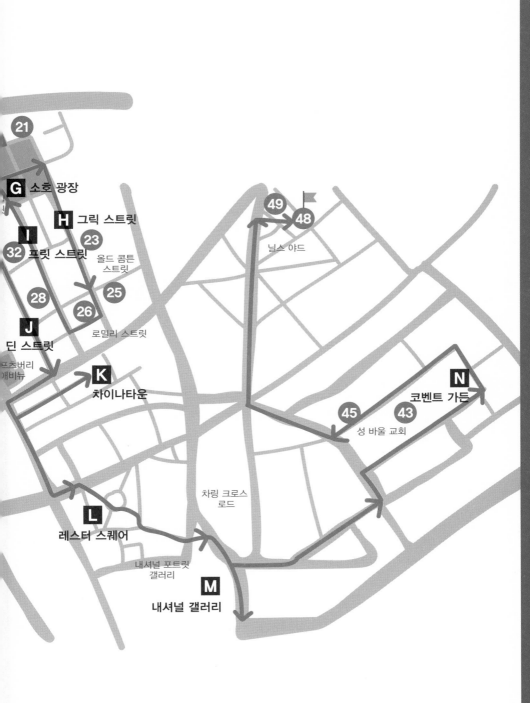

# 1. 아름다운 곡선의 거리와 그 골목길들

*"I wish to show the world that a pretty woman is not always a fool."*

(나는 미인이라고 해서 항상 멍청이는 아니라는 것을 세상에 보여주고 싶다.)

— 엠마 해밀턴, 넬슨의 여인

## A. 영국 전체가 슬퍼한 샬롯 공주의 죽음 | 리젠트 스트릿(Regent Street)

런던 여행 2일 차는 피카딜리 서커스에서 시작한다. 지하철역은 피카딜리 라인이나 베이커루 라인의 피카딜리 역이 가까이 있다. 피카딜리 서커스에서는 누구라도 감탄할 아름다운 곡선 모양의 거리를 볼 수 있다. 바로 리젠트 스트릿인데, 개인적으로 런던 도심에서 가장 아름다운 도로라고 생각한다. 이 리젠트 스트릿도 역시 존

A. 리젠트 스트릿

내쉬의 작품이다. '리젠트(Regent)'는 '섭정(대리 통치)'이란 뜻이다. 조지 4세는 정신병을 앓고 있던 부왕 조지 3세를 대신해 10년간 섭정을 해 그의 별명이 섭정공(The Prince Regent)이었다. 존 내쉬는 자신을 재정

① 조지 4세

② 조지 3세

적으로 아낌없이 지원해 준 ① 조지 4세(King George Ⅳ, 1762~1830)를 위해 거리 이름을 리젠트 스트릿이라 지었다.

영화 〈조지왕의 광기〉의 모델이기도 한 ② 조지 3세(King George Ⅲ, 1738~1820)는 무려 60년을 국왕으로 지내서, 영국 역대 재위 기간 최장기 군주 3위에 올랐다. 엘리자베스 2세 여왕이 70년 재위로 1위, 빅토리아 여왕이 64년으로 2위다. 조지 3세와 비슷한 시기 조선 역시 52년으로 가장 재위 기간이 길었던 영조 임금이 군주였다는 것이 재미있다. 조지 3세는 조지 1세의 손자로 독일 하노버 왕가의 3번째 영국 군주였는데, 조지 1세, 2세와는 달리 독일 악센트가 전혀 없는 완벽한 영어를 구사했다. 재위 기간이 길었기 때문인지 치세 내내 전쟁의 연속이었다. 앞서 언급한 트라팔가 해전에서 넬슨 제독의 활약으로 나폴레옹의 해군을 격파한 업적도 있으나, 1775년에는 미국 독립전쟁에 개입해 결국 영국의 광활한 미국 식민지를 상실하기도 했다. 그는 정실 왕비하고만 부부관계를 유지했고, 왕비와의 사이에 무려 9남 6녀라는 15명의 자녀를 두었다. 1810년에 막내 공주가 사망하자 지병인 착란 증세(양극성 장애)가 심해져, 이듬해에 장남인 조지 4세에게 섭정을 맡겼다.

조지 4세는 왕자 시절부터 도박과 여성 편력이 심해 조지 3세의 골칫 거리였다. 도박 빚이 왕실 지출의 절 반 수준에까지 이르자, 조지 3세와 의 회는 이 도박 빚을 갚아주는 조건으로 조지 4세에게 사촌인 ③ 캐롤라인 (Caroline of Brunswick)과의 결혼을 받아들이도록 했다. 애초에 애정이 없던 결혼이었고 도박 빚을 탕감

③ 캐롤라인

하기 위한 조건부 혼인이어서 부부 사이가 좋을 리 없었다. 조지 4세 스스로가 첫날밤 이후로 부부관계를 가진 적이 없다고 할 정도로 결혼생활이 파탄 났지만, 신기하게도 둘 사이에 ④ 샬롯 공주(Charlotte Augusta, 1796~1817)가 태어났다.

그러나, 샬롯 공주가 태어났음에도 불구하고 조지 4세는 캐롤라인과 별거에 들어갔다. 섭정이 되면서부터는 캐롤라인을 아예 국가 행사에도 참석시키지 않는 등 사회적으로 그녀를 더욱 고립시켰다. 결국 캐롤라인은 연금을 받는 조건으로 영국을 떠나 고향인 독일로 돌아갔는데, 영국 국민에게는 오히려 캐롤라인이 인기가 더 많았다. 조지 4세는 워낙 품행이 바르지 못하고 사치스러웠다. 하지만, 털털하고 소박한 캐롤라인은 남편에게 홀대당하면서 자기 딸조차 만나지 못하는 신세였기에 그녀를 동정하는 여론이 많았다. 독일에서 그녀는 샬롯 공주가 아이를 낳다가 사망했다는 소식을 듣는다. 그런데, 조지 4세가 딸의 사망 소식을 바로 알려주지 않아, 이런 사실조차 나중에 사위를 통해 알게 되었다.

캐롤라인은 법적으로 조지 4세와 이혼을 한 것이 아니므로, 조지 4세가

국왕으로 즉위하는 날에 대관식에 참석하기 위해 영국으로 귀국했다. 그러나, 대관식이 거행되는 웨스트민스터 사원 입구에서 근위병의 저지를 받아 끝내 대관식에 참석하지 못했다. 조지 4세가 캐롤라인을 얼마나 싫어했느냐면, 프랑스의 나폴레옹이 사망하자 신하가 기뻐하며 "폐하의 최대의 적이 죽었습니다."라고 알렸는데, 조지 4세는 "오, 그러면 그 여자가 죽었단 말이냐?"라고 할 정도였다. 결국 조지 4세의 바람대로 캐롤라인은 나폴레옹이 죽은 지 3달 뒤에 사망한다.

④ 샬롯 공주　　　　　　　　　　　⑤ 레오폴드 공자

인기 없는 조지 4세에 비해 샬롯 공주는 국민에게 많은 사랑을 받았다. 그녀가 모습을 나타내면 영국 국민은 이미 그녀가 여왕이 된 것처럼 환호했다. 조지 4세의 막장 생활에 염증이 난 국민은 샬롯 공주를 보면서 과거 엘리자베스 1세 당시 영국의 전성기를 기대했는지도 모른다. 샬롯 공주는 어느 파티에서 ⑤ **레오폴드 공자**(Prince Leopold, 1790~1865)를 만나 첫눈에 사랑에 빠졌다. 조지 4세의 반대를 오랜 설득으로 극복하고 마침내 성대한 결혼식을 올렸으며, 온 국민이 이를 축복했다. 두 사람의 행복한 결혼생활도 잠시, 1817년에 샬롯은 출산하던 중 남자아이를 사산했고, 회복하는 과정에서 사산 후유증으로 21세의 젊은 나이에 사망했다. 샬롯의 죽음으로 영국 전체가 희망을 잃은 듯 슬픔에 잠겼고, 모든 사람이 검은색 옷을 입었으며, 상점은 2주간 문을 닫았다. 조지 4세 역시 슬픔으로 몸을 가눌 수 없어 장례식조차 참석하지 못했다. 그러나, 샬롯 공주의 사망으로 왕위는 빅토리아 여왕으로 이어질 수 있었고, 영국 국민이 바라던 대로 영국은 제2의 전성기를 맞이했다. 역사를 가정하는 것은 무의미하다지만, 만약 샬롯 공주가 여왕이 되었어도 영국은 대영제국의 지위를 누렸을까? 하루아침에 아내와 아들을 잃은 레오폴드 공자는 평생 샬롯을 그리워해, 사별하고 10년이 지나도록 재혼하지 않았다. 그는 나중에 벨기에 국왕으로 추대된 후에야 샬롯을 닮은 루이즈 마리와 결혼했고, 그녀와의 사이에 생긴 딸의 이름도 샬롯의 프랑스식 명칭인 샤를로트로 지었다.

조지 4세는 캐롤라인과 결혼하기 전부터 연상의 여인인 ⑥ **마리아 피츠허버트**(Maria Fitzherbert, 1756~1837)와 열애 중이었다. 피츠허버트는 19세에 에드워드 웰드라는 부유한 홀아비와 결혼했으나 남편이 결혼 3개월 만에 말에서 떨어져 사망했다. 22세에 토마스 피츠허버트와 결혼했으나 3년 후 다시 남편이 사망

⑥ 마리아 피츠허버트

했다. 1784년, 28세의 그녀는 6살 아래의 조지 4세와 처음 만났는데, 당시 조지 왕자는 그녀에게 푹 빠져 이듬해 비밀리에 결혼식을 올리기도 했다. 그러나, 그녀는 가톨릭 신자였기 때문에, 당시 법률에 따라 군주는 가톨릭 신자와 결혼할 수 없어 그 결혼은 무효인 셈이었다. 조지 4세는 캐롤라인과 결혼을 하긴 했지만, 유언장에는 자기 재산을 피츠허버트에게 물

려준다고 썼으며, 1830년에 임종할 때도 그녀의 "빨리 회복하라."는 편지를 움켜쥐었다. 조지 4세가 그녀와의 밀회를 즐기기 위해 영국 남부 브라이튼에 이슬람식 궁전을 지었으니, 이것이 로얄 파빌리온(The Royal Pavilion)이다. 이 건물 역시 존 내쉬의 작품이라 하니, 이쯤 되면 조지 4세와 존 내쉬의 관계는 세종대왕과 장영실의 관계에 비할 만하다. 왕이 필요하다고 말만 하면 다 만들어준다.

⑦ 함리스

아름다운 도로 리젠트 거리로 들어가면 슈퍼드라이, 타미힐피거, 자라, 버버리 등 유명 슈퍼브랜드 매장들을 볼 수 있어 쇼퍼(shopper)들에게는 더욱 아름다운 도로다. 많은 가게 중 ⑦ 함리스(Hamley's)를 소개한다. 함리스는 세계에서 가장 크고 오래된 장난감 백화점이다. 윌리엄 함리는 원래 어부였으나 장난감 가게를 여는 꿈이 있었다. 마침내 그는 1760년에 작은 장난감 가게를 열었고, 그 후 꾸준히 확장해 현재의 함리스가 되었다. 전체 7층으로 된 이 백화점에서는 층마다 점원들이 장난감 쇼를 하며 각종 장난감을 어떻게 가지고 노는지 시범도 보여 주어 구경하는 재미가 있다.

## B. 매너가 사람을 만든다 | 새빌로(Savile Row)

⑧ 헨리 풀　　　　　　　　　　　⑨ 헌츠맨

　함리스 건너편 좁은 골목인 뉴 벌링턴 스트릿으로 들어가서 마주치는
거리가 런던의 유명한 양복점 거리인 새빌로다. 새빌로에서 왼쪽으로 내
려 가면 ⑧ 헨리 풀(Henry Poole & Co) 양복점이 있다. 이 양복점은 윈
스턴 처칠의 단골 양복점이었고, 프랑스의 샤를 드골 장군이나 소설가 찰
스 디킨스, 나폴레옹 3세의 옷도 만들어 줬다. 그러나, 이 상점이 무엇
보다 유명한 이유는 이 매장이 세계 최초로 턱시도를 만든 곳이라는 점
이다. 헨리 풀 양복점 옆에는 영화 〈킹스맨〉 촬영지로 유명한 ⑨ 헌츠맨
(Huntsman) 양복점이 있다.

　내려오던 새빌로를 다시 반대로 매독스 스트릿까지 올라가서 왼쪽으로
가면 ⑩ 세인트 조지 교회(Saint George's Church)가 있다. 세인트 조지
교회는 유명인들이 결혼식을 올린 장소로 유명하다. 시인 퍼시 셜리, 벤자

⑩ 세인트 조지 교회

⑪ 소더비

민 디즈레일리 총리, 미국의 시어도어 루즈벨트 대통령, 작가 조지 엘리엇 모두 이 교회에서 결혼식을 올렸다.

매독스 스트릿과 뉴 본드 스트릿이 만나는 곳에서 왼쪽으로 잠깐 가면 ⑪ 소더비(Sotheby's) 경매장이 보인다. 소더비 경매장은 크리스티 경매장(Christie's)과 더불어 영국의 양대 경매장으로, 1744년에 샤무엘 베이커에 의해 창립되었다. 처음에는 도서 판매업으로 시작했다가 현재 9천억 원 가까운 연 매출을 내는 경매장이 되었다.

## C. 가련한 넬슨의 여인, 엠마 해밀턴 | 에덴 갤러리(Eden Gallery)

뉴 본드 스트릿 북쪽으로 브룩 스트릿을 가로질러 조금 더 올라가서 에덴 갤러리라는 건물에서 블루 플라크를 볼 수 있는데, 1798년에 이 건물에서 넬슨 제독이 살았다고 적혀 있다. 1798년은, 나폴레옹이 이집트를 점령한 후 인도에서 영국의 지위를 위협하려 했으나, 오히려 영국 함대가 이집트에 주둔한 나폴레옹의 프랑스 함

C. 에덴 갤러리

대를 먼저 격침해 버린 아부키르 해전(나일 해전)이 발생한 해다. 프랑스군의 피해가 약 1,700명이 전사하고 약 3,000명이 포로로 잡힌 것에 비해, 영국은 고작 218명만 전사했을 뿐이다. 바로 넬슨이 이 나일 해전에서 영국 함대를 지휘함으로써 영국 바다의 왕자로 떠올랐다.

이 1798년부터 넬슨과 엠마 해밀턴의 관계가 본격적으로 전개되는데, 여기서 엠마 해밀턴의 얘기를 안 할 수가 없다. ⑫ 엠마 해밀턴(Emma Hamilton, 1765~1815)은 생후 2개월에 아버지를 여의고 외할머니 집에서 어려운 유년기를 보냈다. 12세의 어린 나이에 부잣집의 하녀로 일하다, 15세에 귀족들의 파티에서 나체

⑫ 엠마 해밀턴

로 춤을 추는 모델 생활을 하며 해리 경의 정부(mitress)가 되었다. 그녀는 16세에 해리 경의 아이를 가졌지만, 해리 경은 엠마도 아이도 책임질 생각이 없었다. 그래서, 그는 당시 파티에 자주 참석했던 찰스 그레빌에게 도움을 청했고, 그녀는 다시 그레빌의 정부가 된다. 찰스 그레빌도 귀족 집안의 자제인 데다가 하찮은 계급의 무녀(dancer)를 첩으로 들였다는 소리가 듣기 싫었다. 그래서, 엠마를 집에 숨겨두고 다양한 교육은 시키되 사회생활은 멀리하도록 했으며, 가끔 친구들을 초대해 놓고 그녀로 하여금 노래를 부르고 춤을 추게 했다. 친구 중 당대 최고의 화가인 조지 롬니가 엠마를 보고 완벽한 모델이라며 수많은 초상화를 그렸다. 나중에 이 그림들이 인기를 끌면서 엠마는 영국 최고의 미녀로 등극했다.

그레빌은 애초에 엠마의 미모에 빠져 정부로 받아들이긴 했지만, 귀족 집안과의 결혼을 앞두고 있어 엠마를 멀리할 방법을 궁리했다. 마침 그의 외삼촌인 윌리엄 해밀턴 경이 최근에 부인과 사별하고 자식도 없이 혼자 있다는 것을 알고 그에게 엠마를 데려가달라고 부탁한다. 61세의 해밀턴 경은 26세의 엠마와 결혼하게 되는데, 이 해밀턴 경이 바로 넬슨 제독의 상관이었다. 사실 해밀턴 경은 조카의 추문을 덮기 위해 정략적으로 엠마를 떠안은 것일 뿐이고, 당시로서는 노령이어서 엠마에게 그다지 집착하지 않았다. 나일 해전에서 만신창이가 되어 귀국한 넬슨은 해밀턴 경의 저택에 머무르며 요양했는데, 이때 엠마가 넬슨을 극진히 간호하면서 둘 사이는 점점 가까워졌다. 해밀턴 경은 엠마와의 관계가 나쁜 건 아니었지만, 넬슨과 엠마의 관계를 응원했고, 넬슨과 해밀턴 경 역시 서로를 존중했다. 국가 최고의 영웅과 당대 최고의 미녀와의 불륜은 금세 영국과 전 세계에 핫토픽으로 떠올랐다. 요양을 마친 넬슨은 자신의 아이를 가진 엠마와 함께 런던으로 돌아왔는데, 이때 넬슨의 부인인 패니는 자신을 택하든지 엠마를 택하든지 둘 중 하나를 택하라며 최후통첩을 날렸다. 그러자, 넬슨은 한 치의 망설임도 없이 엠마를 택하고 패니와는 다시는 만나지 않았다. 엠마는 넬슨 집안의 인정을 받기 위해 넬슨의 조카들 학비를 대주고 그들의 결혼을 주선하는 등 넬슨이 원정을 가 있는 동안 집안을 관리해 주었다. 그러나, 넬슨이 영국에 없는 동안 넬슨의 친지들은 넬슨의 저택과 재산에 대해 권리를 주장하며 수시로 엠마를 압박하곤 했다.

1805년, 엠마는 지중해에서 프랑스 함대를 열심히 격파하던 넬슨으로부터 편지를 한 통 받았는데, 이 편지에서 넬슨은 "엠마 해밀턴이 자신의 지위를 유지할 수 있도록 나의 유산을 상속하겠다."라고 했다. 엠마가 이 편지를 받은 8일 후, 넬슨은 트라팔가 해전에서 대승을 거두고 전사한다. 그러나, 엠마는 넬슨의 정식 부인이 아니었기에, 넬슨 자신이 사망하게 되면 엠마를 잘 돌봐달라는 그의 유언은 무시되었고, 장례식에서 엠마가 노래를 부르게 해달라는 그의 요청도 뭉개졌다. 심지어 영국 역사상 가장 호화롭게 치러진 넬슨의 장례식에 엠마는 참석조차 허락받지 못했다. 엠마가 보살폈던 넬슨의 조카 등 친척들은 넬슨이 살아있을 때도 엠마를 압박했지만, 그가 죽은 후에도 끊임없이 엠마를 상대로 지속해서 돈을 뜯어 갔다. 엠마는 넬슨의 유품들을 경매에 내놓으면서도 계속되는 빚에 허덕이며 가난하게 살다가 49세의 나이로 사망했다. 역사학자 켈리는 "귀족과 남자들의 권위로 가득한 세상이 신분이 천하고 여자라는 이유로 그녀를 옭아매었다."라고 표현했다. 지금의 관점에서 보면 엠마의 인생이 너무 가련한데, 당시는 계급상의 신분 관계가 엄격했던 시대였다. 따라서, 아무리 국가의 영웅이 요청했다 하더라도 정실부인이 아닌 천민 계급의 여성에게 세상은 영웅의 옆자리를 내어 주지 않았던 것이다.

## D. 음악의 어머니와 천재 기타리스트 | 브룩 스트릿(Brook Street)

⑬ 헨델 박물관

⑭ 게오르그 헨델

뉴 본드 스트릿에서 다시 남쪽으로 내려오다 브룩 스트릿과 만나는 곳에서 오른쪽으로 조금만 가면 ⑬ 헨델 박물관(Handel & Hendrix)이 있다. 이곳은 음악의 어머니 ⑭ 게오르그 헨델(George Frideric Handel, 1685~1729)이 〈메시아〉를 작곡한 곳이다. 헨델은 독일에서 태어났으나, 1726년에 영국에 귀화하면서 총 46곡의 음악을 남겼다. 음악의 아버지로 불리는, 같은 독일 출신의 동갑내기 작곡가인 요한 세바스찬 바흐와 함께 바로크 음악의 두 거장으로 일컬어진다. 헨델은 어려서부터 오르간 연주와 작곡에 재능을 보였고, 21세가 되던 1706년에 본격적으로 오페라를 공부하기 위해 이탈리아로 유학을 떠났다. 귀국해서, 25세의 나이에 독일 하노버 왕국의 왕실 악장이 되었고, 28세에는 영국 앤 여왕을 위해 〈앤 여왕 생일을 위한 송가〉를 작곡하고 여왕으로부터 연금을 하사받았다. 이때, 헨델은 하노버보다 훨씬 큰 무대인 런던에서 크게 성공할 것이라 확신하며 영국에 귀화해 버렸는데, 당시 하노버 선제후가 헨델의 배신에 매우 분노했다. 아이러니하게도 영국 앤 여왕이 후손이 없이 사망하자, 왕위계승법에 따라 그 하노버 선제후가 앤 여왕의 뒤를 이어 영국의 조지 1세로 즉위했다.

조지 1세의 복수를 두려워한 헨델은 1717년에 조지 1세가 런던을 방문했을 때, 그의 비위를 맞추기 위해 음악을 작곡해 연주했는데, 이 곡이 헨델의 〈수상(水上)〉 음악이다. 말 그대로 물 위에서 연주하기 위해 작곡한 것으로, 연주자들을 배에 태워서 배 위에서 연주했다. 다행히 조지 1세가 이 수상음악을 마음에 들어 계속 연주하라고 지시할 정도였기에, 이후에도 딱히 헨델을 벌하지는 않았다. 이 박물관에서 작곡된 헨델의 〈메시아〉는 당시 최고의 흥행작이었다. 통상 초연 후 5~10회 정도 공연하고 끝나던 다른 음악들에 비해, 헨델의 〈메시아〉는 1742년 더블린 초연 때부터 지금까지도 주기적으로 연주되고 있다. 〈메시아〉 공연 중간 '할렐루야' 부분에서, 관람하던 조지 2세가 감탄해서 기립하자 다른 청중들도 모두 기립했고, 이후 '할렐루야' 부분에서 청중이 기립하는 것은 일종의 불문율이 되었다. 박물관은 화요일에서 일요일까지 개장하고 간혹 헨델이 공연했던 방에서 연주회도 열린다.

헨델 박물관이 헨델 앤 헨드릭스라고 불리는 이유는 박물관 위층에서 미국 출신 기타리스트 ⑮ **지미 헨드릭스** (Jimi Hendrix, 1942~1970)가 그의 여자 친구인 영국 작가 캐시 에칭험과 같이 살았기 때문이다. 헨드릭스는 미국 시애틀에서 가난한 집안의 장남으로 태어나 어릴 때부터 기타를 치는 흉내를 내고 다녔다. 15세가 되

⑮ 지미 헨드릭스

어서야 겨우 5달러짜리 어쿠스틱 기타를 처음으로 아버지로부터 선물 받

앉으며, 성인이 되어서 본격적으로 밴드 활동을 했다. 그의 공연을 본 채스 챈들러가 매니저를 자청해 영국에서 데뷔했는데, 지미 헨드릭스 익스피리언스(Jimi Hendrix Experience)라는 그룹으로 음악 활동을 시작했다. 1967~1968년 이 시기에 헨드릭스의 명곡들이 다 발표되었으나, 아쉽게도 1969년에 밴드는 해체된다. 헨드릭스는 오른손잡이면서 기타를 왼손으로 연주하거나, 이빨로 기타 줄을 뜯으며 연주하거나, 기타를 부수는 등의 독특한 퍼포먼스로 전 세계 기타 팬들을 사로잡았다. 그는 우드스톡 페스티벌에서 미국 국가를 일렉트릭 기타로 연주했는데, 연주 중간에 미사일의 굉음 같은 소리를 기타 반주로 삽입했다. 이는 당시 베트남전에 참전 중인 미국의 상황을 빗댄 것으로, 수많은 청중이 그의 국가를 들으며 더욱 숙연해졌다. 박물관에는 헨드릭스의 사진들이 전시되어 있으며, 실제 그가 살았던 위층의 방은 1년에 두 번 공개된다.

### E. 영국의 최고령 백화점 | 리버티 백화점(Liberty London)

E. 리버티 백화점

리젠트 스트릿으로 빠져나와서 그레이트 말보로 스트릿으로 걸어가면 런던에서 가장 오래된 백화점이 있다. 리버티 백화점이라 불리는 이 고풍스러운 외관의 백화점은 1875년에 설립되어 이제 곧 150세를 앞둔 백화점이다. 안으로 들어가 보면 오래된 목조의 기둥과 계단을 그대로 유지하고 있고, 가운데가 뻥 뚫려서 유리 천장을 통해 하늘을 볼 수 있다. 보통 현대적 양식의 백화점은 고객들이 시간 가는 줄 모르고 쇼핑하도록 건물에 창문을 설치하지 않는다. 그러나, 리버티 백화점은 천장과 창문을 통해 바깥 환경을 알 수 있어 색다른 느낌이다. 리버티 백화점의 이름은 창립자인 아서 리버티에서 따왔다.

## F. 쇼핑의 거리에서 영국의 음식을 듣다 ┃ 옥스포드 스트릿(Oxford Street)

F. 옥스포드 스트릿                          ⑯ 벤스 쿠키스

리젠트 스트릿에서 북쪽으로 옥스포드역까지 간 후 동쪽으로 옥스포드 스트릿을 걷는다. 옥스포드 스트릿 역시 쇼핑 거리이며 다양한 매장들이 거리를 따라 늘어서 있다. 옥스포드 거리에서 시작된 ⑯ 벤스 쿠키스(Ben's Cookies)는 한국에도 입점했는데, 이곳의 쿠키는 간단한 간식거리로 먹을 만하다. 1984년, 헬지 루빈스타인은 옥스포드 스트릿에 작은 구멍가게를 열고 쿠키를 팔기 시작했다. 현장에서 갓 구워진 따뜻한 쿠키는 금방 명성을 얻어서 지금은 국제적인 체인점이 되었다. 벤스 쿠키스는

루빈스타인의 아들 벤의 이름을 따서 지었다.

"영국은 사탕도 맛이 없다."라는 말이 있듯이 사실 영국 음식이라고 하면 맛없기로 유명하지만, 많은 영국 사람이 이에 동의하지 않는다. 그들의 입장도 이해가 되는 것이, 우선 고든 램지나 제이미 올리버, 고든 램지의 스승 마르코 피에르 화이트와 같은 걸출한 영국 셰프들이 있으며, 한국에서도 강레오, 류태환 등 영국 유학파 출신 셰프들이 늘어나고 있다. 식재료의 품질 또한 국제적으로 인정받고 있는데, 특히 소고기는 유명한 스코틀랜드의 앵거스 품종이 독보적이다. 그래서, 소고기를 재료로 하는 전통 음식들이 많다.

⑰ 선데이 로스트          ⑱ 비프 웰링턴

⑲ 셰퍼드 파이          ⑳ 피쉬 앤 칩스

전통 영국 음식으로, 소고기의 안심 또는 등심을 통째로 오븐에서 구워 낸 로스트 비프(Roast Beef)에 구운 감자와 익힌 야채, 그래이비 소스를 곁들여 일요일에 먹는 ⑰ **선데이 로스트**(Sunday Roast)가 있다. 로스트 비프의 변형으로 ⑱ **비프 웰링턴**(Beef Wellington)도 있다. 비프 웰링턴은 스테이크에 푸아그라와 버섯 등을 바른 페이스트리를 싸서 구운 요리를 말한다. 나폴레옹 전쟁 당시 웰링턴 공작이 전장에서 입맛을 잃었을 때 주로 먹었다고 해서 붙여진 이름이라는데 확실하진 않다. 또 다른 영국 요리로 ⑲ **셰퍼드 파이**(Shepherd's Pie)가 있다. 양고기를 갈아서 잘게 썬 야채 등과 함께 볶아서 익힌 다음 그 위에 감자샐러드를 덮어 오븐에 익힌 것인데, 주로 양치기들이 먹었다 해서 그 이름이 유래되었다. 양고기 대신 소고기를 쓰면 코티지 파이(Cottage Pie)가 된다.

영국 정치인 존 몬태규는 제4대 샌드위치 백작이다. 그는 워낙 도박을 좋아해 도박을 하면서 먹을 수 있도록 빵 사이에 고기와 채소를 넣은 식사를 생각해 냈고, 다른 사람들이 그것을 보고 "샌드위치 백작과 같은 것으로 주시오(The same as Sandwich)."라고 하면서 샌드위치가 만들어졌다는 얘기가 있다. 그러나, 사실은 그가 도박밖에 모르는 무능한 정치인이었기 때문에, 그에 대해 정치적인 인신공격을 하기 위해 만들어진 이야기라는 것이 정설이다. 영국 요리를 혹평할 때 많이 언급되는 것이 생선 튀김과 감자튀김인 ⑳ **피쉬 앤 칩스**(Fish and Chips)다. 많은 관광객이 영국을 관광할 때 런던을 찾고, 런던의 관광지에서 피쉬 앤 칩스를 먹어 본 후 역시 영국 음식은 맛이 없다고들 한다. 그러나, 사실 관광지에서 먹는 음식이 제대로 값어치를 하는 곳은 잘 없어서가 아닐까? 물론 프랑스나 이탈리아처럼 관광지에서도 맛있는 음식이 많은 나라도 있다. 그러나, 기왕에 피쉬 앤 칩스를 먹으려면 항구도시인 브라이튼 같은 곳에서 먹어야 제대로 그 맛을 알 수 있을 것이다. 마치 한국의 서울 경복궁 앞에서 동해 곰치국이나 서산 게국지를 먹고 그 맛이 안 난다고 하는 것과 마찬가지일 수 있다.

여담으로 '칩스'에 대해 언급하자면, 영국에서는 감자튀김을 두고 프렌치 프라이즈(french fries) 대신 칩스(chips)라는 단어를 사용한다. 미국에서는 칩스를 감자칩처럼 얇고 바삭한 과자를 표현할 때 사용하는데, 영국에서는 이를 크리슾스(crisps)라고 한다.

## 2. 문학과 음악이 있는 런던 대학로

*"Some causes happiness wherever they go, others whenever they go."*
(어떤 사람들은 가는 곳마다 행복을 주는데, 어떤 사람들은 가버릴 때마다 행복을 준다.)

– 오스카 와일드, 재치 있는 촌철살인의 대가

### G. 유색인 간호사 메리 시콜 ┃ 소호 광장(Soho Square)

옥스포드 스트릿을 걷다가 오른쪽에 자라 매장을 끼고 소호 스트릿으로 들어간다. 소호 스트릿으로 내려가면 소호 광장이 나온다. 광장 한가운데에는 찰스 1세의 아들 찰스 2세의 동상이 있다. 소호라는 이름이 어디서 유래되었는지는 명확하지 않다. 사냥꾼들의 휘파람 소리 "소~호~"에서 유래되었다는 이야기도 있는데, 아무튼 이곳에는 여러 유명인이 잠시 머물다 간 흔적들이 많이 남아 있다. 특히, 비틀즈, 데이빗 보위, 그룹 퀸, 모짜르트와 같은 음악가와 오스카 와일드 같은 문학가 등 예술가들이 많이 살았다.

소호 광장을 바라보며 왼쪽에 ㉑ 메리 시콜(Mary Seacole, 1805~1881)이 살았던 집이 있다. 메리 시콜은 빅토리아 시대 영국 크림 전쟁기에 최전방의 간호사로 활약했다. 어머니가 자메이카 출신이라 유색인종이

㉑ 메리 시콜

었던 그녀는 피부색 때문에 전선에서도 환대받지 못했지만, 스스로 비용을 부담해서 부상병들을 도왔다. 백인 간호사 나이팅게일에 가려 크게 주목받지는 못했으나, 그녀 역시 훌륭한 간호사였으며 이곳 소호에서 그녀는 자신의 자서전을 썼다.

㉒ MPL

메리 시콜의 집에서 반대 방향으로 걸어 칼라일 스트릿으로 들어가는 쪽에 갈색 건물이 있는데, ㉒ MPL이라고 적혀 있다. MPL은 McCartney Production Limited(매카트니 프로덕션 유한회사)의 약자로, 비틀즈의 멤버인 폴 매카트니의 회사다. 함부로 들어가 볼 수는 없지만, 지하실에는 전설적인 EMI의 애비로드 스튜디오가 그대로 복제되어 있다.

## H. 행복한 왕자 오스카 와일드 | 그릭 스트릿(Greek Street)

㉓ 지브라노                    ㉔ 자코모 카사노바

 소호 지역 여행으로 소호 광장 아래 3개의 스트릿을 걸어볼 것이다. 먼저 제일 오른쪽 그릭 스트릿을 걷다 보면 ㉓ **지브라노**(Zebrano)라는 식당이 나오는데, 그 위층이 유명한 로맨스 가이 ㉔ **자코모 카사노바**(Giacomo Casanova, 1725~1798)가 몇 달을 살았던 곳이다. 카사노바는 이탈리아 베니스에서 태어나 작가, 모험가, 사기꾼으로 생을 살았다. 190cm의 훤칠한 키에 화려한 언변으로 총 122명의 여인과 사랑을 나누었는데, 단순히 기계적으로 여성들을 유혹한 것이 아니라 여성을 존중하고 매너 있게 접근했다. 물론, 카사노바가 여성을 정서적으로 유혹한 것이 아니라 대부분 성매매를 한 것이고, 그저 변태성욕을 가진 난봉꾼에 불과하다는 주장도 있다.

 지브라노에서 계속해서 남쪽으로 걸어 올드 콤튼 스트릿을 지나면, 무려 140년 이상이 된 ㉕ **메종 베르토**(Maison Bertaux)라는 빵 가게가

㉕ 메종 베르토

나온다. 이곳은 런던에서 가장 오래된 베이커리로, "영국 음식은 믿고 거른다."는 말이 무색할 정도로 많은 유명인들이 이곳에서 케이크와 빵을 주문한다. 아, 물론 메종 베르토(베르토의 집)가 프랑스 단어이긴 하다.

메종 베르토에서 로밀리 스트릿 쪽으로 ㉖ 케트너스(Kettner's)라는 호텔이 보인다. 호텔 위층에 ㉗ 오스카 와일드(Oscar Wilde, 1854~1900)와 그의 동성 연인 알프레드 더글라스가 지낸 방이 있다. 오스카 와일드는 아일랜드 출신으로 빅토리아 시대에 가장 성공한 작가며, 우리에게는 그의 창작 동화『행복한 왕자』가 익숙하다. 부와 명성을 모두 손에 쥐고 잘 나갔던 그였지만, 그는 양성애자였고 알프레드 더글라스를 만나면서 동성애 혐의로 기소되어 2년 노동금고형을 받았다. 결국 부인과도 이혼하고 영국에서도 추방당한 채 1900년에 파리에서 쓸쓸히 사망했다. 그는 2017년이 되어서야 동성애로 처벌당한 사람들을 사면하는 법안이 발의되어 사면되었다. 파리의 페르 라세즈 공동묘지에 있는 그의 무덤에는 전 세계 관광객들의 입술 자국이 가득하다. 그 때문에, 이곳은 아일랜드의 블라니 스톤, 베니스의 산 마르코 광장과 함께 세계 3대 비위생 장소로 유명하다. 블라니 스톤은 이곳에 키스를 하면 입담이 세진다는 전설 때문에 매년 수천 명의 관광객들이 방문해 입맞춤하는 성벽이고, 산 마르코 광장은 수많은 비둘기 떼의 배설물로 뒤덮여 악명이 높은 광장이다.

㉖ 케트너스          ㉗ 오스카 와일드

## I. 런던에서 재즈를 듣는다면 | 프릿 스트릿(Frith Street)

케트너스를 끼고 다시 북쪽으로 올라가는 거리가 프릿 스트릿이다. 올라가다 보면 왼쪽에 ㉘ 로니 스콧 (Ronnie Scott's Jazz Club)이라는 재즈바가 있다. 색소폰 연주자인 로니 스콧이 1959년에 오픈한 가게로, 미국 본토의 재즈 연주자들도 런던에 오면 한 번씩 방문한다. 1970년에 지미 헨드릭스의 마지막 공연이 있

㉘ 로니 스콧 재즈바

었고, 지금도 수준 높은 음악가들의 재즈 공연이 열린다. 재즈바는 새벽까지 영업하니, 재즈에 관심이 있으면 일정을 마치고 저녁에 들러볼 만하다. 런던 지하철역은 통상 자정이 되면 역사의 철문이 닫힌다. 밤늦게 귀가할

㉙ 볼프강 아마데우스 모짜르트

때, 런던 도심에서는 야간버스가 많이 운행되어 택시보다는 훨씬 이용하기 쉽다. 런던 시내에서 택시를 잡는 것은 거의 불가능하고 그 비용도 상당히 비싸다. 따라서, 심야에는 야간버스를 타는 게 좋은데, 다만 야간버스라 하더라도 모든 정류장에 버스가 서는 것은 아니다. 만약 숙소가 야간버스가 정차하는 정류장에서 멀다면, 가능한 한 지하철이 운행되는 시간 내에 숙소로 복귀하는 것이 좋다.

로니 스콧 건너편 건물은 ㉙ **볼프강 아마데우스 모짜르트**(Wolfgang Amadeus Mozart, 1756~1791)가 머물렀던 집이다. 모짜르트의 아버지는 모짜르트가 6세가 되던 해부터 뮌헨, 런던, 파리 등지로 연주 여행을 데리고 다녔는데, 그의 공연은 각지에서 호평받았다. 모짜르트는 런던에 와서 이곳에서 15개월을 머무르며 공연을 통해 영국 상류층에 모습을 드러냈고, 조지 3세 앞에서도 3번이나 연주를 했다.

## J. 영국 젊은이들의 펍 문화 | 딘 스트릿(Dean Street)

다시 프릿 스트릿 북쪽으로 걸어가서 소호 광장에서 MPL을 끼고 칼라일 스트릿으로 들어가면 ㉚ **투칸**(The Toucan)이라는 펍이 나온다. 아이리쉬(Irish) 펍으로 기네스 맥주의 맛이 기가 막히다. 원래 기네스는 아일랜드를 벗어나면 맛이 떨어진다고 한다. 개인적인 평가지만 더블린의 기네스 팩토리(Guinness Storehouse)에서 마셔본 기네스보다 이곳 투칸의 기네스 맛이 더 훌륭하다고 생각한다.

㉚ 투칸

펍 이야기가 나온 김에, '펍 크롤(Pub Crawl)'이라는 영국 젊은이들의 특유한 펍 문화 하나를 소개한다. 먼저, 친구들끼리 모여서 방문할 펍 5~7개 정도를 미리 정한다. 그리고 이 펍들에 한 번씩 들러 짧은 시간 내에(약 20~30분) 한두 잔씩 맥주를 비우면서 단체로 이동하는 재미를 즐긴다. 펍을 들를 때마다 모두가 반드시 맥주를 마실 필요는 없고, 개인별로 힘들면 한 펍에서는 쉬어가도 된다. 맥주를 시킬 때마다 인증샷을 남겨, 마지막 펍까지 들른 후 가장 사진이 많은 사람이 승자가 된다. 영국에서 맥주 한 잔은 파인트(pint)라는 컵에 담겨 나오는데 한국의 기본 맥주 잔이 500cc인 데 비해 영국의 1파인트는 약 570cc다. 펍에서 한 잔씩만 마셔도 일곱 군데를 다니다 보면 거의 4,000cc의 맥주를 마시게 된다. 마지막 펍에서는 기어 나오다시피 해서 '크롤'이란 명칭이 붙은 듯하다. 미국에서도 비슷한 문화로 '바 호핑(Bar Hopping)'이 있다. 통상 영국의 펍은 10시나 11시가 되면 문을 닫는데, 일부 라이선스 비용을 낸 런던 도심의 펍들은 새벽까지도 영업하는 곳이 있다. 런던 도심은 곳곳에 CCTV가 있어서 아주 위험하지는 않지만, 앞서 언급했듯이 가능하면 지하철이 운행되는 시간 내 숙소로 복귀하는 것이 좋다.

투칸에서 딘 스트릿 남쪽으로 내려가다가 오른쪽에 좁은 골목이 있는데, 세인트 앤스 코트라는 이 골목으로 들어가 본다. ㉛ **과거 트리덴트 스**

㉛ 과거 트리덴트 스튜디오

튜디오(Trident Studios)였다는 건물을 주목해 보자. 트리덴트 스튜디오는 그 유명한 비틀즈의 〈헤이 쥬드〉가 녹음된 곳이고, 그룹 퀸의 많은 앨범 또한 녹음된 곳이다. 건물 입구의 블루 플라크는 데이빗 보위의 〈헝키 도리〉 앨범과 〈스타맨〉이 수록된 1972년 앨범 〈지기 스타더스트〉가 이곳에서 녹음되었음을 알려준다.

　다시 딘 스트릿 남쪽으로 내려가서, ㉜ 쿼바디스(Quo Vadis)라는 식당의 위층은 ㉝ 칼 마르크스(Karl Marx, 1818~1883)가 6년간 살았던 곳이다. 마르크스는 독일 출신이지만 이곳에 살면서 근처 영국박물관 내 도서관에서 『자본론(Das Kapital)』을 집필했다. 그는 부인과 네 아이와 하녀를 대동하고 런던으로 왔으나, 직업이 없이 친구 프리드리히 엥겔스의 재정적 도움으로 근근이 하루하루를 살았다. 이곳에서 3명의 아이가 죽었는데, 한 아이는 관을 살 돈도 없어 그대로 매장을 했다. 그 와중에 하녀와의 부적절한 관계로 아들까지 낳았다. 산업혁명으로 자본주의가 태동한 영국에서 공산주의의 기본 바이블인 『자본론』을 집필한 것도 아이러니하고, 계급의 철폐를 주장하면서 본인은 가정부를 두고 부적절한 관계까지 맺게 된 것도 아이러니하다. 일하지 않는 자는 먹지도 말라며 노동만이 사회적 이윤의 원천이라는 공산주의의 기초를 세운 사람이, 정작 자신은 엥겔스의 금전적 후원으로 살았으면서 돈이 다 떨어졌을 때 어떤 노동도 한 적이 없는 것은 난센스다. 그의 무덤은 런던 북부 하이게이트 공동묘지에 있다.

㉜ 쿼바디스                        ㉝ 칼 마르크스

# 3. 시네마와 씨어터의 공존

"I realize that patriotism is not enough. I must have no
hatred or bitterness towards anyone."
(애국심만으로 충분하지 않다는 것을 압니다. 나는 누구에게도 증오나 원한을 품어서는
안 됩니다.)

– 에디스 카벨, 처형 전날 밤

## K. 런던 속 작은 중국 | 차이나타운(Chinatown)

K. 차이나타운                    ㉞ 손드하임 극장

딘 스트릿 남쪽으로 샤프츠버리 애비뉴까지 와서 오른쪽으로 가면 ㉞
손드하임 극장(Sondheim Theatre)이 있다. 유명한 뮤지컬 〈레미제라

블〉이 공연을 이어가고 있는 극장이다. 원래 뮤지컬 레미제라블은 프랑스 작가 빅토르 위고의 소설을 원작으로 프랑스에서 처음 뮤지컬로 만들었다. 영국 뮤지컬의 대가인 앤드류 웨버가 프랑스 뮤지컬 〈레미제라블〉을 보고 나서 "프랑스의 국민소설을 이 정도 뮤지컬로밖에 못 만드냐?" 하면서, 직접 영국식으로 새로 제작해 세계 4대 뮤지컬 중 하나로 만들었다는 얘기도 있다. 그러나, 이는 확인되지 않은 것으로, 내용상 영국인이 지어낸 이야기일 것이라는 의심이 충분히 든다.

*Do you hear the people sing, singing a song of angry men*
*It is the music of a people who will not be slaves again*

민중의 노래가 들리니, 분노한 자들의 노래말이야
그것은 다시는 노예가 되지 않으려 하는 민중의 음악이라네

– 뮤지컬 〈레미제라블〉 중

손드하임 극장을 건너서 워도 스트릿으로 들어가면 차이나타운이다. 차이나타운에 '왕기(Wong Kei)'라는 식당이 있다. 왕기 식당은 우리나라로 치면 '욕쟁이 할머니' 분위기의 식당이다. 점원들은 불친절하고 식기나 접시를 툭툭 던지듯이 놓는 것이 기본이다. 주문할 때 꾸물거리면 혼나기도 한다. 지인이 목격하기를, 손님의 옷이 바닥에 떨어졌는데, 점원이 발로 집어서 올려놓았다고 한다. 어느 지인은 식당에서 주문한 볶음면 대신 볶음밥이 나와서 음식이 잘못 나왔다고 하자, 점원이 웃으며 같은 가격이니 그냥 먹으라고 했다고 한다. 이런 분위기를 모르는 관광객들이 불만을 제기한 탓인지 요즘은 그런 설정을 많이 탈피했다. 왕기 식당의 스페셜 볶음밥은 가격도 저렴하고 양도 많다. 여기에 고추기름을 조금씩 뿌려 먹으면 알싸한 볶음밥이 되어 한국 음식에 대한 욕구를 조금 달랠 수 있을 것이

다. 왕기 식당 근처에 중국식 뷔페식당도 있는데, 가격이 비싸지 않고 여러 가지 음식을 입맛에 맞게 골라 먹을 수 있다. 런던 차이나타운은 인천 차이나타운에 비해 크기가 작고 거리구조가 단순하며 구경거리가 많지는 않다.

## L. 영화와 뮤지컬의 공간 | 레스터 스퀘어(Leicester Square)

L. 레스터 스퀘어

차이나타운 근처에 작은 광장 같은 것이 레스터 스퀘어다. 레스터 스퀘어 한가운데 있는 동상은 셰익스피어다. 레스터 스퀘어에 와보면 마치 90년대의 종로 3가가 떠오른다. 90년대 종로 3가에는 피카디리 극장, 서울극장, 단성사 등의 영화관들이 모여 있었는데, 이곳 레스터 스퀘어 주변에도 ODEON, Cineworld와 같은 영화관들이 있다. 그래서인지 이곳에는 셰익스피어 동상뿐 아니라 찰리 채플린, 해리포터, 패딩턴 베어와 같이 영화 속 주인공의 동상들도 많다. 이제 종로 3가에는 많은 극장이 문을 닫아 과거의 그 느낌이 나진 않지만, 레스터 스퀘어는 여전히 영화의 바이브가 살아 있다.

광장에는 또 유명한 ㉟ 메리 포핀스(Mary Poppins)의 동상도 있는데, 메리 포핀스는 파멜라 린던 트래버스가 쓴 동화이자 그 주인공의 이름이다. 파멜라는 호주에서 태어났으나 25세에 영국으로 건너가 배우, 댄서, 저널리스트 등으로 활동했다. 그녀는 1934년에 마법을 쓰는 보모를 주인공으로 한『우산을 타고 온 메리 포핀

㉟ 메리 포핀스

스』라는 동화를 처음 출간했다. 동화가 인기를 끌자 여러 속편이 출간되었으며, 이후 영화와 뮤지컬로도 만들어졌다. 오늘날 '메리 포핀스'라는 단어는 훌륭한 보모의 대명사로 쓰인다. 우산과 가방을 들고 모자를 쓴 그녀는 2012년 런던올림픽 개막식에도 등장할 만큼 영국의 대표적인 캐릭터다.

레스터 스퀘어 주변으로 영화관도 많지만, 손드하임 극장을 비롯해 뮤지컬을 관람할 수 있는 극장도 많다. 참고로, 영국에서는 영화관을 시네마(cinema)라고 하고 연극이나 뮤지컬을 공연하는 극장을 씨어터(theatre)라고 한다. 영화는 미국식 영어 무비(movie) 대신 필름(film)이라는 단어를 사용한다. 이곳 영화관에서 영화 시사회도 많이 열려 톰 크루즈 같은 배우들이 직접 오기도 한다. 유명 배우들을 보기 위해 영화관 앞에 낚시 의자를 가지고 와서 줄지어 있는 청소년들도 보인다. 관광객도 많지만, 저녁이 되면 고등학생 같은 청소년들이 많아 그들만의 만남의 장소 같다.

㉟ 에디스 카벨

　레스터 스퀘어에서 어빙 스트릿을 따라 차링 크로스 로드로 나오면 내셔널 포트릿 갤러리가 있다. 어빙 스트릿은 영국의 국민 배우 헨리 어빙의 이름을 따서 지은 것이고, 갤러리 입구 쪽에 그의 동상이 있다. 내셔널 포트릿 갤러리 길 건너편에 여성의 동상과 기념비가 있다. 이 비는 제1차 세계대전에서 활약한 ㉟ **에디스 카벨**(Edith Cavell, 1865~1915)을 기리는 비다. 카벨은 영국 출신 간호사인데, 벨기에 수도 브뤼셀에서 일하다가 가족들을 만나러 잠시 영국에 머물렀다. 그러던 중, 제1차 세계대전이 발발했고 독일이 벨기에를 침공하자, 그녀는 바로 짐을 싸서 전쟁 중인 벨기에로 달려가 환자들을 치료했다. 브뤼셀이 함락당하고 영국 정부는 카벨에게 귀국하라고 했으나, 그녀는 이를 거부하고 브뤼셀에 남아서 환자 치료에 전념했다. 카벨은 쏟아져 나오는 부상자들을 국적을 가리지 않고 치료했으며, 동료들에게도 "간호사라는 직업은 국경이 없다(The profession of nursing knows no frontier)."라고 늘 강조했다. 영국군이 벨기에에서 대부분 철수했으나 미처 철수하지 못한 영국군들이 일부 남아있었다. 카벨은 이들을 몰래 제3국으로 대피시키는 일도 했었는데, 독일군 점령 하의 벨기에에서 이러한 그녀의 행위는 이적행위였다. 결국, 이것이 발각되어 그녀는 독일 군사법원에 넘겨졌으며, 독일 군법에 따라 유죄판결과 더불어 총살형으로 사망했다. 그녀의 총살형은 중립국들로부터도 큰 반발을 샀고, 영국군 모집병 지원율을 50%나 급증시킨 효과를 가져왔다. 그녀의 유해는 전쟁이 끝나고 1919년에 발굴되어 웨스트민스터 사원에서 국장을 치른 후 노리치 성당에 안장되었다.

# 4. 특별하지 않으면서 특별한 광장

*"Music is like a dream. One that I cannot hear."*
(음악은 꿈과 같습니다. 내가 들을 수 없는 것.)

— 에드워드 엘가, 음악은 소리의 한 형태 그 이상이라는 것

## M. 아! 레드 보이 | 내셔널 갤러리(The National Gallery, 국립미술관)

M. 내셔널 갤러리

카벨 기념비에서 다시 길을 건너 내셔널 포트릿 갤러리 옆 내셔널 갤러리로 간다. 미술관이 워낙 넓고 관람할 가치가 있는 작품들이 많으므로 시간을 넉넉히 잡고 본다. 1824년, 조선 순조 당시 개관한 이 미술관은 총 4개의 관(wing)과 66개의 전시실에, 고대에서 근대에 이르기까지의 명화 2,300여 점의 작품을 소장하고 있다. 제2차 세계대전 중에는, 런던 대공습으로 작품이 훼손될 것을 염려한 윈스턴 처칠 총리가 작품들을 모두 철거해 비밀 수장고에 옮겨놓았다. 그러나, 런던 시민들이 총리에게 간곡히 요청해 작품 1점씩을 잠깐씩 전시함으로써 시민들이 짧은 시간이나마 관람할 수 있었다. 전쟁 중에 무슨 미술

관람이냐고 할 수도 있겠지만, 실제 그것만으로도 런던 시민들에게는 상당한 위로가 되었다. 미술관을 시대 순으로 관람하기 위해서는 세인즈버리 윙, 웨스트 윙, 노스 윙, 이스트 윙 순으로 본다.

㉧ 성 세바스찬

세인즈버리 윙에는 신화를 소재로 한 그림과 성화(holy paintings)들이 많다. 그리스, 로마 신화나 성서에 관한 지식을 공부하고 그림을 보면, 그림들이 좀 더 쉽게 이해될 것이다. 요즘처럼 스마트 폰이 없던 중세에는 돈 많은 귀족들이 초상화로 셀카를 대신했다. 이때 자신의 초상화 배경에 성인(Saint)들을 슬쩍 끼워 넣음으로써 그들 나름의 초상화 꾸미기를 했다. 많이 등장하는 배경 화면 성인으로는, 로마 군인의 신분으로 기독교를 숭배했다는 이유로 기둥에 묶여 화살을 맞아 순교한 ㉧ 성 세바스찬과, 가시 박힌 수레바퀴에 깔려 순교한 ㉨ 성 카타리나, 사자 발등에 박힌 가시를 빼줘서 늘 사자와 같이 다닌다는 붉은 색 복장의 ㉩ 성 제롬이 있다. 내셔널 갤러리 홈페이지에는 인기 있는

㉨ 성 카타리나

㉩ 성 제롬

작품들의 목록이 따로 있다. 레오나르도 다빈치의 〈암굴의 성모〉, 미켈란젤로의 미완성 작품인 〈무덤으로 옮겨지는 그리스도〉, 산드로 보티첼리의 〈비너스와 마르스〉, 토마스 로렌스의 〈레드 보이〉, 조지 스텁스의 〈휘슬재킷〉, 얀 반 아이크의 〈아르놀피니 초상화〉, 빈센트 반 고흐의 〈해바라기〉, 렘브란트의 〈자화상〉 등이 유명 작품들이다.

⑩ 레드 보이

토마스 로렌스가 1825년에 그린 《⑩ 레드 보이(The Red Boy)》의 모델은 귀족 가문의 7세 미소년 찰스 램튼이다. 안타깝게도 이 소년은 자신의 초상화가 완성되고 나서 6년 후, 13세의 나이에 결핵으로 사망한다. 그러나, 이 그림은 1967년에 영국 우표에 실린 최초의 그림이 될 정도로 인기가 높았고, 2023년에 한국의 국립중앙박물관에 기획 전시된 런던 내셔널 갤러리 작품 중에서도 제일 인기가 많았다. 그의 할아버지가 영국 총리를 지낸 찰스 그레이(Charles Grey)인데, 찰스 그레이는 베르가못 오일을 사용해 맥주의 맛을 낸 차를 즐겨 마셨다. 그가 즐기던 차는 후에 백작(Earl)인 그의 이름(얼 그레이, Earl Grey)으로 상품화되어 세계적으로 유명해졌다는 얘기도 있다.

조지 스텁스는 말 그림으로 잘 알려진 영국 화가다. 1762년에 그린 유화 작품인 《⑪ 휘슬재킷(Whistlejacket)》은 로킹엄 후작의 의뢰를 받아 후작의 경주마를 거의 실물 크기로 그린 그림이다. 이전 그의 작품과 달리 그림자와 배경을 생략하고 오로지 말 자체의 근육, 핏줄, 피부 등을 세심하게 그렸다. 그는 원래 해부학을 공부했는데, 말의 구조를 잘 이해하기 위해 죽은 말에 대한 해부와 실험을 직접 수행하기도 했다. 1806년에 81세의 나이로 사망했으며, 그의 묘지는 성 메릴본 교구 교회에 있다.

㊶ 휘슬재킷

## N. 오드리 헵번이 꽃을 팔던 곳 | 코벤트 가든(Covent Garden)

넓은 내셔널 갤러리를 관람한 후에 코벤트 가든까지 걸어가기가 쉽지는 않을 것이다. 코벤트 가든에서 저녁 식사를 하며 오늘 일정을 마무리한다는 기분으로 걸어가 본다. 과거 수도원 부설 청과물 시장이 있었던 곳이 ㊷ **코벤트 가든 광장**에 있는 길쭉한 건물이고, 영화 〈마이 페어 레이디〉에서 오드리 헵번이 꽃을 팔던 광장이

㊷ 코벤트 가든 광장

이곳 코벤트 가든 광장이다. 청과물 시장이 교외로 이전하면서 지금은 식당과 영국 브랜드 상점들이 많이 입점해 있는 작은 멀티쇼핑몰이 되었다. 사실 코벤트 가든이 유명하긴 한데, 특별한 무엇이 있는 것은 아니기 때문에, 무엇이 이곳을 특별하게 만드는지는 잘 모르겠다. 다만, 그런 미스테

리한 특별함 덕분에 사람들이 많이 모이고 활기찬 에너지가 넘친다.

㊸ 성 바울 교회 ㊹ 이니고 존스

건물 앞 교회는 ㊸ **성 바울 교회**(St. Paul's Church Covent Garden)로 영국 건축의 아버지 ㊹ **이니고 존스**(Inigo Jones, 1573~1652)가 건축했다. 존스는 런던에서 태어나 이탈리아에서 건축학을 공부했다. 그는 로마 고전주의 건축양식을 도입해 17세기 영국 건축의 기초를 확립했고, 궁정 건축 총감독에도 임명되었다. 그러나, 청교도 혁명이 발발하면서 모든 지위를 잃고 결혼도 하지 않은 채 서머셋 하우스에서 쓸쓸히 임종을 맞이했다. 1일 차에 보았던 화이트홀의 뱅퀴팅 하우스도 이니고 존스의 작품이다.

④⑤ 32번 건물                    ④⑥ 토마스 안

　교회 위쪽 킹 스트릿에 플로랄 코트 ④⑤ 32번 건물은 ④⑥ 토마스 안(Thomas Arne, 1710~1778)이 살던 곳이다. 토마스 안은 코벤트 가든에서 태어나 성 바울 교회에서 세례를 받았고, 코벤트 가든 극장에서 작곡가로 활동하다가 성 바울 교회에 묻혔다. 그가 살았던 32번 건물에 블루 플라크가 있고, 교회에도 그의 명곡 〈룰 브리태니아(Rule Britannia)〉의 일부와 함께 블루 플라크가 붙어 있다. 룰 브리태니아는 토마스 안이 1740년에 작곡한 영국판 〈오! 필승 코리아〉와 같은 영국 국민 음악인데, 오늘날 해군과 육군 군가로도 불리고 있다.

*Rule, Britannia! Britannia, Rule the waves!*
*Britons never, never, never, shall be slaves!*

지배하라, 영국이여! 영국이여, 파도를 지배하라!
영국인들은 결코, 결코, 결코 노예가 되지 않으리!

　토마스 안과 더불어 영국을 대표하는 작곡가로, 또 다른 영국의 국민 노래인 〈랜드 오브 호프 앤드 글로리(Land of Hope and Glory)〉를

⑷ 에드워드 엘가

작곡한 ⑷ 에드워드 엘가(Edward Elgar, 1857~1934)가 있다. 원래 엘가의 〈위풍당당 행진곡〉에 가사를 붙인 이 노래는 에딘버러 페스티벌, BBC 프롬스(BBC Proms), 리즈 카슬(Leeds Castle) 야외콘서트와 같은 큰 축제나 행사에서 〈룰 브리태니아〉, 〈영국 국가〉와 함께 갈무리 삼총사로 항상 등장한다. 엘가는 피아노 조율사인 아버지 밑에서 독학으로 음악을 배웠다. 가난한 청년기에 피아노를 가르치던 엘가는 자신보다 연상인 제자 앨리스에게 반해 그녀와 결혼했다. 앨리스를 위해 작곡한 노래가 그 유명한 〈사랑의 인사(Salut d'Amour)〉다. 앨리스가 1920년에 먼저 세상을 떠나자, 실의에 빠진 엘가는 죽을 때까지 14년간 작곡을 하지 않다가 1934년에 앨리스 곁으로 갔다. 한국에서는 특이하게도 위풍당당 행진곡은 신랑 입장곡으로, 사랑의 인사는 신부 입장곡으로 자주 연주된다.

*Land of hope and glory, mother of the free*
*How shall we extol thee, who are born of thee?*

희망과 영광의 땅, 자유의 어머니
어떻게 당신을 찬양해야 하리, 당신에게서 태어난 우리가?

영국의 국가인 〈God, Save the King/Queen〉의 가사는 구전되어 오던 문구이고, 작곡자는 여전히 미상이다. 재위하고 있는 군주가 남성이면 King, 여성이면 Queen으로 가사가 바뀐다. 가사 내용이 왕실을 찬

양하는 노래이므로 영국 국가가 울려 퍼져도 국왕은 국가를 따라 부르지
않는다.

*God, Save our gracious King*
*Long live our noble King*
*God, Save the King*
*Send his victorious, happy and glorious*
*Long to reign over us*
*God, Save the King*

신이여, 저희의 자비로우신 국왕 폐하를 지켜주소서
우리의 고귀한 국왕 폐하 만수무강하도록
신이여, 국왕 폐하를 지켜주소서
폐하께 승리와 축복과 영광을 주소서
오래도록 우리 위에 군림하도록
신이여, 국왕 폐하를 지켜주소서

㊽ 닐스 야드    ㊾ 밤비(Bambi)의 작품

코벤트 가든 근처에 알록달록 화려한 색깔들의 건물들이 모여 있는 작은 골목인 ㊽ 닐스 야드(Neal's Yard)는 골목이 아름다워 사진 찍기 좋은 장소다. 닐스야드로 들어가는 골목에 그라피티 아티스트 ㊾ 밤비(Bambi)의 작품이 있다. 다이아나 왕세자빈이 메리 포핀스 코스프레를 하며 손자와 손녀 옆에서 공중 부양을 하는 〈Be as naughty as you want(원하는 만큼 말썽꾸러기가 돼라)〉라는 작품인데, 밤비에 대해서는 후술하기로 한다. 닐스 야드나 코벤트 가든 광장 근처에는 식당들이 많으니 이곳에서 저녁 식사를 하며 2일 차 여행을 마무리하자.

## ≫ 2일 차 동선 요약

| 구분 | 모듈번호 | 시간 | 장소 |
|---|---|---|---|
| 오전 | 2-1 | 1시간 | A. 리젠트 스트릿 → B. 새빌로 → C. 에덴 갤러리 → D. 브룩 스트릿 → E. 리버티 백화점 → F. 옥스포드 스트릿 |
| | 2-2 | 1시간 | G. 소호 광장 → H. 그릭 스트릿 → I. 프릿 스트릿 → J. 딘 스트릿 → K. 차이나타운 → L. 레스터 스퀘어 |
| 점심 | 식당가 : 차이나타운, 코벤트 가든 | | |
| 오후 | 2-3 | 2시간 | M. 내셔널 갤러리 |
| | 2-4 | 1시간 | N. 코벤트 가든 |

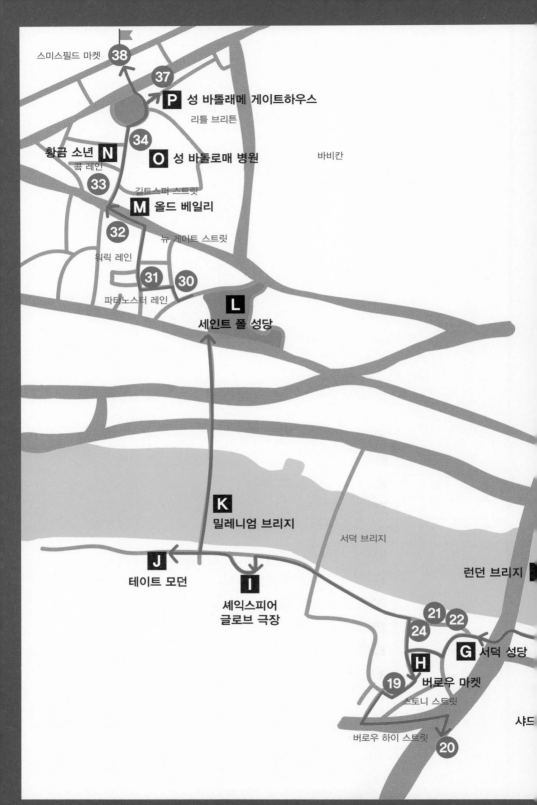

스미스필드 마켓 **38**

**37**

**P** 성 바톨래메 게이트하우스

리틀 브리튼

바비칸

**34**

황금 소년 **N**

**O** 성 바돌로매 병원

콕 레인

**33**

길트스퍼 스트릿

**M** 올드 베일리

**32**

뉴 게이트 스트릿

워릭 레인

**31** **30**

파터노스터 레인

**L**

세인트 폴 성당

**K**

밀레니엄 브리지

서덕 브리지

런던 브리지

**J**

테이트 모던

**I**

셰익스피어
글로브 극장

**21** **22**

**24**

**G** 서덕 성당

**H**

버로우 마켓

**19**

스토니 스트릿

샤드

버로우 하이 스트릿

**20**

# DAY 3

역사의 거리

## 타워 힐 Tower Hill

# 1. 피로 물든 성채

*"Two beheadings out of six wives is too many."*
(여섯 명의 아내 중 두 명이 참수당하는 것은 너무 많은 일이다.)

– 헨리 8세, 영국 국왕 중 최다 결혼 기록 보유

## A. 헨리 8세의 왕비들 | 런던탑(Tower of London)

런던탑 여행은 지하철 서클 라인이
나 디스트릭트 라인의 타워힐역에서
시작한다. 타워힐역을 나오면 거대한
① 해시계(Tower Hill Sundial)가
런던의 중요 사건들을 시간순으로 알
려준다. 해시계에 나와 있듯이 AD43
년에 로마인들이 런던을 정복했는데,
당시 로마식 건축물의 잔해들을 타워
힐역에서 런던탑으로 가는 길에 볼 수

A. 런던탑

있다. 그 길에는 또한, 로마 13대 황제로 로마제국의 최대 영토를 이끌었
고 5현제(5 Good Emperors) 중 하나인 ② 트라야누스 황제(Emperor
Trajan)의 동상도 있다. 트라야누스 황제 재임기에 로마는 경제적으로
풍요로웠고 군사적으로도 대적할 상대가 없을 정도로 강력했다. 그는 또

① 해시계

② 트라야누스 황제

③ 반역자의 문

한 공공사업과 복지정책을 추진할 정
도로 박애주의적인 정치를 펼쳤다.
황제의 위치에 있으면서도 경험이 많
은 신하들을 존중하며 협력하는 관계
를 유지해, 로마 원로원으로부터 '완
벽한 통치자'라는 칭호도 받았다.

런던탑은 미들 타워(Middle
Tower)에서 표 검사를 받고 바이워
드 타워(Byward Tower)를 통해 입
장한다. 런던탑은 궁궐로, 요새로, 또
한 감옥으로도 사용되었는데, 감옥이
라 하더라도 귀족 이상의 계급들만 수
감되었다. 런던탑에 입장한 후 오른
쪽을 보면 ③ **반역자의 문**(Traitor's
Gate)이라는 수문(watergate)이 하
나 있다. 귀족들이라면 주로 반역죄
로 들어오는 것이기 때문에 붙여진 이
름이며, 이들은 템스강을 통해 수문
으로 들어와 감옥에 수감되었다. 런
던탑 가이드가, "이 워터게이트가 미
국의 워터게이트(사건)보다 더 오래
되었다."라고 농담을 했다. 과거에
런던탑을 지키는 대원들을 ④ **요맨**
(Yeoman)이라 불렀다. 당시 요맨들
은 월급을 돈이 아닌 소고기로 받기도

해서 '비프 이터(Beef Eater)'로도 불렸다. 지금은 요맨이란 직업은 사라졌고, 런던탑 가이드들이 요맨 복장으로 관광객에게 런던탑을 안내할 뿐이다.

④ 요맨

반역자의 문 오른쪽에 있는 계단으로 올라가서 일방통행으로 런던탑을 둘러본다. 런던탑 수감자 중 최연소 수감자는 ⑤ 에드워드 5세(King Edward Ⅴ, 1470~1483)와 그의 동생 슈루즈버리의 리처드다. 1483년에 에드워드 4세가 사망하고 그의 아들 에드워드 5세가 12세의 나이로 즉위했는데, 영국의 수양대군이라 할 수 있는 그의 삼촌 리처드가 어린 조카 왕 대신 섭정을 했다. 리처드는 형인 에드워드 4세와 형수인 엘리자베스 우드빌의 결혼이 중혼이기 때문에 무효라고 주장하며, 조카를 왕위에서 끌어내린 후 스스로 ⑥ 리처드 3세(King Richard Ⅲ, 1452~1485)로 왕이 되었다. 폐위된 에드워드 5세와 그의 동생은 리처드 3세에 의해 런던탑에 감금되었다가 어느 날 사라진 것으로 알려졌다. 사람들은 삼촌

⑤ 에드워드 5세

⑥ 리처드 3세

⑦ 헨리 8세

⑧ 아라곤의 캐서린

인 리처드 3세가 죽였을 것이라고 믿었다. 결국 나중에 런던탑에서 신분을 알 수 없는 소년들의 유골이 발견되었는데, 두개골이 마치 둔기로 맞은 듯이 깨어져 있었다. 리처드 3세는 그 후 얼마 되지 않아 에드워드 5세의 누나와 결혼한 헨리 튜더(후에 헨리 7세)와의 전투에서 사망했는데, 2012년이 되어서야 그의 유골이 발견되어 레스터 성당에 안장되었다.

런던탑 예배당 앞 잔디밭은 영국 역사상 2명의 왕비와 1명의 여왕(?)이 처형당한 장소인데, 먼저 ⑦ 헨리 8세(King Henry Ⅷ, 1491~1547)의 역사부터 알아본다. 헨리 8세는 아버지 헨리 7세의 차남이었으나, 1502년에 형이 결핵으로 사망하자 세자가 되었다. 헨리 7세는, 장남이 사망하긴 했으나 스페인과의 동맹관계는 계속 유지하기를 원해, 헨리 8세에게 과부가 된 스페인 출신 형수인 ⑧ 아라곤의 캐서린(Catherine of Aragon)을 왕비로 맞이하도록 했다. 헨리 8세와 캐서린 사이에 많은 자식들이 태어났지만 모두 어릴 때 죽고 유일하게 딸 메리(후에 메리 1세)만 살아남았다.

유독 아들 욕심이 많았던 헨리 8세는 캐서린이 더 이상 자식을 낳을 나이가 아니라고 여기던 중, 마침 왕비의 시녀인 ⑨ 앤 불린(Anne Boleyn)

에게 점점 마음을 두기 시작했다. 결국, 헨리 8세는 캐서린과 이혼하고 앤을 왕비로 맞아들이기 위해 교황청에 이혼 승인을 요청했는데, 이혼제도를 인정하지 않는 교황청은 당연히 이를 거절했다. 7년간의 기나긴 공방 끝에 마침내 헨리 8세는 교황의 권위를 부인하고 영국 교회의 독립을 선언함으로써 잉글랜드 국교회(성공회)를 출범

⑨ 앤 불린

시켰다. 이어서, 캐서린과도 결국 이혼했다. 우여곡절 끝에 앤과의 결혼에는 성공했으나, 앤 역시 아들을 낳지 못하고 딸 엘리자베스(후에 엘리자베스 1세)를 낳는 데 그쳤다. 결국 앤은 결혼한 지 3년 만에 근친상간과 간통의 죄로 런던탑에 갇혔다가, 런던탑에서 최초로 목이 잘린 왕비가 되었다. 간혹 앤을 조선의 장희빈과 비교하기도 하는데, 왕의 전 부인을 쫓아내고 왕비가 되었으나 남편인 왕의 명에 의해 죽임을 당한 점이 닮긴 했다.

이후 헨리 8세는 앤의 시녀였던 ⑩ 제인 시모어(Jane Seymour)를 3번째 왕비로 맞이했다. 제인은 앤과 정반대로 내성적이고 순종적이며 지적이었다. 그러나 앤의 시녀로 있으면서도 헨리 8세와 연애를 했고, 앤이 처형당한 것을 보고서도 왕비가 되는 것을 마다하지 않았던 것을 보면, 제인도 보통 사람이 아니었던 것은 분명

⑩ 제인 시모어

하다. 마침내 그녀는 헨리 8세가 그토록 바라던 왕자를 출산했으나, 본인

⑪ 클레페의 앤

⑫ 토마스 크롬웰

은 출산 후 12일 만에 산욕열로 사망
했다. 헨리 8세도 제인의 죽음을 매우
슬퍼했다.

　신하들은 왕이 계속 슬픔에 잠겨만
있는 것이 바람직하지 않다고 생각했
고 왕비의 자리도 공석으로 오래 둘
수는 없었기에, 헨리 8세에게 ⑪ **클레
페의 앤**(Anna von Kleve)과 결혼
할 것을 주장했다. 헨리 8세 또한 앤
의 초상화를 먼저 보고 그녀에게 반
해 결혼을 서둘렀다. 그러나, 막상 그
녀의 실물을 보고 나서 실망하고서는
공공연하게 그녀가 못생겼다고 외모
를 비하했다. 그녀의 초상화는 유명
한 독일 화가인 한스 홀바인의 작품이
었으나, 헨리 8세의 불만이 사실이라
면 보정이 과도한 포토샵은 오늘날만

그런 것이 아닌가 보다. 이 초상화를 보고 왕에게 결혼을 강력히 권했던
⑫ **토마스 크롬웰**(Thomas Cromwell) 추기경은 바로 왕의 신임을 잃고
런던탑에 수감된다. 감옥에서 그는 클레페의 앤과의 결혼을 무효화할 것
을 찬성하는 내용의 편지를 헨리 8세에게 보내면서, "가장 관대하신 군주
여, 제게 제발 자비, 자비, 자비를 베푸소서."라고 애원했으나 결국 런던탑
에서 사형당했다. 클레페의 앤 역시 결혼은 했지만 바로 이혼을 요구받았
고, 이혼을 거부한 캐서린이 얼마나 고초를 겪었는지 알고 있기에 그녀는
순순히 이혼을 받아들였다.

이후 헨리 8세는 다시 클레페의 앤의 시녀였던 ⑬ 캐서린 하워드(Catherine Howard)와 결혼했는데, 캐서린은 미모가 매우 뛰어났다. 그러나, 왕의 시종과 불륜을 저지른 것이 발각되어 런던탑에 감금되었다가, 앤 불린에 이어 영국 역사상 2번째로 참수된 왕비가 되었다. 이제 나이가 든 헨리 8세는 더 이상 어린 왕비들에게 관심이 없었고, 마침내 31세의 ⑭ 캐서린 파(Catherine Parr)를 6번째이자 그의 마지막 왕비로 맞이했다. 캐서린은 교양 있고 현명했으며, 이전 왕비들의 자식인 메리와 엘리자베스, 에드워드 왕자까지 친자식처럼 잘 돌봤다. 헨리 8세와도 원만한 부부생활을 유지해, 왕비들의 비극은 그녀에서 끝났다.

⑬ 캐서린 하워드

⑭ 캐서린 파

헨리 8세가 사망하고 이어 왕위는 ⑮ 에드워드 6세(King Edward Ⅵ, 1537~1553)에게 계승되었다. 에드워드 6세는 9세에 왕위에 올라 15세에 사망했는데, 그는 나중에 미국 작가 마크 트웨인의 소설 『왕자와 거지』의 모티브가 되었다. 에드워드 6세가

⑮ 에드워드 6세

죽음을 앞두고 사경을 헤맬 당시 실권자는 존 더들리였다. 그는 제인 그레이의 부모였던 헨리 그레이와 프란시스 브랜든과 손을 잡고 왕위계승법을 무시한 채 제인 그레이가 후임이 되도록 에드워드 6세를 압박했다. 결국, 에드워드 6세가 사망하고, 제인 그레이가 자신의 의지와는 전혀 상관없이 왕위에 올랐다.

⑯ 레이디 제인 그레이의 처형

그러나, 헨리 8세의 장녀이자 왕위계승법상 1순위였던 메리가 극적으로 런던에서 탈출해 백성들의 지지를 받은 후 런던에 재입성했다. 그녀는 존 더들리를 처형하고 제인 그레이를 런던탑에 감금한 후, 메리 1세로 왕위에 올랐다. 메리 1세는 제인이 부모의 욕심으로 왕위에 오른 것이지 본인은 왕좌에 아무 욕심이 없다는 것을 알고 있었기에 금방 사면해 줄 생각이었다. 그런데, 제인의 아버지가 다시 반란을 일으키자, 이를 진압하고 어쩔 수 없이 런던탑에 있는 제인을 처형하라는 명령을 내린다. 왕위계승법에 적법하지도 않고 겨우 9일 동안만 여왕의 자리에 있었기에, 제인 그레이를 정식 여왕으로 인정하느냐의 여부는 역사가들 사이에 계속 논란이 되고 있다. 그녀는 처형 당시 겨우 16살의 꽃다운 어린 나이였지만, 목이 잘리기 전 눈이 가려진 상태라 처형대를 제대로 찾지 못한 것을 제외하고는 의연하게 죽음을 맞이했다. 이 안타까운 상황을 묘사한 폴 들라로슈의 명화 〈⑯ 레이디 제인 그레이의 처형(The Execution of Lady Jane Grey)〉이라는 작품이 내셔널 갤러리에 있다.

## B. 영국에서 가장 아름다운 다리 | 타워 브리지(Tower Bridge)

사연 많은 런던탑 관람을 마치고 나오면 그 유명한 타워 브리지가 보인다. 런던탑 옆에 있어서 타워 브리지라고 불리는 것인데, 영국에서 가장 아름다운 다리로 소개된다. 타워 브리지는 런던탑 쪽에서 사진을 찍어도 이쁘고, 반대편이나 다리 한가운데서도 찍어도 사진들이 이쁘게 나온다. 도개교이기 때문에, 큰 배가 지나가

B. 타워 브리지

면 다리 한가운데가 열려서 올라가는 모습을 가끔 볼 수 있다. 타워 브리지는 길이가 약 244m로, 건축가 호레이스 존스와 토목가 존 울프 배리에 의해 1894년에 완공되었다.

타워 브리지를 건너기 전 왼쪽 밑으로 내려가는 길을 따라 세인트 카타린스 웨이로 들어가면 작은 독(docks)을 볼 수 있다. ⑰ 세인트 카타린 독스(St. Katharine Docks)로 불리는 이곳은 조선 순조 재임기인 1828년에 지어졌는데, 당시로서는 꽤 신식인 독이었다. 원래 '독'이라고 하면 선박을 건조하거나 선박으로부터 짐

⑰ 세인트 카타린 독스

을 상하차하기 위한 곳이다. 당시 이곳에서는 선박의 건조는 물론 사치품

들의 거래 장소이기도 해 상아, 향신료, 향수, 대리석 등이 거래되었다. 지금은 거대한 배들을 건조하기에 턱없이 작은 장소이기도 하고, 제2차 세계대전 때 독일의 공습으로 시설이 파괴되기도 해 과거처럼 기능하지는 않는다. 대신, 런던 시내 한복판에 다수의 요트가 정박해 있는 마리나(marina)의 기능을 하고 있다. 섬나라답게 요트를 보유하고 있는 사람들이 많으며 아예 이 보트를 집으로 삼아 생활하는 사람들도 있다.

  이렇듯 국민이 보유한 요트는 제2차 세계대전 당시 다이나모 작전에 많은 도움을 주었다. 일명 덩케르크 철수작전으로 알려진 다이나모 작전은, 제2차 세계대전 중 프랑스 북부 덩케르크에서 독일군에게 포위당한 프랑스와 영국 등 연합군 병력을 영국으로 철수시키려는 작전이다. 다이나모는 영국 남부 도버 해변의 오래된 성채며, 이곳에서 영국 총리 윈스턴 처칠에게 작전을 설명했기에 작전명을 그렇게 지었다. 당시 바다에서 최강인 영국 해군이지만 대서양, 태평양, 지중해 등에 전력이 흩어져 있었다. 따라서, 다이나모 작전을 수행하기 위해서는 부득이하게 영국 본토의 개인 선박들을 징발하는 징발령을 내릴 수밖에 없었다. 그러나, 대부분 선주는 햇병아리 해군 수병들에게 자신의 배를 맡길 수 없다며, 직접 배를 몰고 총알이 빗발치는 덩케르크로 항해를 시작했다. 무려 650척의 크고 작은 요트와 배, 그리고 영국 해군의 200여 척의 구축함이 덩케르크에서 데리고 나온 영국군과 프랑스군은 모두 33만 8천 명에 달한다. 한국전쟁 당시 흥남 철수작전(일명 1.4. 후퇴)에서 철수한 인원이 10만 명 정도였다고 하니, 다이나모 작전의 규모가 어마어마했던 것을 알 수 있다.

# 2. 템스강 남쪽 둑길을 따라서

## C. 유리로 만든 달걀 | 런던시청(London City Hall)

타워 브리지를 건너 서쪽으로 템
스강 남쪽 둑길인 퀸즈 워크 시작점
에 런던시청이 있다. 달걀처럼 생긴
모양 때문에 유리 달걀(The Glass
Egg)이라는 별명이 있는데, 2002년
에 노만 포스터가 설계한 신청사다.
구청사는 웨스트민스터 다리 옆에,
현재 런던 수족관으로 운영되고 있는
건물이다. 노만 포스터는 영국의 친

C. 런던시청

환경 건축가로 런던 북서부의 웸블리 축구장과, 오이지 모양을 닮았다고
거킨(Gherkin)이라 불리는 30 세인트 메리 액스 건물, 그리고 밀레니엄

브리지의 설계자로 유명하다. 런던 시청사의 외형은 템스강의 조약돌을 본떠 설계했다. 외벽의 모든 창문을 개폐할 수 있어서 자연 환기에 매우 유리하며, 창문마다 태양광 필름을 부착해 단열 효과를 높였다. 또한, 컴퓨터와 조명에서 나오는 열을 모아 활용할 수 있는 시스템을 갖추어, 별도의 냉난방 설비가 없어도 적정 온도를 유지할 수 있다. 건물 내에서 사용된 물은 화장실에서 재활용하고 있으며, 시청 옆 공간에 텃밭을 마련해 유기농 채소를 재배함으로써 친환경 운동에도 앞장서고 있다.

## D. 한국전쟁에도 참전했소 | 벨파스트 함(HMS Belfast)

D. 벨파스트 함

런던시청을 지나 서쪽으로 가다 보면 커다란 군함 1척이 강변에 정박해 있는 것이 보인다. 이제는 퇴역한 벨파스트 함이라는 경량급 순양함이다. 벨파스트는 북아일랜드의 수도인데, 우연인지 의도인지, 벨파스트 함은 1938년 아일랜드 수호성인의 날인 성 패트릭스 데이에 처음으로 진수되었다. HMS는 국왕/여왕 폐하의 배(His/Her Majesty's Ship)의 약자로 군함의 이름 앞에 붙는 접두어다. 벨파스트 군함은 제2차 세계대전에서 노르망디 상륙작전을 지원했고, 한국전쟁에도 참전해 활동했다. 1971년에 퇴역해 현재 템스강에서 박물관으로 운영되고 있다.

## E. 런던 롯데타워 | 샤드(The Shard)

벨파스트 함을 지나 계속 템스강 남
측 강변을 따라 걷는다. 강변 길이 매
우 평화롭고 가끔 마주치는 길거리 연
주자인 버스커들의 공연도 귀를 즐
겁게 한다. 영국에서 버스킹을 하기
위해서는 런던시청의 승인을 받아야
하고 지정된 구역에서만 가능하다.
런던 브리지에 도착하기 전 왼쪽에
72층짜리 고층 건물이 있다. '깨진 유

E. 샤드

리 조각'이라는 뜻의 샤드라는 건물인데, 이탈리아 건축가 렌조 피아노에
의해 설계되었다. 2012년에 개장한 이 건물은 높이 309.6m로 유럽연합
에서 가장 높은 건물이다. 한국의 제2롯데월드타워와 생김새가 매우 비슷
해 한국 교민들 사이에서는 '런던 롯데타워'라고도 불린다. 참고로 롯데월
드타워는 지상 123층, 높이 554m로 세계에서 5번째로 높은 빌딩이다.
샤드의 입장료가 무려 4만 5천 원으로 꽤 비싼 편인데, 그런데도 방문하
고자 한다면 인터넷으로 미리 예매해야 저렴하게 표를 구매할 수 있다. 물
론 미리 예매했는데 날씨가 흐려 전망을 볼 수 없게 되면 입장료가 아까울
수 있으니, 비가 많이 오는 겨울철은 방문을 피하는 게 좋다.

## F. 런던 다리 무너진다 | 런던 브리지(London Bridge)

F. 런던 브리지

샤드에서 조금 더 걸어가면 런던 브리지가 나온다. 런던 브리지는 타워 브리지와 달리 화려하지 않고 평범하다. '런던'이라는 타이틀을 단 교량치고는 너무 평범한 것이 아닌가 하는 생각이 들 정도다. 그래서 관광객들이 오히려 타워 브리지를 종종 런던 브리지로 오해하기도 한다. 그러나, 런던 브리지는 서기 55년에 처음으로 지어진 다리라는 점에서 역사적 의의가 있다. 물론 최초에는 목조다리였고 1209년에 석조로 건축되었다. 런던 브리지를 보면 이 노래를 떠올릴 것이다.

*London Bridge is falling down, falling down, falling down*
*London Bridge is falling down, my fair lady*

런던 다리 무너진다, 무너진다, 무너진다
런던 다리 무너진다, 아가씨여(어서 가자)

분명 이 노래를 따라 흥얼거리는 독자가 있을 것인데, 실제로 런던 브리지는 홍수로 여러 번 무너진 다리였다. 또한, 런던 브리지는 런던탑에서 사형당한 사형수의 목을 걸어두었던 공포의 장소이기도 했다. 그래서인지 런던 브리지 근처에는 공포 체험관들이 많다.

## G. 도킨스의 안식처 | 서덕 성당(Southwark Cathedral)

서덕 성당은 런던 브리지 옆에 있는
고딕형의 아름다운 성당이자 천년의
역사를 지닌 성당이다. 'Southwark'
라는 단어를 '싸우스워크'라고 쓴 자료
들도 있는데, 현지에서는 '서덕' 혹은
'서더크'라는 발음으로 부른다. 영국
에서 성당이라고 하면 가톨릭 성당과
성공회 성당이 있다. 헨리 8세가 성공
회를 영국 국교로 선포하고 많은 가톨

G. 서덕 성당

릭 성당과 수도원을 파괴하던 그 와중에, 서덕 성당은 가톨릭 성당임에도
불구하고 다행히 살아남았다. 그러나, 1215년 런던 대화재로 건물이 많
이 상했고 후에 겨우 복구되었다. 성당이 매우 아름다워서 미사를 보는 경
우가 아니라도 꼭 방문해 볼 가치가 있다.

서덕 성당의 명물이 하나 있었
는데, 바로 ⑱ 도킨스(Doorkins
Magnificat)라 불리는 고양이다.
2008년에 성당으로 찾아온 길고양
이 도킨스는 성당을 자신의 주거지로
선택했고, 이후 여왕을 만나고 동화
책에도 출연하며, 자신의 소셜미디어
계정도 보유하면서 유명묘로 살다가
2020년에 죽었다. 성당 뒷마당에는

⑱ 도킨스

도킨스의 무덤이 있고, 그 옆에는 곤히 잠들어 있는 도킨스의 석상이 있다. 성당 측에서, 많은 사람이 도킨스처럼 성당을 찾아 평온과 안식을 얻었으면 하는 마음에서 만들었다.


### H. 런던에서 가장 오래된 식료품 시장 | 버로우 마켓(Borough Market)

H. 버로우 마켓                    ⑲ 몬머쓰

성당 남쪽에는 런던에서 가장 오래된 식료품과 과일 시장인 버로우 마켓이 있다. 시장 자체는 1014년쯤 혹은 그 이전에 생겨났다고 하니 거의 1,000년이 넘은 시장이다. 버로우 마켓은 일요일을 제외하고 매일 열리며, 신선한 치즈와 굴 등을 맛볼 수 있다. 런던의 전통시장들은 시장 나름의 특징들이 있는데, 여기 버로우 마켓은 식재료가, 브릭레인 마켓은 동남아시아, 중동 계통의 골동품이나 의류가 유명하다. 버몬지 마켓은 오래된 도자기를, 캠든 마켓은 트렌디한 상품들을, 노팅힐의 포토벨로 마켓은 빈티지 상품들을 많이 거래한다.

버로우 마켓 서쪽에 스토니 스트릿과 파크 스트릿이 만나는 지점에 ⑲ 몬머쓰(Monmouth) 커피점이 있다. 이곳은 화이트 플랏(white flat) 커피가 유명하니 한번 들러서 마셔볼 만하다. 파크 스트릿 코너의 녹색 건물은 가이 리치 감독의 〈록 스탁 앤 투 스모킹 배럴즈〉라는 영화의 배경이 된 건물이다. 가이 리치 감독은 영국 출신의 감독으로 로버트 다우니 주니어 주연의 〈셜록 홈즈〉, 윌 스미스가 램프의 요정 지니로 열연한 〈알라딘〉을 제작했으며, 한때 가수 마돈나와 결혼했다가 이혼했다.

버로우 하이 스트릿을 따라 남쪽으로 걷다가 103번 건물 앞에 서면 ⑳ 존 하바드 하우스(John Havard House)라는 명패가 보인다. 존 하바드의 아버지 리처드 하바드는 이곳에서 정육점을 운영하면서 존을 포함해 총 9명의 자녀를 두었는데, 본인은 물론 많은 자식들이 전염병으로 사망했다. 이후 존은 영국을 떠나 미국 메사

⑳ 존 하바드 하우스

추세츠로 이주했다가 30세의 나이에 결핵으로 사망했다. 존은 유언으로 영국의 집을 판 돈과 400권의 서적을 지역 대학교에 기증했고, 대학교는 그를 기리기 위해 학교 이름을 바꾸었는데 그것이 지금의 하바드 대학교다. 존 하바드 역시 서덕 성당에서 세례를 받았다.

㉑올드 테임스사이드 인

다시 북쪽으로 걸어 강변에 이르게 되면, 템스강이 바로 앞에 보이는 ㉑ 올드 테임스사이드 인(The Old Thameside Inn)이라는 펍이 있다. 다리가 아프다면 잠시 이곳에서 휴식을 취하며 템스강을 눈앞에 두고 맥주를 한잔해 보자. 영국인들이 맥주에 진심인 편인데, 예전에, 이 펍에서 배운 영국 노래 한 곡을 소개한다. 흥겨운 멜로디는 인터넷에서 확인해 보길 바란다.

*In heaven there is no beer*
*That's why we drink it here*
*And when we're gone from here*
*Oh, well our friends will be drinking all the beer*

천국엔 맥주가 없지
그래서 우리는 이곳에서 마신다네
그리고 우리가 죽어서 이곳을 떠난다면
아, 남아 있는 우리 친구들이 맥주를 다 마셔버리겠네

펍 옆으로 오래된 범선 한 대가 떠 있다. 범선의 이름은 ㉒ 골든 하인드(Golden Hinde)로, 바로 ㉓ 프란시스 드레이크(Francis Drake, 1563~1596)가 몰던 배다. 드레이크는 엘리자베스 1세 때 활약한 군인이자 사략선장이다. 사략선(Privateer)은 본래 자국 정부로부터 선박 나포 허가장인 '사략면장'을 발급받아 이를 기반으로 사략질을 했던 국가 공인 해적선인데, 점차 이윤을 과도하게 추구하면서 아무 상선이나 약탈해

일반 해적선과 동일한 취급을 받았
다. 우리나라에서는 신라의 장보고가
지금의 전라남도 완도에 청해진을 건
설하고 사략무역을 했다. 드레이크는
주로 스페인 식민지를 습격해 획득한
보물들의 일부를 엘리자베스 1세 여
왕에게 선물했다. 스페인이 엘리자베
스 여왕을 항의 방문해 해적 드레이크
를 잡아서 스페인에 넘기라고 하자,
여왕은 그를 궁으로 불러들였고 스페
인 사절단이 보는 앞에서 오히려 그에
게 기사 작위를 내렸다. 이에 격분한
스페인은 영국과의 해전을 위해 무적
함대를 출격시켰으나, 1588년에 드
레이크가 이끄는 해적선이 영국 해군
과 협동해 이를 격퇴했다. 다만 넬슨
의 트라팔가 해전에서와는 달리, 스
페인의 무적함대는 총 81척이 격침되
었지만, 실제 전투에서 파괴된 것은
3척뿐이고 나머지는 태풍으로 침몰했다.

㉒ 골든 하인드

㉓ 프란시스 드레이크

　이 전투는 칼레 해전이라 불리며, 이순신 장군이 학익진으로 일본 수군
을 크게 이긴 한산도 대첩(1592년)과 비슷한 시기에 일어났다. 칼레 해전
은 한산도 대첩, 트라팔가 해전, 살라미스 해전과 함께 세계 4대 해전에
포함된다. 이후 대서양의 제해권을 영국이 장악하면서 영국은 제1의 전
성기를 맞이한다. 1596년에 드레이크는 열병으로 사망하는데, 숨을 거

두기 직전 "만약 미래에 영국이 큰 전쟁에 휘말리면 영혼이 된 자신이 이런 일이 일어나기 전에 전쟁을 지휘할 때 사용한 북을 울려 알리겠다."라고 했다. 부하들은 드레이크의 북을 들고 영국으로 돌아왔고, 소문이지만 제1차 세계대전과 제2차 세계대전이 일어났을 때 북이 울렸다고도 한다. 드레이크가 타고 대서양을 누볐던 황금 사슴, 골든 하인드는 1973년에 그의 고향인 영국 남서부 데본에 복원되었다. 현재 런던에 있는 것은 당시 크기와 형태를 그대로 재현한 복제품이다.

# 3. 고대에서 중세로 그리고 또 현재로

*"Uneasy lies the head wears a crown."*
(왕관을 쓰고 있는 머리에는 불편함이 있다.)

－ 셰익스피어, 간혹 '왕관을 쓰려는 자, 그 무게를 견뎌라.'로 의역되기도 한다

## Ⅰ. 셰익스피어의 공연장을 복원하다 Ⅰ
셰익스피어 글로브 극장(Shakespeare's Globe Theatre)

Ⅰ. 셰익스피어 글로브 극장　　　　㉔ 윈체스터 궁

골든 하인드에서 서쪽으로 걷다 보면 외벽만 남아 있는 ㉔ 윈체스터 궁
(Winchester Palace)의 흔적을 볼 수 있다. 1140년부터 1626년까지

윈체스터 대주교가 살았던 곳인데, 당시 대주교는 경제적으로나 정치적으로 영향력이 워낙 강했기 때문에 이런 거대한 궁전에 살았다. 윈체스터 궁을 지나면 클링크 감옥 박물관이 나온다. 클링크는 원래 윈체스터 궁에서 말썽을 일으키는 사제들을 잡아두기 위해 만든 감옥이었는데, 일반 감옥으로 바뀌면서 중세에 가장 악명 높은 감옥이 되었다. 교도소를 뜻하는 영어 단어 'the clink'가 바로 이곳에서 유래되었다. 엘리자베스 1세 당시 많은 청교도 신자가 여왕을 전복하려 했다는 누명으로 박해를 받다가, 이곳에 갇혀 굶어 죽었다. 운 좋게 살아남은 사람들은 이곳에서 탈출해 메이플라워호에 올랐다. 그들은 종교의 자유를 찾아 식민지 아메리카 대륙으로 향했고, 결국 그들이 오늘날의 미국을 건설했다. 박물관의 전시품들이 다소 공포스러우므로 어린아이나 심장이 약한 사람들에게는 방문을 권하지 않는다.

뱅크사이드를 따라 계속 걷다 보면, 커다란 복고풍의 하얀색 원형건물이 나타난다. 셰익스피어의 연극이 공연되는 셰익스피어 글로브 극장이다. 원래 극장은 1599년에 지어졌다가 화재로 소실되었다. 1970년에 미국 배우 샘 워너메이커가 셰익스피어 재단을 만들고 극장을 원형대로 재현하려 했다. 그러나, 16세기 건축들은 디자인이 까다롭고, 또 현대의 화재 예방 기준은 과거와 달리 매우 엄격하므로, 많은 사람이 극장을 원형 그대로 재현하는 것이 힘들 것으로 생각했다. 그런데도, 샘은 포기하지 않고 역사적 고증을 거쳐 1997년에 드디어 지금의 극장으로 재탄생시켰다. 우리로 치면 임진왜란 시기의 목조건물을 그대로 재현해서 그 건물에서 공연하고자 하는 것이니 쉬운 일은 아니었을 것이다. 극장의 좌석은 5파운드짜리 입석과 20파운드짜리 좌석 두 종류가 있는데, 입석은 무대 가까이에 서서 관람할 수 있다. 가운데 무대는 천장이 없는 야외무대고, 기둥들이 목조로 되어 있어 16세기로 돌아간 듯한 느낌을 받는다.

㉕ 윌리엄 셰익스피어(William Shakespeare, 1564~1616)는 명실상부 영국이 낳은 세계적인 극작가로 희극, 비극, 희비극, 사극 등 총 38편의 극본을 남겼다. 4대 비극으로 〈햄릿〉, 〈오셀로〉, 〈리어왕〉, 〈맥베스〉가 있다. 누구나가 다 아는 〈햄릿〉의 명대사로 "To be or not to be, that is the question(죽느냐 사느냐 그것이

㉕ 윌리엄 셰익스피어

문제다)."가 있다. 4대 비극에는 포함되지 않지만 〈로미오와 줄리엣〉은 후대에 여러 차례 영화로 각색되었다. 셰익스피어는 영국 중부 스트랏포드 어폰 에이본에서 태어났으며, 그의 무덤 역시 고향에 있는 성 트리니티 교회에 있다. 영국의 평론가 칼라일은 "영국은 언젠가 인도를 잃을 것이다. 그러나 셰익스피어는 사라지지 않을 것이다."라고 평을 했다. 동시대의 극작가 라이벌인 벤 존슨은 셰익스피어를 일컬어 '현재뿐 아니라 영원히 우리와 함께 할 작가'라고 했다.

㉖ 벤 존슨(Ben Johnson, 1572~1637) 역시 당대 뛰어난 극작가였다. 원래는 배우로 유명했으나, 그가 쓴 희곡 『십인십색(Every man in His Humour)』이 크게 성공하자 배우를 접고 극작가로 변모했다. 그의 희극은 셰익스피어를 능가할 정도였는데, 자유분방하게 글을 쓰는 셰익스피어와는 달리 그는 정통 정극을 주장했

㉖ 벤 존슨

다. 후에 영국 최초로 계관시인(국가나 왕에 의해 공식적으로 임명된 시인)이 되어 왕실로부터 연금을 받았다.

## J. 화력발전소의 변신 | 테이트 모던(Tate Modern)

J. 테이트 모던

셰익스피어 글로브 극장 옆에 공장 같이 생긴 건물은 테이트 모던으로, 원래 뱅크사이드 화력발전소였던 곳을 현대미술관으로 바꿔 놓은 곳이다. '테이트(Tate)'는 1897년에 설립된 영국의 미술품 관리 조직이다. 서덕 지역에 현대 미술품을 전시한 테이트 모던과 런던 밀뱅크 거리에 영국 화가들의 고전 미술품을 전시한 테이트 브리튼, 리버풀에 테이트 리버풀, 영국 남서부 콘월 지역에 테이트 세인트 아이브즈 미술관을 운영하고 있다.

뱅크사이드 화력발전소는 제2차 세계대전 직후 런던에 전력을 공급하기 위해 세워졌는데, 런던의 빨간 공중전화 부스를 설계한 자일스 길버트 스콧에 의해 건축되었다. 스콧은 24세의 젊은 나이에 리버풀 대성당 공모전에 당선된 천재 건축가였으며, 작품으로는 빨간 공중전화 부스와 뱅크사이드 화력발전소 외에 배터시 발전소가 있다. 1980년대 철의 여인 마가렛 대처 총리가 영국의 산업구조를 재편하고자 국내 제조업들을 해외에 매각했다. 그에 따라, 발전소들이 하나둘씩 가동을 중단했는데, 뱅크사이드 발전소는 1981년에, 배터시 발전소는 1983년에 가동을 중단했다. 뱅크사이드 발전소는 2000년에 지금의 테이트 모던 미술관으로 거듭났고, 배터시 발전소도 재개발 프로젝트를 진행해 현재 복합쇼핑몰이 되었다.

테이트 모던은 1년 중 크리스마스 기간을 제외하고는 휴관이 없으니 언제든지 무료로 방문할 수 있다. 테이트 모던을 들어서면 제일 먼저 6층 카페로 가보기를 권한다. 영국에서는 한국의 1층이 0층(ground floor)으로 불린다. 한국의 2층이 영국에서는 1층(first floor)이 되는 셈이다. 따라서, 6층 카페지만 한국으로 치면 7층에 있다. 그렇다 하더라도 엘리베이터를 타고 그냥 6 버튼을 누르면 된다. 엘리베이터에서 내리면 바로 카페로 이어지고, 이 카페의 창가 자리에서 밀레니엄 브리지와 함께 템스강뷰를 즐기면서 사람들이 식사하거나 차를 마신다. 카페는 12시에 오픈하는데, 12시에서 3시 사이에는 커피는 안 되고 식사만 가능하며, 예약한 사람부터 먼저 입장한다.

### K. 새로운 세기를 맞이해 | 밀레니엄 브리지(Millennium Bridge)

테이트 모던을 나오면 길이 325m의 밀레니엄 브리지가 있다. 앞서 언급했듯이 런던시청 신청사의 설계자인 노만 포스터의 작품이다. 2000년에 밀레니엄을 기념하기 위해 만든 이 다리는, 처음 만들어졌을 때 진동이 발생해 2년간의 재보수 끝에 2002년

K. 밀레니엄 브리지

에야 대중에게 개방되었다. 이 때문에 '흔들리는 다리'라는 별명이 붙었다. 영화 〈가디언즈 오브 갤럭시〉에서 잰더 행성의 전투 장면에서 등장하고, 〈해리포터〉 시리즈 중 '혼혈 왕자' 편에서는 악당들에 의해 밀레니엄 브리지가 붕괴하는 장면이 나온다. 2012년에 엘리자베스 2세 여왕의 즉위 60주년 기념행사인 다이아몬드 주빌리 수상 퍼레이드(Diamond Jubilee River Pageant)가 템스강에서 진행되었다. 영연방국가들로부터 파견된 각양각색의 1,000여 척의 배들이 템스강을 가득 메웠고, 이를 보기 위해 많은 인파가 밀레니엄 브리지 위에 몰렸다. 주빌리(Jubilee)라고 하면 특정한 기념일을 의미하는데, 25주년을 실버 주빌리, 40주년은 루비 주빌리, 50주년은 골든, 60주년은 다이아몬드, 65주년은 사파이어, 70주년은 플래티넘 주빌리라 한다. 이제 밀레니엄 브리지를 따라 세인트 폴 성당으로 건너가 본다. 세인트 폴 성당이 고대에 지어진 성당이고, 밀레니엄 브리지 남쪽에 셰익스피어 글로브 극장이 16세기 형태이며, 테이트 모던이 현대의 미술관이기에, 밀레니엄 브리지야말로 고대와 중세, 그리고 현대를 이어주는 다리라고 하겠다.

L. 세인트 폴 성당

## L. 세계에서 두 번째로 긴 성당 |
### 세인트 폴 성당(St. Paul's Cathedral)

세인트 폴 성당은 영국 성공회의 본좌 성당이며, 세인트 폴은 사도 바울을 말한다. 사도 바울은 유대인 태생의 로마인이었으며 원래는 초기 기독교 박해의 선봉에 섰었다. 그러다 다마스커스로 예수를 믿는 사람들을 잡으러 가는 길에 예수의 목소리를 듣고 기독교로 개종했다. 이후 평생을 선교활동과 복음 전파에 힘쓰다 로마 제국의 네로 황제에게 잡혀 참수형을 당한다. 그는 로마 시민권이 있었기 때문에 화형이나 십자가형을 당하지 않은 것인데, 예수처럼 십자가형을 당하지 않은 것을 아쉬워했다.

초기 기독교의 확산과 기독교 사상의 체계를 정립한 그를 기리기 위해 건축된 세인트 폴 성당은 최초에는 604년에 설립되었다. 그러나, 1666년 런던 대화재로 소실되었고, 조선 숙종 37년인 1711년에 ㉗ 크리스토퍼 렌(Christopher Wren, 1632~1723)에 의해 지금의 모습을 갖추었다. 올리버 크롬웰이 사망하고

㉗ 크리스토퍼 렌

찰스 2세가 왕정을 복고한 지 얼마 되지 않은 1666년, 런던은 역사상 둘도 없는 큰 화재로 초토화가 된다. 작은 빵집에서 시작된 불은 5일 동안 런던의 5분의 4를 전소시켰다. 87개의 교회와 13,000여 채의 집이 화염에 휩싸였으며, 7만 명이 삶의 터전을 잃었다. 물론 이 화재로 쥐들이 타죽는 바람에 당시 유행하던 흑사병이 종식되기도 했다. 이때, 렌은 화재로 망가진 런던을 재건하는 임무를 맡았는데, 원래 렌은 건축가이기 전에 과학자이자 수학자였다. 그의 연구는 뉴턴이나 파스칼에게 큰 영향을 미쳤다. 런던 재건 총책임자로서 렌은 화재 이후 런던의 도로를 일직선으로 정비하고자, 파리의 개선문 주변과 같이 도로들이 중앙허브에서 방사형으로 뻗어나가도록 구상했다. 그러나, 자신의 토지가 상실될까 봐 걱정하는 귀족들의 반대로 렌의 계획은 무산되었고, 런던의 도로는 오늘날에도 과거

마차들이 다니는 길처럼 좁으면서 꾸불꾸불하게 남아 있다. 한편, 렌은 세인트 폴 성당을 비롯해 런던 내 크고 작은 교회 51개를 건축했고, 캠브리지 대학교의 트리니티 칼리지 도서관, 켄싱턴궁전, 그리니치 대학교, 옥스포드에 있는 셀도니언 극장 등 유명 건축물들도 설계했다.

　렌의 역작인 세인트 폴 성당은 세계에서 두 번째로 긴 성당으로, 바티칸의 성 베드로 대성전을 모델로 했고 이후 미국 국회의사당 설계에도 영향을 주었다. 성당은 영국 왕실의 결혼식이나 유명인들의 장례식으로도 많이 이용되는데, 찰스 국왕과 고 다이애나의 결혼식이 이곳에서 열렸고, 처칠과 대처 총리의 장례식도 여기서 거행되었다. 렌 자신도 이곳 지하에 묻혀 있고, 넬슨 제독이나 아서 웰즐리 장군의 무덤도 이곳에 있다. 특히 군인들의 무덤이 많아 우리나라로 치면 국립현충원의 역할도 하고 있는데, 넬슨 제독의 무덤으로 가는 길 오른쪽에는 한국전쟁에 참전한 영국 군인들을 추모하는 검은 패가 있다. 2012년 런던올림픽 당시 박태환 선수를 비롯한 한국 선수들이 이곳에 와서 이들을 추모하며 헌화했다.

㉘ 아서 웰즐리

㉘ 아서 웰즐리(Arthur Wellesley, 1769~1852) 장군은 우리에게 웰링턴 장군으로 더 알려져 있는데, 바로 나폴레옹을 워털루 전투에서 패배시킨 장본인이다. 그는 1809년에 전임인 존 무어 장군이 나폴레옹과의 전투에서 패배하고 전사하자 그 뒤를 이어 영국 육군 총사령관이 되었다. 1813년에 나폴레옹이 러시아로 눈을 돌릴 때, 웰즐리는 이베리아반도에서 프랑스군을 연파하기 시작했다. 1815년

에 마침내 나폴레옹이 실각하고, 그는 넬슨에 버금가는 국가적 영웅이 되어 귀국해서 웰링턴 공작의 칭호를 하사받았다. 나폴레옹이 엘바섬에서 탈출하자 다시 영국 육군을 이끌고 벨기에로 향해, 워털루 전투에서 수적으로 우세한 프랑스군을 격파해 나폴레옹의 운명을 끝장내버렸다. 워털루 전투에서 패한 나폴레옹은 프랑스 의회로부터 퇴위 압력을 받아 물러났고, 영국의 조지 3세에게 망명을 요청했다. 조지 3세는 그를 세인트헬레나섬으로 유배를 보냈으며, 결국 나폴레옹은 거기서 사망했다. 나폴레옹을 이긴 웰즐리였지만 당신의 군사적 재능이 나폴레옹보다 훨씬 나은 거 아니냐는 기자의 질문에, 웰즐리는 "현재에도, 과거에도, 그 어떤 시대에서도 최고의 군사 전략가는 나폴레옹이다."라고 답했다. 그는 워털루 전투 이후 높은 국민적 지지에 힘입어 정치인으로 변신해 영국 총리 자리까지 올랐다. 그러나, 군인이었던 그에게 정치적 감각은 부족했던 탓인지 총리 재임 2년 만에 물러나는 불명예를 얻었다.

세인트 폴 성당에는 이 밖에도 초대 왕립예술원 회장이었던 조슈아 레이놀즈와 페니실린을 발견한 알렉산더 플레밍의 무덤도 있다. 엘리자베스 1세 시기 유명한 시인 ㉙ 존 돈(John Donne, 1572~1630)의 무덤 석상은 신기하게도 런던 대화재에서 약간의 그을음을 제외하고 거의 깨끗이 보존된 채 살아남았다. 토마스 도허티

㉙ 존 돈

의 책 『John Donne, Undone(존 돈, 살아 있네)』 제목과 잘 어울린다. 성당 내부를 구경하려면 원래 입장료를 내야 하지만, 일요일에는 미사가 있어서 무료로 입장할 수 있다. 성당 1층 관람을 마치고 295계단을 올라,

벽에 대고 속삭이면 공명 때문에 반대편에서도 선명하게 들린다는 '속삭임 회랑(Whispering Gallery)'이 있다. 엘리베이터가 없으므로 내려올 때도 295계단을 걸어 내려와야 하니, 회랑을 구경할지 말지는 신중하게 결정해야 한다.

⑳ 템플 바 게이트

성당 정문 밖을 나오면 앤 여왕의 동상이 있고, 성당 북쪽 잔디밭에는 바울의 동상이 우뚝 솟아 있다. 성당 북쪽에 거대한 아치형의 문이 있는데 ⑳ 템플 바 게이트(Temple Bar Gate)다. 이 게이트 역시 렌이 건축했다. 원래는 런던 중심부로 들어오는 관문이었고, 최초에는 지금 자리보다 훨씬 서쪽에 자리 잡았으나 교통체증 문제로 현재의 위치로 옮겨졌다. 과거에는 처형된 반역자들의 목을 걸어두어, 혹시라도 런던으로 들이닥치는 반란군들에게 경각심을 심어주려 했다.

# 4. 순교자들의 성지 런던 새남터

"My name may be Mary, but my legacy will always be
Bloody."

(내 이름은 메리가 되겠지만, 나의 족적은 항상 '블러디(피투성이)'일 것이다.)

― 메리 1세, 별명이 '블러디 메리'

## M. 포카혼타스의 진실 | 올드 베일리(Old Baily)

템플 바 게이트를 지나 서쪽 워릭
레인으로 가는 길에 날개 모양의 조
형물이 있는데, ㉛ **파터노스터 벤츠**
(Paternoster Vents)라 불리는 통
풍구다. Paternoster는 '주기도문'
이라는 뜻으로 큰 의미는 없고, 통풍
구 이름은 워릭 레인으로 가는 길인
파터노스터 레인에서 따왔다. 이 통
풍구는 일명 '천사의 날개'라고도 불린

㉛ 파터노스터 벤츠

다. 전기 변전소의 냉각장치 설비의 소음과 열기가 성당 신도와 주변 사람
들을 불쾌하게 하자, 이를 지하로 매설하고 이 조형물과 같은 통풍구를 만
들어 보기 좋게 해결했다.

③② 중앙형사법원

워릭 레인 북쪽으로 걷다가 뉴 게이트 스트릿을 만나서 서쪽으로 걷다 보면, 올드 베일리 교차로에서 런던 최초의 식수용 분수대를 만난다. 우리로 치면 시내 공용 약수터라고 할 수 있는데, 최초에는 1859년에 근처 홀본 힐에 세워졌다가 1867년에 이곳으로 옮겨졌다. 약수터 동쪽에 ③② 중앙형사법원(Central Criminal Court)이 있다. 공판이 열리면 직접 들어가서 구경할 수도 있다. 법원은 지금의 자리에 원래 있던 뉴 게이트 감옥을 허물고 1902년에 지어졌다. 뉴 게이트 감옥에 수용되었던 인물 중 유명인으로는, 중혼죄로 잡혀 온 카사노바, 동료 배우를 결투로 사망케 한 극작가 벤 존슨, 명예훼손죄로 들어온 『로빈슨 크로우소우』의 작가 다니엘 데포, 그리고 오스카 와일드가 있다. 법원 앞 교차로 공터는 과거 18세기 말 공공 처형집행장이었다. 기록상 1789년에 크리스챤 머피라는 죄수가 화형을 당한 마지막 죄수였고, 1820년에는 마지막 공개 참수형이 있었으며, 1868년에 마지막으로 교수형이 공개적으로 집행되었다.

③③ 성 세펄커 교회

식수용 분수대 건너편에 ③③ 성 세펄커 교회(St. Sepulchre's Church)가 있다. 1137년에 세워진, 런던 시내에서 가장 큰 교구 교회이며 런던 대화재 때 소실되었다가 재건축되었다. 예루살렘 서쪽에 있는 성묘교회(Church of the Holy Sepulchre)

의 이름을 따서 지었는데, 이곳에 존 스미스의 무덤이 있다. 존 스미스는 영국의 탐험가이자 모험가로, 1607년에 영국 최초로 신대륙인 미국 버지니아 제임스타운에 영국 식민지를 개척했다. 그의 자서전에 의하면, 그는 식민지 개척 과정에서 인디언 추장 포와탄에게 잡혀서 처형당할 뻔했다가 추장의 딸 포카혼타스의 도움으로 살아났다고 한다.

존 스미스와 포카혼타스의 로맨스를 디즈니에서 영화로 제작했지만, 1607년이면 포카혼타스는 겨우 11세에 불과해, 존 스미스가 자서전을 팔아먹기 위해 꾸며낸 이야기라는 설이 설득력이 있다. 실제로 포카혼타스는 18세의 나이에 영국-인디언 전쟁에서 사로잡혀 포로가 되었다가 몸값을 내고 풀려났다. 그녀는 부족에게 돌아가는 대신 잔류해 영국인이 되었다가, 미국 제임스타운 예배당에서 영국인 담배농장주 존 롤프와 결혼했다. 그녀는 영국 개척민과 원주민 사이에 중요한 가교 구실을 했는데, 1617년에 영국으로 가족여행을 갔다가 미국으로 돌아오는 길에 원인불명의 질병으로 사망했다. 여담이지만 존 스미스의 존(John)은 영국에서 흔한 이름이고 스미스(Smith) 또한 흔한 성 중 하나다. 따라서, 존 스미스는 우리로 치면 '김지훈(1940년 이후 가장 많은 남자 이름)' 정도가 되는데, 이에 비해 '홍길동' 정도가 되는 것이 '존 도(John Doe)'다. 즉, 존 도는 관공서에서 서류를 작성할 때 예시로 '홍길동'처럼 사용하는 이름이다.

## N. 벨기에의 마케팅 승리 | 황금 소년(Golden Boy of Pye Corner)

N. 황금 소년

　교회에서 길트스퍼 스트릿을 따라 북쪽으로 가다가 콕 레인과 만나는 교차로에 황금 소년 동상이 있다. 벨기에의 오줌싸개 동상만 한 작은 크기에 그보다는 좀 더 통통한 체형의 소년 동상은, 런던 대화재의 불길이 서쪽으로는 여기까지 이르렀다는 표식이다. 사실 벨기에의 오줌싸개 동상과 비슷한 크기와 모양인데 유명세가 전혀 없다는 것이 매우 의문이다. 벨기에의 대표적인 프리미엄 초콜릿 브랜드인 고디바(GODIVA)는, 주민들의 세금을 낮추기 위해 영주인 남편의 제안대로 알몸으로 말을 타고 마을을 돌아다녔다는 고디바 부인의 일화를 모티브로 하고 있다. 고디바 부인 역시 영국 코번트리의 귀족 부인이므로 여러모로 벨기에가 영국보다 마케팅을 잘하는 것 같다.

# O. 브레이브 하트를 추모하며 | 성 바돌로매 병원(St. Bartholomew's Hospital)

동상 건너편 대형 건물은 성 바돌로매 병원으로 런던에서 가장 오래된 병원이다. 병원은 1123년에 수도원의 일부로 설립되었고, 병원 자체로 박물관도 보유하고 있을 정도로 역사적인 병원이다. 병원 담장에 ㉞ 윌리엄 월 레스(William Wallace, ?~1305)의 추모비가 있는데, 스코틀랜드인들을 비롯해 많은 사람이 이곳에 헌화한다. 영화 〈브레이브 하트〉의 주인공인 월레스는, 그가 실존 인물이라는 것과 능지처참으로 처형당했다는 것 말고는 영화 속에서 그에 관한 내용들이 역사적 사실과는 다소 거리가 멀다.

O. 성 바돌로매 병원

㉞ 윌리엄 월레스

일단 영화는 도입부에 잉글랜드 국왕 에드워드 1세를 폭군으로 설정하며 시작된다. 영화에서 그는 스코틀랜드 민족의 종자 개량을 위해 잉글랜드 귀족들에게 스코틀랜드 여인들에 대한 초야권을 인정하는 군주로 묘사되어 있다. 초야권은 결혼하는 여인들의 첫날밤을 남편 대신 귀족들이 먼저 함께하는 권리를 말한다. 그러나, 사실 초야권이 실제 존재했다는 공식적인 기록은 없다. 그리고, 에드워드 1세가 영국의 삼국통일을 위해 스코틀랜드를 가혹하게 공격한 것은 맞지만, 잉글랜드의 법령과 제도를 정비하고 웨일즈를 정복하는 등 영국의 국가적 기반을 구축한 현군임에는 틀림이 없다. 1282년에 에드워드 1세는 웨일즈를 정복했고, 그의 아들 에드워드 2세를 처음으로 웨일즈의 군주라 천명했는데, 이때부터 영국의 왕자들은 'Prince of Wales'라는 직함을 가지게 되었다. 에드워드 1세가 스코틀랜드를 공격해 스코틀랜드 왕권의 상징인 '스콘석'을 가져다가 웨스트민스터 사원 대관식 의자 밑에 두었다는 것은 앞에서 이미 언급했다.

1297년에 월레스는 스털링 전투에서 적은 수의 스코틀랜드 저항군으로 대규모 잉글랜드군을 격파해 스코틀랜드의 영웅이 되었다. 그러나, 이듬해 폴커크 전투에서 패배한 후 도망을 다니다가 부하의 배신으로 체포되었다. 그는 웨스트민스터 사원에서 반역자로 유죄판결을 받고, 그의 추모비가 있는 이곳에서 사지가 찢기는 처형으로 사망했다. 영화에서는, 에드워드 1세가 월레스(멜 깁슨 분)와 평화 회담을 하기 위해 보낸 며느리 이사벨(소피 마르소 분)이 월레스에게 반해 정을 통했고, 후에 체포된 월레스는 능지처참당한다. 그가 처형당할 때 잉글랜드 국민조차 "자비!"를 외치며 선처를 호소했고, 그는 고통 속에서도 유명한 대사 "자유(Freedom)!"를 외치며 죽는다. 이사벨 세자빈은 자신의 간청에도 불구하고 월레스를 살려주지 않은 에드워드 1세를 마음속으로 미워하다가, 에드워드 1세가 죽기 직전 병상에서 그의 귀에 대고 뱃속의 당신 손자는 사실 월레스의 아이라고 말하며 복수한다. 그러나, 실제로 월레스가 자유를 외치며 죽었다는 기록도 없고, 이사벨 세자빈은 월레스가 처형되던 당시 겨우 10세의 소녀였기에 그녀의 아이가 월레스의 아이라는 것도 영화적 허구다. 다만, 역사적으로 에드워드 1세의 아들 에드워드 2세는 영화에서처럼 무능했으며, 이사벨 세자빈은 후에 남편 에드워드 2세를 내쫓고 자기 아들을 왕위에 옹립해 에드워드 3세로 삼았다.

## P. 블러디 메리가 지켜보고 있다 | 성 바돌로매 게이트하우스(St. Bartholomew's Gatehouse)

월레스 추모비에서 리틀 브리튼 거리를 건너면, 목조와 석조로 이루어진 예스러운 건물이 하나 있다. 성 바돌로매 게이트하우스라는 이 건물은 1층이 문으로 되어 있어 사람들이 통행할 수 있고, 2층과 3층은 거주 공간으로 되어 있다. 윌리엄 월레스가 이 지역에서 처형당했듯이 이곳은 이후에도 많은 사람들의 처형 장소가 되었

P. 성 바돌로매 게이트하우스

는데, 성 바돌로매 게이트하우스 2~3층은 바로 이 처형들을 지켜보기 좋은 장소였다.

헨리 8세의 장녀 ㉟메리 1세(Queen Mary I, 1516~1558)는, 어릴 때 아버지가 어머니와 이혼하고 어머니의 시녀였던 앤 불린과 결혼하자 공주 직위를 박탈당하는 등 찬밥 신세가 되었다. 그녀는 앤 불린 때문에 자신의 어머니가 이혼당하고 쫓겨났다고 생각했기에 늘 앤을 증오했다. 어느 날 메리가 "영국의 왕비는 아라곤의 캐서

㉟ 메리 1세

린 외에는 알지 못한다."라고 앤을 자극하자, 앤은 메리를 자신의 어린 딸

엘리자베스의 시녀로 만들었다. 후에 메리 1세가 왕위에 오른 후 엘리자베스는 바로 런던탑에 수감된다. 왕족이든 귀족이든 일단 런던탑에 수감되면 거의 죽는다고 봐야 하는데, 메리 1세는 엘리자베스 1세를 차마 죽이지 못했다. 메리 1세가 자녀가 없었기에 자신의 사후에 자칫 튜더 가문의 대가 영원히 끊어질 것을 우려했기 때문이었다. 한편, 가톨릭 신자였던 메리 1세는 아버지 헨리 8세가 성공회를 만들어 가톨릭을 탄압하는 것을 지켜보며 이를 못마땅해했다. 그녀는 즉위하자마자 자연스레 가톨릭을 복원하고 성공회와 기독교를 탄압했다. 그녀는 아버지가 만들어 놓은 종교법안들을 무효화하고 성공회를 가톨릭에 복속시켰으며 이에 굴복하지 않는 주교들을 화형에 처했다. 화형터는 이곳 스미스필드 지역이었고, 메리 1세는 성 바돌로매 게이트하우스에 올라 기독교 교인들이 화형당하며 순교하는 것을 지켜봤다. 이러한 기독교와 성공회에 대한 심한 박해 때문에 메리 1세의 별명이 '블러디 메리(Bloody Mary)'였다. 그러나, 이복동생 엘리자베스를 죽이지 않은 점, 전임자인 제인 그레이도 가능하면 살려주려고 했던 점 등을 보면, 그렇게까지 냉혈적인 인물로는 느껴지지 않는다.

㊱ 존 베쳐만

게이트하우스에서 클로스 페어 골목으로 들어가면 계관시인인 ㊱ **존 베쳐만**(John Betjeman, 1906~1984)이 살았던 집이 있다. 특이하게도 그는 빅토리아 시대의 건축물들을 사랑해, 런던의 세인트 판크라스 역의 철거계획이 발표되자 이를 반대하는 캠페인을 벌였다. 결국 이 역이 살아남아 오늘날 유럽 국제 고속철도인 유로스타의 종착역이 되었다. 그 때문에 세인트 판크라스 역에는 그의 동상이 있다.

베쳐만의 블루 플라크 옆으로 고풍
스럽고 멋진 ㊲ 런던에서 가장 오래된
주택이 있다. 약 420년이 넘은 이 건
물은 런던 대화재에서도 살아남았는
데, 화재 당시 이 건물 자체가 넓은 수
도원 벽으로 둘러싸였기 때문이다.

㊲ 런던에서 가장 오래된 주택

클로스 페어 골목을 나와서 스미
스필드 로툰다 정원을 가로질러 가
면 ㊳ 스미스필드 마켓(Smithfield
Market)이 있다. 런던의 마장동이라
할 수 있는 이곳은 1855년까지 가축
시장이었고, 지금은 새벽 육류 도매
시장으로 바뀌었다. 런던 시내 유명
한 레스토랑들은 새벽부터 이곳에서
질 좋은 고기를 구매해 간다.

㊳ 스미스필드 마켓

## ≫ 3일 차 동선 요약

| 구분 | 모듈번호 | 시간 | 장소 |
|---|---|---|---|
| 오전 | 3-1 | 2시간 | A. 런던탑 |
| | 3-2 | 1시간 | B. 타워 브리지 → C. 런던시청 → D. 벨파스트 함 → E. 샤드 → F. 런던 브리지 → G. 서덕 성당 → H. 버로우 마켓 → I. 셰익스피어 글로브 극장 |
| 점심 | 식당가 : 버로우 마켓, 테이트 모던 | | |
| 오후 | 3-3 | 2시간 | J. 테이트 모던 |
| | 3-4 | 1시간 | K. 밀레니엄 브리지 → L. 세인트 폴 성당 |
| | 3-5 | 1시간 | M. 올드 베일리 → N. 황금 소년 → O. 성 바돌로매 병원 → P. 성 바돌로매 게이트하우스 |

# DAY 4

종교의 거리
## 템플 Temple

M 영국박물관

블룸스버리
스퀘어 가든

홀본역

L 존 손 박물관

링컨스 인
필드

스트랜드 25

킹스 웨이

K 런던 정경대 30 I

플릿 스

J 29 H

세인트 클레멘트
데인스 교회

미들템플
가든스 G

텝플 교
펌프 코

미들
레

F

D 킹스 칼리지

C

코톨드 갤러리 13

작은 용의 동상

사보이 스트릿

12

E
템플

워털루 브리지

B 빅토리아 엠방크먼트 가든스

1
2

A 엠방크먼트

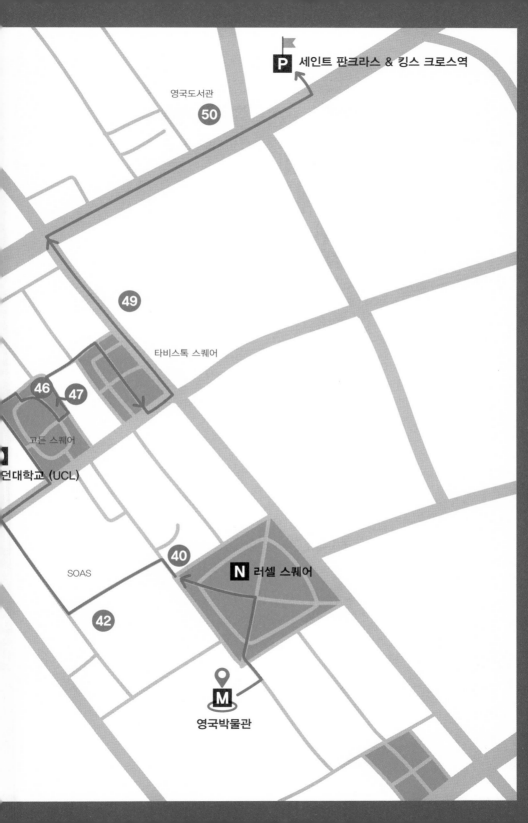

세인트 판크라스 & 킹스 크로스역

영국도서관
50

49

타비스톡 스퀘어

46 47

고든 스퀘어

던대학교 (UCL)

SOAS

40

42

N 러셀 스퀘어

M

영국박물관

# 1. 템스강 북쪽 둑길을 따라서

*"If any questions why we died, tell them, because our fathers lied."*

(우리가 왜 죽었냐고 누가 묻거든, 우리 아버지들에게 속아서 그렇다고 그들에게 말하시오.)

— 러디아드 키플링, 아들이 전사한 후 지은 반전시(anti-war poem)

## A. 지하감옥에서 마시는 와인 | 엠방크먼트(Embankment)

4일 차의 여행은 엠방크먼트역에서 시작한다. 엠방크먼트역은 노던, 베이커루, 서클, 디스트릭트 라인의 4개 노선이 지나가는 역이라 많이 붐비는 곳이다. 역을 나와서 트라팔가 광장 쪽으로 빌리어스 스트릿을 따라 올라가면 키플링 하우스라는 건물이 있는데, ① 러디아드 키플링(Joseph Rudyard Kipling, 1865~1936)

① 러디아드 키플링

이 여기서 살았다. 키플링의 부모는 모두 영국인인데, 그는 1865년에 인도에서 태어났다. 그러나, 대학 생활은 영국에서 했는데, 대학교 1학년 때부터 시를 쓰면서 문학 쪽으로 관심을 가졌다. 결혼해서 미국으로 건너갔고, 1894년에 미국에서 그 유명한 『정글북』을 출간했다. 키플링 자신은 영국의 제국주의 정책을 지지하는 전쟁 옹호론자여서 군에 입대하기를 희망했었는데, 신체검사에서 탈락해 병역을 면제받았다. 그러나, 자기 아들이 입대해 제1차 세계대전에서 18세의 나이로 사망하자, 이때부터 그는 반전주의자가 된다. 1907년에 41세의 젊은 나이에 노벨문학상을 수상했는데, 그것도 영국인으로서는 최초의 노벨문학상 수상자였다. 1936년, 70세의 나이로 책상에서 글을 쓰다 뇌졸중으로 사망했다.

② Gordon's Wine Bar

다시 강변 쪽으로 내려오면 모퉁이에 ② Gordon's Wine Bar라는 와인바가 있다. 안으로 들어가 보면 마치 던전(dungeon, 지하감옥)처럼 생긴 공간에서 사람들이 와인을 마시는데, 꽤 운치가 있고 와인도 저렴하며 맛있다. 날이 좋으면 와인을 밖으로 가져다가 바 앞에 있는 공원에 앉아서 마실 수도 있다. 공원 이름은 빅토리아 엠방크먼트 가든스고, 공원을 걸으면서 많은 동상을 만나볼 수 있으니, 그에 얽힌 이야기들을 알아본다.

## B. 런던 한강공원 | 빅토리아 엠방크먼트 가든스 (Victoria Embankment Gardens)

빅토리아 엠방크먼트 가든스는 국회의사당에서부터 템스강변을 따라 블랙 프라이어스 다리까지의 공원들을 말한다. 이곳 엠방크먼트 지하철역 옆에 있는 공원 입구로 들어가서 제일 먼저 마주치는, 작은 문처럼 생긴 조형물은 ③ 요크 워터게이트(York Watergate)다. 지금의 강둑이 조성되기 전에 버킹엄 스트릿에서 템스강으로 바로 이어지는 입구로 이용되었다. 공원 가운데 낙타 동상은 제1차 세계대전에서 활약한 ④ 낙타병 여단 기념비(Imperial Camel Corps Memorial)다. 낙타 동상 바로 옆에 영국의 시인 ⑤ 로버트 번즈(Robert Burns, 1759~1796)의 동상이 있다. 로버트 번즈는 스코틀랜드에서 태어나 스코틀랜드 서민의 소박하고 순수한 감정을 잘 표현한 시인으로 유명하다. 우리에게 익숙한 그의 시는 '올드 랭 사인(Auld Lang Syne)'

③ 요크 워터게이트

④ 낙타병 여단 기념비

⑤ 로버트 번즈

이 있다. '오랜 옛날로부터(Old Long Since)'란 뜻의 이 시는, 1788년
에 번즈가 지었고 윌리엄 쉴드가 곡을 붙여 영국의 가곡이 되었다. 이 노
래가 한국에서는, 일본 식민지 시대부터 1948년에 안익태가 한국 환상
곡을 작곡하기 전까지 대한민국 애국가의 멜로디였다. 이후 〈석별의 정〉
이라는 노래로 졸업식에서 많이 불리고 있다.

오랫동안 사귀었던 정든 내 친구여
작별이란 웬 말이냐 가야만 하느냐
어디 간들 잊을 손가 두터운 우리 정
다시 만날 그날 위해 노래를 부르세

좀 더 걸어가면 ⑥ **헨리 포싯**(Henry Fawcett, 1833~1884)의 기념
분수가 있다. 헨리 포싯은 캠브리지 킹스 칼리지에서 공부하던 촉망받는
스무 살의 젊은이였는데, 아버지와 사냥을 나갔다가 아버지의 실수로 총
기사고가 일어나 두 눈을 실명했다. 시각장애인으로 생활하면서도 좌절하
지 않고 정치계에 입문해 체신부 장관까지 역임했다. 장관으로 재직하면
서, 당시 우편배달 업무만 하던 체신부를 우체국 금융, 우체국 보험, 우체
국 연금까지 사업을 확장해 오늘날의 현대적인 정보통신부의 위상으로까
지 끌어올렸다. 그의 부인이 여성운동가 밀리센트 가렛 포싯이라는 것은
앞서 이미 언급했다.

⑥ 헨리 포싯

그다음 보이는 동상은 ⑦ **로버트 라이크스**(Robert Raikes, 1735~1811)로, 최초로 '주일 학교(Sunday School)'라는 개념을 창시한 사람이다. 산업혁명 당시 어린아이들이 노동시장으로 내몰리던 시대에, 그는 주일 학교를 통해 일요일만큼은 아이들이 쉴 수 있도록 제도를 설계하고자 했다. 라이크스 동상에서 템스강쪽으로 공원을 나가는 길이 있는데, 여기로 나가서 잠시 엠방크먼트역 쪽으로 돌아보면 강변에 오벨리스크가하나 있다. ⑧ **클레오파트라의 바늘**(Cleopatra's Needle)이라 불리는이 오벨리스크는 이집트 알렉산드리아에서 가져온 것이다. 원래 이집트

⑦ 로버트 라이크스

⑧ 클레오파트라의 바늘

의 헬리오폴리스에 있던 4개의 오벨리스크를, 로마 황제 아우구스투스가 클레오파트라와 안토니우스를 격파하고 빼앗아 2개는 로마에, 2개는 알렉산드리아에 두었다. 후에 영국이 이집트에서 나폴레옹을 물리치고 보답으로 알렉산드리아에 있는 오벨리스크 하나를 요구해 지금 런던에 있다. 알렉산드리아에 있던 다른 하나는 현재 뉴욕에 있는데, 당시 힘 좀 썼던 영국, 프랑스, 미국, 오스만 등 제국주의 열강들은 이집트 오벨리스크 하나씩은 가지고 있어야 국격이 높아진다고 생각했는지 하나씩은 다 가지고 있다.

⑨ 도일리 카트

⑩ 사보이 호텔

다시 공원 안으로 들어와서 보이는, 우주 천체의 모형을 닮은 조형물은 ⑨ 도일리 카트(Richard D'oyly Carte, 1844~1901) 기념비다. 카트는 영국의 극단 기획자이자 작곡가이자 호텔리어다. 그는 사보이 극장을 설립하고 윌리엄 길버트와 아서 설리반을 영입해 영국 오페레타(Opereta)의 전성기를 이끌었다. 오페레타는 오페라와 뮤지컬의 중간 정도의 장르로 노래와 대사를 적절히 섞어 가벼운 주제를 다루는 코믹 가극이다. 사보이 극장이 성공하면서 1889년에 극장 옆으로 영국 최초의 초호화 호텔을 설립했는데, 이것이 지금의 ⑩ 사보이 호텔(Savoy Hotel)이다. 이때 호텔을 운영하기 위해 고용한 매니저 세자르 리츠는 후에 리츠 호텔의 설립자가 된다.

도일리 카트 기념비 옆에 바로 ⑪ 아서 설리반(Arthur Sullivan, 1842~1900)의 동상이 있다. 설리반 은 런던 출생으로 12세에 이미 왕실 예배당의 성가대원이었고, 독일에서 유학하면서 작곡을 배웠다. 1861년 에 귀국해 작곡가로 활동하다 1871

⑪ 아서 설리반

년에 윌리엄 길버트를 만나 G&S라는 영국식 오페레타를 만들었다. 음악 자체는 완벽했지만 두 사람은 사이가 매우 안 좋아 서로 증오하고 미워했 다. 길버트는 본인이 밤새 가사를 써놓아도 설리반이 작곡을 느리게 해서 속이 터졌고, 설리반은 설리반대로 정통 오페라를 하고 싶어 했다. 설리반 이 길버트보다 먼저 빅토리아 여왕으로부터 기사 작위를 수여받자, 둘의 사이는 더 멀어지고 1890년에 팀은 해체되고 만다.

공원이 끝나고 모퉁이에 ⑫ 마이클 패러데이(Michael Faraday, 1791~1867)의 동상이 있다. 패러데이는 영국 근교에서 가난한 대장장 이의 아들로 태어났고, 런던의 서점에서 제본 일을 하며 생계를 유지했다. 자신이 제본한 과학 서적들을 읽으며 과학에 관심이 있던 중, 고객 한 명 이 당시 유명한 과학자의 강연을 패러데이가 들을 수 있도록 해주었다. 강 연을 마치고 나온 과학자에게 자기 생각이 담긴 과학 노트를 건네었는데, 그의 노트가 그 과학자의 눈에 띄어 조수로 일하게 되었다. 조수로 일하면 서 연구를 계속했고, 이후 왕립학회에서 많은 과학적 업적을 이루었다. 화 학 분야에서 그는 '벤젠'을 발견했는데, 벤젠의 발견은 인류가 플라스틱을 만들어 내는 데 중요한 계기가 된다. 한편 물리 분야에서 당시 과학계는 전기와 자기가 별개라고 생각했었는데, 패러데이는 전기가 자기를 유도해 운동에너지를 만들어 내고 자기가 운동에너지를 통해 전기를 만들어 낸다는 전자기유도의 원리(패러데이 법칙)를 발견했고, 이는 나중에 발전기와 모터 발명의 기본원리가 되었다.

⑫ 마이클 패러데이

전문 교육을 받지 못한 패러데이는 자신의 이론을 수학적으로 정리하지 못했는데, 이를 정리한 사람이 제임스 클라크 맥스웰이었다. 그리고, 맥스웰의 이 수학적 정리로부터 아인슈타인의 상대성 이론이 나왔다. 패러데이의 업적을 기리기 위해 빅토리아 여왕은 그가 사망할 즈음에 웨스트민스터 사원에 안장할 것을 제안했다. 그러나, 그는 여왕의 제안을 거절했고, 그의 무덤은 마르크스와 같이 런던 북부 하이게이트 공동묘지에 있다.

## C. 작지만 알찬 미술관 | 코톨드 갤러리(The Courtauld Gallery)

C. 코톨드 갤러리        ⑬ 서머셋 하우스

　패러데이 동상을 지나면 워털루 브리지가 있다. 워털루 브리지 옆에 있는 큰 건물은 ⑬ **서머셋 하우스**(Somerset House)다. 서머셋 하우스는 1786년에 영국 건축가 윌리엄 챔버스에 의해 지어진 공공건축물인데, 지금은 피카딜리 벌링턴 하우스에 자리 잡은 영국왕립예술원이 한때 이곳에 있었다. 입구는 템스강 쪽이 아니고 사보이 스트릿을 따라 반대편 스트랜드 도로에서 들어가는데, 겨울이 되면 이곳 광장이 대형 아이스링크로 바뀐다. 서머셋 하우스를 가 볼 만한 이유는 입구에 들어서서 건물의 웅장함을 느껴보는 것도 좋지만, 이곳에 있는 코톨드 갤러리를 방문하기 위해서다. 코톨드 갤러리는 아름다운 소규모 미술관으로, 작품의 양은 많지 않지만, 우수한 작품들이 많이 전시되어 있다. 갤러리는 리 자작, 샤무엘 코톨드, 위트 대법관이 뜻을 합치면서 설립되었다. 정치에 뜻을 품은 리 자작의 조직력과 정치력, 코톨드의 경제력과 컬렉션, 위트 대법관의 소장품들이 결합해 1932년에 영국의 미술연구소 겸 갤러리인 코톨드 갤러리가 문을 열었고, 이후 많은 사람이 작품을 기증하면서 더욱 풍성해졌다. 갤러리는 1989년에 지금의 서머셋 하우스로 옮겨졌고, 런던 대부분의 미술관이 무료입장인 데 비해 이곳은 건물 임차료를 감당하기 위해 입장료를 받고 있다. 유럽의 여느 미술관 입장료에 비해서도 훨씬 저렴하고 소장품들이 질적으로 우수하므로 돈을 내고서라도 방문해 볼 만하다.

## D. 골든 트라이앵글 | 킹스 칼리지(King's College London, KCL)

D. 킹스 칼리지

코톨드 갤러리 옆에 런던대학교 킹스 칼리지가 있다. '런던대학교'라 함은 하나의 대학교가 아니라 런던의 크고 작은 대학교를 그룹화한 명칭이다. KCL은 런던대학교의 창립대학 중 하나인 전통 명문 공립대학교다. 현재 영국의 잘나가는 6개 대학인 골든트라이앵글(옥스포드, 캠브리지, 런던대학교 임페리얼 칼리지, 런던대학교

유니버시티 칼리지, 런던대학교 킹스 칼리지, 런던 정치경제대학교)의 일원이며, 노벨상 수상자를 12명이나 배출했다. KCL은 1829년에 웰링턴 공작에 의해 설립되었고, 1860년에 나이팅게일에 의해 세계 최초로 간호학부가 만들어졌다. 세계 대학 순위 20~30위 정도에 해당하고, 런던 내 5개의 캠퍼스가 있는데 이곳 스트랜드 캠퍼스가 메인 캠퍼스다. 주요 졸업생으로, 의식의 흐름 기법의 작가인 버지니아 울프, 낭만주의 시인 존 키츠, 스위스 출신 소설가 알랭 드 보통 등이 있고, 한국인으로는 피아니

스트 이루마가 있다. 앞서 언급한 패러데이의 원리를 수학적으로 증명한
맥스웰은 KCL의 교수였다.

## 2. 신비로운 기운이 감도는 런던의 소도

### E. 공리주의 철학자 존 스튜어트 밀 | 템플(Temple)

⑭ 윌리엄 에드워드 포스터

KCL과 템플 지하철역을 지나, 다시 작은 빅토리아 엠방크먼트 가든스로 들어가면, 공원 입구에 ⑭ **윌리엄 에드워드 포스터**(William Edward Foster, 1818~1886)의 동상이 있다. 앞서 피카디리 편에서 샤프츠버리 백작 7세가 '10시간법'을 발의해, 하루 종일 묶여 있던 노동의 굴레에서 아이들을 해방시켰다고 이야기한 바 있다. 이에 더해 포스터는 정치인으로서, 노동에서 벗어난 아이들이 국가가 주도하는 교육을 받아야 한다고 주장했다. 그는 국가가 운영하는 초등학교를 무상이자 의무적으로 다니도록 하는 '초등학교법'을 1870년에 발의해 오늘날 영국 공교육 제도의 기초를 다졌다. 한국의 경우 옛날부터 교육열이 높아 서당이라는 교육기관을 통해 양인의 자제도 교육받았다. 그러나, 당시 유럽에서는 아이들이 교육받는 것보다 노동 현장에서 돈을 벌어오는 것이 사회적으로 더 나은 선택이라고 생각했다. 그렇기에 국가가 주도해 대중을 교육해야 한다는 그의 생각은 엄청난 사회적 반대에 부딪혔다. 지금과는 다소 차이는 있지만 일명 '포스터법'으로 불리는 이 법안을 시작으로 현재 영국의 국가교육제도가 생겨났다.

다음으로 보이는 기념비는 ⑮ **헨리 서머셋 여사 기념비**(Lady Henry Somerset Memorial)다. 영국의 사회운동가 이사벨라는 22세에 헨리 서머셋 경과 결혼했는데, 그의 남편이 사실 동성애자였다. 당시 영국에서 동성애자는 형사범이어서, 여성들이 결혼하고서도 남편을 신고하지 않고 참고 사는 경우가 많았다. 이사벨

⑮ 헨리 서머셋 여사 기념비

라는 그런 사회적 관행을 깨고 남편과 별거하면서 자녀 양육권을 위해 소송도 불사했다. 다만, 그녀는 종교적 신념 때문에 형식적으로 이혼의 절차를 밟지 않은 것이기에 여전히 레이디 헨리 서머셋으로 불렸다. 또한 그녀는 영국 금주운동의 리더로 활동했고, 영국 최초로 알코올중독자 재활센터를 만들었으며, 빈곤 여성들을 위해 큰 노력을 기울였다.

공원 끝에는 우리가 잘 아는 ⑯ **존 스튜어트 밀**(John Stuart Mill, 1806~1873)의 동상이 있다. 제레미 벤담과 더불어 공리주의 철학의 두 거장인데, 벤담이 양적 공리주의자라면 밀은 질적 공리주의자다. 양적 공리주의자는 '최대 다수의 최대 행복'을 목표로 사회 전체의 이익을 위해 개

인의 희생은 감수할 수 있는 것이라 믿는다. 반면, 질적 공리주의는 개인의 자유와 권리를 최대한 보장할 때 사회 전체의 행복이 극대화된다고 생각한다. 밀은 대학자인 아버지 밑에서 혹독한 교육을 받아 3세에 그리스어를, 6세에 유클리드 기하학과 대수를 배우고, 8세에는 라틴어를 배웠으며, 11세가 되어서는 물리학과 화학에 관한 논문들을 섭렵했다. 또래 아이들로부터 나쁜 영향을 받을까 봐 밀의 아버지는 어릴 때부터 밀이 동생들 외에는 여자아이들을 못 만나게 했다. 그렇게 천재로 자라 17세에 동인도회사 공무원이 되는데, 당시 그 자리는 인재들만 가는 자리라 인도 총독에 버금가는 월급을 받았다. 너무 이른 나이에 모든 것을 깨쳐버린 탓인지 20세에 정신적으로 탈이 난다. 다행히 윌리엄 워즈워스의 시와 같은 예술적인 것에 관심을 기울이면서 점차 극복해 나갔다.

⑯ 존 스튜어트 밀

　밀의 철학은 자유주의 이론의 기초가 되는데, 그의 저서 『자유론(On Liberty)』에 의하면, 국가는 개인의 표현의 자유를 최대한 보장해야 하고 개인의 삶의 방식에 개입해서는 안 된다고 강조한다. 그는 다수의 독재를 우려해 대의민주주의를 강조했고, 루소의 직접민주주의에 반대해 차등 투표제 시행도 주장했다. 자유주의자이면서 노동조합의 설립이나 여성 참정권의 확대에도 노력했다. 그의 명언 "배부른 돼지보다 불만족스러운 소크라테스가 돼라."는 원래 "만족하는 돼지보다 불만족스러운 인간이 낫고, 만족하는 바보보다 불만족스러운 소크라테스가 낫다."이다. 돼지와 바보는 문제의 한쪽만 보기 때문에 만족하는 것이고 인간과 소크라테스는 문제의 양면을 다 보기 때문에 불만스럽다는 것인데, 양적 공리주의자가 주장하는 양적 이익 하나만 가지고는 사회문제들을 해결할 수 없다는 의미다.

## F. 런던은 용의 도시 | 작은 용의 동상(Dragon Boundary Marks)

F. 작은 용의 동상         ⑰ OXO

빅토리아 엠방크먼트 가든스를 나와 잠시 템스강 건너편을 보면 ⑰ OXO라고 표시된 고층 건물인 옥소 타워(Oxo Tower)를 볼 수 있다. 옥소(Oxo)는 한국의 '미원(대상그룹의 전 명칭)'과 같이 영국의 유명 조미료 회사다. 통상 영국의 고층 건물들은 도시 미관상 건물 외벽에 회사 광고를 못하게 되어 있다. 그러나, 옥소사는 소송을 걸어 건물 외벽의 OXO는 회사 이름이 아니라 동그라미와 엑스라는 일반적이고 대중적인 무늬에 불과하다고 주장했다. 결국, 재판에서 이겨, 옥소 타워는 런던 시내의 고층 건물 중 유일하게 외벽광고(?)를 하고 있다.

미들템플 레인으로 들어가기 전 길가에 작은 용의 동상이 있다. 런던시(City of London)의 서쪽 경계 표식인 이 용은 간혹 사람들에 의해 그리핀으로 오해받는데, 런던의 상징인 용은 그리핀과 확연히 다르다. 먼저 그리핀은 몸은 사자의 몸이고 독수리의 머리, 날개와 앞발을 가진 전설 속의 동물이다. 사자가 육지의 왕이고 독수리가 하늘의 왕이니, 이 둘을 합친 그리핀은 모든 동물의 왕 레벨이며 그리스 신화에서 제우스 신의 마차를 끈다.

⑱ 성 조지　　　　　　　　　　⑲ 대천사 미카엘

잉글랜드는 용을 사로잡은 ⑱ 성 조지(St. George)가 수호성인이므로 런던은 용의 도시다. 특히 이 조형물은 얼굴이 부리가 없는 파충류의 형상이므로 그리핀이 아니라 용이 맞다. 용의 동상이 손에 잡은 방패에는 하얀 바탕에 붉은색 십자가인 성 조지의 십자가가 그려져 있다. 성 조지는 어느 마을에 사악한 용이 제물로 바쳐진 사람을 잡아먹는다는 이야기를 듣고, 용을 사로잡은 후 그 나라의 왕에게 기독교를 믿는다면 용을 죽여주겠다고 해서 왕과 국민이 모두 기독교로 개종했다는 성 조지 전설의 주인공이다. 사람들이 간혹 성 조지와 ⑲ 대천사 미카엘(St. Michael)을 혼동하곤 하는데, 등에 날개가 있으면 대천사 미카엘이고 없으면 성 조지다. 잉글랜드 국기는 성 조지의 십자가를 바탕으로 하고 있는데, 영국 해군은 성 조지 십자가를 오직 기함에만 사용할 수 있도록 하고 있다. 그러나, 앞서 언급한 덩케르크 철수작전에서는 출항한 모든 민간 선박에도 예외적으로 성 조지 십자가인 잉글랜드 국기를 달 수 있도록 해주었다. 이는 덩케르크에 있는 아군이 철수를 도와주러 오는 민간 선박을 자칫 독일군 보트로 오인해 공격할까 봐 그런 것도 있지만, 자발적으로 적지로 배를 몰아 영국군을 구출하는 민간 선박들에 대한 경의의 표현이었다고도 한다.

참고로 웨일즈의 수호성인은 성 데이빗이며, 웨일즈 지방에서는 매년 3월 1일, 성 데이빗 날이 되면 노란 수선화를 가슴에 달고 다닌다. 스코틀랜드의 수호성인은 성 앤드류인데, 11월 30일이 성 앤드류의 날이며 스코틀랜드에서는 이날을 휴일로 정했지만 실제로 쉬는 곳은 잘 없다. 영국의 국기는 잉글랜드를 상징하는 성 조지 십자가와 스코틀랜드의 상징인 성 앤드류 십자가, 아일랜드의 성 패트릭 십자가를 합쳐서 도안되었다. 영국 해군이 국적을 식별하기 위해 배의 선수(船首, 뱃머리)에 다는 선수기를 'Jack'이라 불렀고, 영국의 국기가 3개 국가 십자가의 연합체이기 때문에 영국의 국기를 유니온 잭(Union Jack)이라 부른다.

City of London(런던시)은 우리가 일반적으로 이야기하는 London(런던)과 다르다. 런던시는 우리로 치면 서울에서 사대문 안 즉, 조선시대 한양 도성 정도라고 할 수 있다. 로마인들이 처음 브리튼 섬에 상륙해서 정벌

한 최초의 런던, 즉 론디니움(Londinium) 구역을 런던시라고 한다면, 지금의 런던은 도시가 팽창한 런던특별시다. 런던시는 런던특별시의 하나의 자치구라 생각하면 되고, 런던시의 경계 표식인 용의 동상은 런던 시내에 모두 13개가 있다.

## G. 장미전쟁의 시작 | 미들템플 가든스(Middle Temple Gardens)

G. 미들템플 가든스

미들템플 레인에 들어서서 제일 먼저 만나는 공원은 미들템플 가든스다. 이 공원에서 영국 장미전쟁의 불꽃이 피어올랐다. 영국 왕 에드워드 3세는 프랑스를 공격해 백년전쟁을 일으켰는데, 에드워드 3세의 장남 흑태자 에드워드는 백년전쟁 중 가장 뛰어난 장군이었다. 피부가 까매서 흑태자(Edward the Black Prince)라는 별명이 있었는데, 안타깝게도 아버지 에드워드 3세보다 1년 먼저 사망했다. 에드워드 3세의 아들들은 장남이 흑태자, 둘째가 라이오넬, 셋째가 존, 넷째가 에드먼드인데, 장남인 흑태자가 사망하면서 왕위는 흑태자의 장남 리처드 2세가 이어받았다. 그러나, 리처드 2세의 왕위를 에드워드 3세의 3남 존의 아들인 헨리 4세(King Henry Ⅳ, 1366~1413)가 찬탈해, 헨리 5세, 헨리 6세까지 이어졌다. 헨리 4세의 집안은 랭카스터에 터를 잡았고 문장이 빨간 장미였다.

이에 대해 에드워드 3세의 4남인 에드먼드의 후손인 ⑳ 에드워드 4세 (King Edward Ⅳ, 1442~1483)는, 헨리 4세가 왕위를 부당하게 찬탈했다고 주장하며 헨리 6세를 몰아내고 왕위에 올랐다. 에드워드 4세 가문은 요크에 터를 잡았고 문장은 하얀 장미였기에, 이 두 집안의 왕위 계승 전쟁을 장미전쟁이라고 부른다.

⑳ 에드워드 4세

에드워드 4세는 어린 아들 에드워드 5세에게 왕위를 물려주며 동생인 리처드에게 보필을 부탁했으나, 삼촌인 리처드가 어린 조카 에드워드 5세를 런던탑에 감금하고 스스로 리처드 3세가 되었다는 얘기는 앞서 런던탑 부분에서 이미 기술했다. 리처드 3세가 조카들을 축출하자 귀족들이 등을 돌렸고, 헨리 4세의 동생인

㉑ 헨리 7세

존의 후손, 헨리 튜더가 리처드 3세와의 전쟁에서 승리한 후 ㉑ 헨리 7세 (King Henry Ⅶ, 1457~1509)로 즉위했다. 랭카스터 가문의 헨리 7세는 에드워드 4세의 딸인 요크 가문의 엘리자베스와 결혼했고, 이로써 두 집안의 장미전쟁은 끝이 났다. 미들템플 공원은 당시 랭카스터 집안과 요크 집안의 경계선이었다.

미국 판타지 소설가 조지 마틴은 그의 소설『얼음과 불의 노래』(후에 TV

드라마 〈왕좌의 게임〉으로 제작된)를 바로 영국의 장미전쟁에서 영감을 얻었다고 했다. 소설 속 스타크 가문이 북부 관리자이면서 하얀 바탕에 다이어울프 문장을 한 것이 북부 지방에서 하얀 장미를 문장으로 하는 요크 집안과 비슷하다. 라니스터 가문이 서부 관리자이면서 빨간 바탕에 황금 사자 문장을 한 것이 영국 서쪽 지방에서 빨간 장미를 문장으로 하는 랭카스터 집안과 닮았다.

미들템플 공원을 끼고 미들템플 레인으로 걸어 올라오면 ㉒ 미들템플(Middle Temple)이 있다. 영국에서 변호사는 두 종류가 있는데, 하나는 법정변호사(Barrister)고 다른 하나는 사무변호사(Solicitor)다.

㉒ 미들템플

법정변호사는 사무변호사와 달리 법정에서 직접 변론할 수 있는 변호사인데, 의뢰인을 직접 접촉하지는 않고 서류상의 내용만으로 중립적인 관점에서 법리 공방을 벌인다. 반면, 사무변호사는 사건 수임과 정리를 통해 법정 변호사가 변론할 수 있도록 도움을 준다. 최근 들어 사무변호사와 법정변호사의 구분이 점차 사라지고는 있지만, 사무변호사와 달리 법정변호사가 되는 길은 현지 학생들에게도 매우 어려운 일이다. 법정변호사가 되기 위해서는 법학사 자격증을 가지고 법무 연수를 거친 후 로펌 등에서 현장실무를 거쳐야 한다. 또한 이들은 법학 전문원인 미들템플이나 이너템플(Inner Temple), 그레이스 인(Gray's Inn), 링컨스 인(Lincoln's Inn) 중 하나를 거쳐야 하는데, 이곳 템플 지역에는 미들템플과 이너템플이 있다.

## H. 템플기사단이 프리메이슨? | 템플 교회(Temple Church)

미들템플 레인을 따라 북쪽으로 걷다가 오른쪽에 펌프 코트 거리로 들어서면 템플 교회가 있다. 고려 숙종 5년, 1099년에 유럽의 기독교 연합 세력이 1차 십자군 원정으로 예루살렘을 수복하자 기독교인들이 앞다투어 성지를 순례했는데, 순례를 가는 길에 많은 교인들이 강도를 만나 죽임을 당했다. 이에 순례자와 성지를 보호하기 위해 군대를 조직했고, 이들을 성전기사단 혹은 ㉓ 템플기사단(Templar)이라 불렀다. 컴퓨터게임 스타크래프트에서 하이템플러(High Templar), 다크템플러(Dark Templar)가 템플기사단을 모티브로 한 캐릭터이며, 그 외에도 템플기사단은 소설, 영화 등 대중매체에도 많이 등장한다. 순례자들은 순례를 떠나기 전 템플기사단에 재물을 맡기고 증표를 받은 후, 성지

H. 템플 교회

㉓ 템플기사단

에 도착하면 증표에 적힌 등가의 재물을 받는 식으로 안전하게 이동했다. 이것이 현대 은행업의 기초이자 수표(check) 체계의 시작이었다. 이러한 금융업을 통해 템플기사단은 상당한 부를 축적했고, 영국과의 전쟁을 위해 자금이 필요했던 프랑스 국왕 필리페 4세에게 막대한 돈을 빌려주는 대부

업으로까지 사업을 확장했다. 템플기사단에 큰 채무가 있던 필리페 4세와, 템플기사단의 세력 확장을 꺼림직하게 생각하던 교황 클레멘트 5세의 이익이 마침 서로 맞아떨어졌다. 이에 따라, 필리페 4세는 우상숭배, 동성애, 금융사기 등의 다양한 이유로 템플기사단 수십 명을 체포했고, 교황은 템플기사단을 해체하고 남아 있는 기사들을 체포하라는 칙서를 반포했다. 살아남은 템플기사단은 이러한 박해를 피해 필리페 4세와 전쟁 중이던 영국으로 도망쳐서 지금의 템플 지역에 자리 잡았다. 영국은 당시 프랑스를 미워했기 때문에 템플기사단에 관대해서 이곳의 템플기사단은 안전할 수 있었다.

㉔ 기둥 조형물

템플 교회의 외형은 예루살렘의 성묘교회를 본떴고, 교회 내부에는 일반 교회와 사뭇 다른 신비로운 기운이 감돈다. 기둥마다 각기 다른 표정의 조각들이 둘러 있는가 하면, 바닥에는 기사들의 무덤 석상이 누워 있다. 기사단은 청빈과 검소함을 규율로 삼았는데, 교회 마당에는 말 1마리에 기사 2명이 타고 있는 ㉔ 기둥 조형물을 볼 수 있다. 검소하므로 말 한 마리도 나누어 탄다는 의미라고 하는데, 이런 상징으로 인해 템플기사단이 동성애를 지지한다는 오해를 받았다. 영화 〈다빈치 코드〉에서 톰 행크스와 오드리 토투가 이곳 템플 교회를 방문하는 장면이 나온다. 영화에서 그들은 템플기사단이 지키려는 게 순례자가 아니라 성배였고, 그 성배는 바로 예수 그리스도의 후손이라는 것을 밝혀낸다. 음모론에 따르면 탄압받고 해체된 템플기사단이 프리메이슨을 창설해 현재 세계 곳곳에서 사교 단체의 형식을 띠면서 실제로 음지에서 세상을 조종하고 있다고 한다.

# 3. 왕립재판소가 있는 런던 서초동

"Your manuscript is both good and original; but the part that is good is not original, and the part that is original is not good."

(당신의 원고는 훌륭하고 독창적입니다. 그러나, 훌륭한 부분은 독창적이지 않고, 독창적인 부분은 훌륭하지 않네요.)

— 사무엘 존슨, 명언 제조기

## I. 짐은 영국과 결혼했다 | 스트랜드(Strand)

다시 미들템플 레인에서 북쪽으로 끝까지 가서 플릿 스트릿을 만나면, 왼쪽으로 스트랜드 거리로 들어서는데, 그전에 오른쪽의 플릿 스트릿으로 몇 걸음 걸어본다. 건너편에 보이는 커다란 교회는 ㉕ 성 던스탄 서교회(St. Dunstan in-the-west)다. 중세에 건축된 성공회 교회로, 켄터베리 대주교였던 던스탄을 기리기 위

㉕ 성 던스탄 서교회

해 지어졌다. 이 교회는 현재의 모습으로는 1830년에 디자인되었지만 처

음 건축된 해는 1000년경이다. 교회 외벽에 장식된 시계는 1671년에 설치된 것으로, 런던 최초로 분침이 표시된 공공 시계라고 알려져 있다.

㉖ 노스클리프 경

교회 입구에는 ㉖ 노스클리프 경(Sir Northcliffe/ Alfred Charles William Harmsworth, 1865~1922)의 흉상이 있다. 노스클리프 경은 아일랜드 출신으로, 런던으로 이사한 후 신문 분야에 뛰어들었다. 영국의 유명 일간지 데일리 메일과 데일리 미러를 창간했고, 나중에 타임즈(The Times)까지 인수해 영국 언론계에 최고의 영향력을 행사했다. 타임즈는 신문으로서 미국 잡지 타임지(TIME)와는 다른 매체로, 노스클리프 경이 인수한 후에 선정적인 보도에만 치중해 인기를 끌지 못했다. 지금은 호주 출신 국제 언론계의 대부인 루퍼트 머독이 인수했다.

㉗ 엘리자베스 1세

흉상 오른쪽으로 교회 안쪽 외벽에 ㉗ 엘리자베스 1세의 동상이 있다. 영국의 제1전성기를 이룩한 여왕의 동상인데 다소 찾기 어려운 곳에 있는 것이 의아하다. 엘리자베스 1세는, 이복언니인 메리 1세가 자신의 시녀 신분으로 있었다가 여왕이 되자, 런던탑에 갇혀 언제 죽을지 모르는 신세가 되었다. 다행히 메리 1세가 자녀가 없어, 아버지 헨리 8세의 마지막 자식인 엘리자베스 1세를 후계자로 지목하면서, 그녀는 죽음을 면하고 왕위에 오를 수 있었다. 그녀는 즉위 후 스페인의 무적함대를 격파해 대서양 제해권을 장악하고 셰익스피어를 지원하는 등 문화 융성에도 힘써, 섬나라 후진국인 영국을 유럽 강대국과 어깨를 나란히 하도록 했다. "짐은 영국과 결혼했다."는 말로 유명하듯이 평생을 독신으로 살았다.

다시 오던 길을 되돌아가서 스트랜드 거리로 들어선다. 들어서자마자 ㉘ 큰 용의 동상(Temple Bar Memorial)이 서 있다. 런던시 서쪽 경계를 나타내는 표식으로 과거 템플 바가 있던 자리였음을 기념하기 위해 세워둔 것이다. 이 용 동상은 타워 브리지를 설계한 호레이스 존스의 작품이다. 원래의 템플 바는 교통 혼잡을 초래한다

㉘ 큰 용의 동상

는 이유로 지금은 세인트 폴 성당 옆으로 옮겨졌다는 것은 이미 언급한 바 있다.

스트랜드 거리를 조금 걷다 보면 ㉙ 트와이닝스(Twinings)라는 차 가게가 있다. 트와이닝스는 중저가의 질 좋은 영국 차로 널리 알려져 있는데, 이곳 스트랜드 점은 토마스 트와이닝이 1706년에 처음으로 가게를 연

㉙ 트와이닝스

곳이다. 그는 세계 최초로 얼 그레이 티를 만들었다고 주장하나 이에 대해서는 이견들이 있다. 영국인들의 차 사랑은 각별하다. 1662년, 영국의 국왕 찰스 2세는 포르투갈의 공주 캐서린과 결혼했는데 이때 캐서린이 처음으로 영국에 차를 들여왔다. 19세기에 들어와서는 왕실과 귀족들 사이에 오후에 차를 마시는 문화, 즉 '애프터

눈 티(Afternoon Tea)'가 유행했다. 수질이 좋지 않던 산업혁명 당시 노동자들은 물 대신 맥주를 마셨는데, 차가 맥주의 부작용인 주취(酒醉)를 해결해 주면서 인기를 끌기 시작했다. 이후 영국의 차 수입이 증가함에 따라 가격이 하락하자 차는 더욱 대중화되었다. 영국의 차 브랜드를 살펴보면 트와이닝스는 가장 인지도가 높은 차 브랜드다. 스코틀랜드 출신 토마스 립톤이 스리랑카로 출장을 갔다가 홍차 사업에 뛰어들면서 만든 브랜드가 립톤(Lipton)인데, 미국에서 과일 향을 첨가해 파우더 형태의 아이스 믹스를 판매하면서 립톤은 아이스티로 유명해졌다. 트와이닝스만큼 대중적인 브랜드로 테틀리(Tetley)가 있는데, 차를 티백에 넣어 판매한 최초의 회사다. 고가의 브랜드로는 포트넘 앤 메이슨과 위타드(Whittard)가 있다.

㉚ 영국 왕립재판소

트와이닝스 건너편 커다란 건물은 ㉚ 영국 왕립재판소(Royal Courts of Justice)다. 1882년, 빅토리아 여왕

시기에 개소했고, 올드 베일리에 있는 중앙형사재판소(Central Criminal Court)에 비해 이곳은 주로 민사사건을 다룬다. 재판은 무료로 참여가 가능하나 1,000개가 넘는 법정에서 길을 잃지 않도록 조심해야 한다.

## J. 왕립공군 교회 | 세인트 클레멘트 데인스 교회(St. Clement Danes Church)

J. 세인트 클레멘트 데인스 교회       ㉛ 사뮤엘 존슨

계속 스트랜드를 따라 걸으면 교회 앞에 ㉛ 샤뮤엘 존슨(Samuel Johnson, 1709~1784)의 동상이 나온다. 영국의 시인이자 평론가인 사뮤엘 존슨은, 별명인 'Talker Johnson'에서 알 수 있듯이 명언 제조기로 유명하다. 런던 여행 책자에 한 번씩은 실리는 "런던에 싫증 난 사람은 인생에 싫증 난 사람이다(When a man is tired of London, he is tired of life)."가 그의 대표적 명언이다.

그의 동상 뒤에는 1682년에 크리스토퍼 렌이 설계한 세인트 클레멘트 데인스 교회가 있다. 현재 왕립공군의 주 교회로 사용되고 있는데, 그래서인지 교회 뒤편에 제2차 세계대전에서 활약한 2명의 공군 장성의 동상이 있다. 하나는 ㉜ 아서 해리스(Arthur Harris, 1892~1984) 폭격기 사령관이고, 다른 하나는 ㉝ 휴 다우딩(Hugh Dowding, 1882~1970) 전투기 사령관이다. 아서 해리스는 전쟁 중 독일에 대한 무차별 폭격을 명령해 베를린, 쾰른, 함부르크, 드레스덴을 쑥대밭으로 만들었다. 특히 드레스덴에는 가장 위력적인 폭격을 가해 도시 전체를 폐허로 만들어 버렸다. 그는 독일 민간인도 독일 군인과 마찬가지로 구별 없이 폭격의 목표로 삼아야 한다며 무차별 살상을 했다. 전쟁이 끝나고 그의 공훈에 대해 동상을 세워야 한다는 여론이 있었으나, 영국 정부는 그가 민간인 폭격도 서슴지 않았다는 이유로 이를 미적미적했다. 이에 화가 난 해리스는 남아프리카공화국으로 이민을 가버렸다. 해리스의 동상은 그의 사후에 제막되었는데, 독일에서는 "히틀러도 1시간에 10만 명을 죽이지는 않았다."라고 비난했다. 생사가 걸린 전쟁 상황에서 실행한 그의 무차별 폭격 전술에 대해서는 여전히 의견이 분분하다. 이에 반해 휴 다우딩은 폭격기보다 전투기의 중요성을 강조했고, 당시 막 개발된 레이더의 가치를 알고 영국 전역에 레이더 기지를 설치해 영국 본토 수비를 공고히 할 수 있었다. 제2차 세계대전에서 해리스가 공격을 담당했다면 다우딩은 수비를 담당했다고 할 수 있다.

③② 아서 해리스                              ③③ 휴 다우딩

　두 명의 동상 가운데에는 영국 총리를 역임했던 ③④ 윌리엄 글래드스톤 (William Gladstone, 1809~1898)의 동상이 있다. 글래드스톤은 자유주의 국가론에 근거해 제국주의를 반대하며 평화적 외교주의 노선을 유지했고, 하층계급의 불만을 개혁으로 무마하려 했다. 그의 정치철학은 당시 제국주의 열강 대열에 편입하려는 대영제국의 시대 상황에는 맞지 않아 그는 정계를 떠났다. 영국 왕실에서 그에게 백작 작위를 내리려 했으나 사양해 그의 별명은 '위대한 평민'이다.

③④ 윌리엄 글래드스톤

## K. 노벨경제학상의 산실 | 런던 정치경제대학교(LSE)

K. 런던 정경대

스트랜드에서 킹스 웨이를 따라 북쪽으로 걸어 올라가면 런던정치경제대학교 혹은 런던 정경대(London School of Economics and Political Science, LSE)를 만난다. LSE는 1895년에 개교한 사립대학교로, 옥스포드나 캠브리지에 비해 역사는 짧지만, 영국 골든 트라이앵글 6개 대학 중 하나다. 현재까지 18명의 노벨상 수상자를 배출했는데, 학교 이름에 걸맞게 무려 13명이 노벨경제학상을 수상할 만큼 경제학 분야에서 세계적으로 유명하다. 졸업만 하면 골드만삭스나 모건스탠리 등 유수 글로벌 투자은행 취업은 떼어놓은 당상이다. 주요 졸업생으로 미국의 케네디 대통령과 대만의 차이잉원 총통 등이 있다.

## L. 기묘한 분위기의 박물관 | 존 손 박물관(John Soane's Museum)

LSE 북쪽으로 ㉟ 링컨스 인이 있다. 미들템플, 이너템플 등과 마찬가지로 법정변호사가 되기 위해 연수를 거쳐야 하는 법학 전문원이다. 링컨스 인에서 뉴 스퀘어 골목을 따라 링컨스 인 필드라는 작은 공원으로 가면, 공원 북쪽에 바로 존 손 박물관이 있다. 존 손은 영국 건축가로 1788년에 잉글랜드 은행을 설계하고 큰 성공을 거둔다. 링컨스 인 필드 12번 건물을 자가로 사들여, 자신이 직접 주거용 집이자 서고로 재건축했다. 후에 13번 건물을 추가로 구매해 전시실과 설계실로 사용했다. 지금은 12번 건물이 존 손 박물관이 되었고, 13번 건물은 갤러리로 사용되고 있다. 그는 아들과 사이가 안 좋았는데, 아들이 자신을 비난하자 상속을 중지하고 모든 수집품과 재산을 전부 국가에 기증해 버렸다. 박물관은 무료이므로 시간의 여유가 있다면 이 박물관의 숨어있는 공간이 빚어내는 신비한 분위기를 즐겨보길 바란다.

L. 존 손 박물관 　　　　㉟ 링컨스 인

# 4. 박물관이 살아 있는 런던의 용산

*"All animals are equal. But, some animals are more equal than others."*

(모든 동물은 평등하다. 그러나, 일부 동물은 조금 더 평등하다.)

– 조지 오웰, 소설 『동물 농장』 중에서

## M. 최초의 상형문자 로제타 스톤 | 영국박물관(The British Museum)

M. 영국박물관

북쪽으로 홀본역을 거쳐 영국박물 관까지 간다. 예전엔 통상 대영박물 관으로 번역했는데 최근에는 'great' 라는 단어가 없는데 굳이 '대영'이라는 단어를 쓸 필요가 있냐는 사람들이 늘 면서 영국박물관으로도 간혹 번역된 다. 박물관이 워낙 넓어서 시간이 된 다면 2~3시간 동안 천천히 둘러보면 되지만, 시간이 없다면 주요 유물들 만 골라서 보도록 한다.

1층에서 먼저 ㊱ 로제타 스톤(Rosetta Stone)을 본다. 로제타 스톤은 기원전 196년에 만들어진 것으로 알려져 있는데, 1799년에 이집트 원정 중인 나폴레옹의 프랑스 군대에 의해 발견되었다. 후에 넬슨에 의해 아부키르 해전(나일 해전)에서 패한 프랑스가 1802년에 평화조약의 조건으로 영국에 내준 것이다. 로제타 스톤에는 이집트의 상형문자가 기록되어 있는데, 영국의 물리학자이자 언어학자인 토마스 영이 처음으로 해석을 시도했고, 프랑스의 장 상폴리옹이 해석을 완성했다. 이집트에서는 지금도 꾸준히 반환을 요구하고 있으며, 이집트의 카이로 국립박물관의 소장품 중 유일하게 로제타 스톤만 복제품을 전시하는 방식으로 항의를 계속하고 있다.

㊱ 로제타 스톤

㊲ 람세스 2세

로제타 스톤과 같은 층에 태양왕 ㊲ 람세스 2세(Ramses Ⅱ) 흉상이 있다. 람세스 2세는 기원전 13세기에 즉위해 무려 66년이나 통치한 이집트의 왕이다. 그가 재위하는 동안, 이집트는 최대 영토를 자랑하며 40년간 평화로운 상태를 지속했다. 흉상 오른쪽의 구멍은 석상을 옮기기 위해 프랑스 군인들이 뚫어놓은 것이다.

그리스 전시실로 가면 유명한 ㊳ 엘긴 마블스(Elgin Marbles)가 있다. 주튀르키예 영국대사 엘긴 7대 백작은 당시 튀르키예의 지배를 받던 그리

㊳ 엘긴 마블스

스를 방문해 아테네 아크로폴리스 언덕 위에 우뚝 선 장엄한 파르테논 신전을 구경했다. 그러던 중, 잡상인들에 의해 신전 조각들이 기념품으로 팔리거나, 혹은 건축재료로 쓰이기 위해 손상되는 것을 보았다. 이에 그는 서류를 조작해, 튀르키예 관리들에게 돈을 주고 파르테논 신전의 장식 일부를 영국으로 가져왔다. 1946년에 유네스코(UNESCO)가 창설되면서 세계문화유산 제1호로 파르테논 신전이 지정되었고, 유네스코의 엠블럼 역시 파르테논 신전으로 되어 있다. 후에 그리스가 튀르키예로부터 독립한 후 엘긴 마블스를 돌려달라고 주장(그리스는 엘긴 마블스 대신 파르테논 마블스로 부르고 있다)하고 있지만, 영국은 당시 튀르키예에 돈을 지급하고 산 것이라며 반환을 거부하고 있다.

㊴ 싸이 닮은 불상

마지막으로 한국 전시실에 들러본다. 한국 유물 중 ㊴ 불상 하나가 신기하게도 가수 싸이(Psy)를 닮은 것 같다. 그러나, 어디에서도 그런 얘기가 언급되지 않은 걸 보니 아무도 그렇게 생각하지 않나 보다. 영국박물관은 1753년에 설립된 영국 최초의 공공박물관이며 개관 이래 지금까지 입장료가 무료다. 박물관 중앙에 유리와 철제로 된 특이한 천장이 있는 공간은 그레이트 코트라 불리며, 런던시청을 설계한 노먼 포스터에 의해 2000년에 설계되었다. 1997년에 지금의 영국도서관이 세인트 판크라스 역 옆에 건립되기 이전에는 이곳 영국박물관 안에 영국도서관이 있었으며, 이 도서관에서 마르크스가 『자본론』을 집필했다. 박물관 앞 뮤지엄 태번은 마르크스의 단골 펍이다. 레닌 또한 박물관 내 도서관에서 제이콥 리히터라는 가명으로 열람을 한 기록이 남아있다.

## N. 빅 브라더의 탄생 | 러셀 스퀘어(Russell Square)

영국박물관을 다 둘러보고 나면 체력 소모가 심해서 걸어 다니기 힘들수도 있다. 만약 체력과 시간이 허락된다면 박물관에서 세인트 판크라스역까지 걸어가 보자. 먼저, 영국박물관 뒤쪽에 러셀 스퀘어 공원이 있는데런던에서 두 번째로 큰 광장형 공원이다. 러셀 가문이 소유하고 있는 사유지이지만 시민들에게 개방한 공원이

N. 러셀 스퀘어

다. 러셀은 성이고 가문의 정식 명칭은 베드포드 공작 가문이기에 공원 남쪽에 베드포드 기념상이 있다.

공원의 북서쪽 입구로 나가면 모퉁이 건물에 블루 플라크가 있다. 이 건물은 과거 Faver&Faber라는 출판사 건물인데, 이곳에서 '4월은 잔인한달'로 시작하는 시, '황무지'의 작가 ⑳ 토마스 엘리엇(T. S. Eliot, 1888~1965)이 일을 했었다. 엘리엇은 미국에서 태어나 하바드 대학교를 졸업

⑩ 토마스 엘리엇

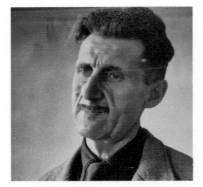

⑪ 에릭 블레어(조지 오웰)

⑫ 세넛 하우스

하고 영국으로 귀화했다. 1948년에 노벨문학상을 수상했고, 그의 작품 중 『지혜로운 고양이가 되기 위한 지침서(Old Possum's Book of Practical Cats)』는 뮤지컬 〈캣츠〉의 원작이다. 이 건물에서 엘리엇은 ⑪ 에릭 블레어(Eric Arthur blair, 1903~1950)가 가져온 소설 초안을 읽어 보고 소설이 마음에 안 든다며 출판을 거절했다. 에릭 블레어의 소설은 다른 출판사에서도 좋은 반응을 얻지 못했지만, 제2차 세계대전이 끝나고 냉전 시대가 도래하면서 미국에서 반공 서적으로 인기를 얻으며 날개 돋친 듯이 판매되었다. 에릭 블레어의 필명은 조지 오웰이고 엘리엇이 거절한 소설은 그 유명한 『동물 농장』이었다.

러셀 스퀘어 왼쪽에 고층 건물이 보이는데 런던대학교의 행정동 건물(대학 본부)이자 런던에서 두 번째로 큰 도서관인 ⑫ 세넛 하우스(Senate House)다. 세넛 하우스는 1930년대 지어진 건물로 당시에는 런던에서 가장 높은 건물이었다. 제2차 세계대전 중 세넛 하우스에는 정보부(The Ministry of Information)가 있었고, 조지 오웰이 직원으로 근무했다. 오웰은 정보부의 제국주의적 검열에 불만을 품고 퇴사했는데, 이때의 경험을 바탕으로 소설『1984』를 집필한다. 소설에서 빅 브라더에 의해 통제받는 진실부(The Ministry of Truth)는 건물 모양이 세넛 하우스를 닮았고, 오웰이 근무했을 당시 정보부 책임자였던 브렌든 브라켄(Brendan Bracken)은 별명이 BB였다. 소설『1984』에서 감시자를 지칭하는 빅브라더(Big Brother, BB)는 그의 별명에서 착안했다.

세넛 하우스 위쪽으로 소아스(SOAS, School of Oriental and African Studies)가 있다. 런던대학교를 구성하는 17개 단과대학 중 하나로, 동양과 아프리카 연구로 두각을 나타내는 곳이다. 한국학 학부 및 대학원 과정이 있어 한국어를 좀 하는 영국인이라면 이곳 출신일 가능성이 높다. 현재 유튜브 채널 '영국 남자'로 알려진 ㊸

㊸ 조쉬 캐럿

조쉬 캐럿(Joshua Carrott, 1989~)이 소아스의 졸업생이다. 2024년 노벨문학상 수상자인 한강 작가의 작품들을 번역한 데보라 스미스도 소아스에서 한국 문학을 주제로 박사학위를 받았다.

## O. 제레미 벤담의 미라, 오토 아이콘 | 유니버시티 칼리지(University College London, UCL)

O. 유니버시티 칼리지

　소아스 북쪽으로 런던대학교 유니버시티 칼리지가 있다. 런던대학교는 앞에서 설명했듯이 하나의 대학이 아니라 런던 내 크고 작은 대학들의 집합체인데, UCL의 역사는 1800년대로 거슬러 올라간다. 당시 영국에서 유명 대학교로 옥스포드와 캠브리지가 있었으나 이 대학교들은 귀족과 상류계층을 위한 대학이었다. 중산층들을 위한 대학을 설립하고자 UCL과 KCL(킹스 칼리지)이 개교했고, 이후 크고 작은 대학들이 설립되면서 지금의 런던대학교가 되었다. UCL에서 학생회관(Student Centre)을 찾아가 보면 ㊹ 오토 아이콘(Auto-icon)이라는 제레미 벤담의 미라를 볼 수 있다.

㊹ 오토 아이콘                       ㊺ 제레미 벤담

㊺ **제레미 벤담**(Jeremy Bentham, 1748~1832)은 12세에 옥스포드 법대를 입학할 정도로 어릴 때부터 천재였으며 공리주의(Utilitarian)를 창시한 철학자다. 벤담은 국민이 행복하게 사는 것에 관심을 가졌는데, 단지 한 개인의 행복이 아니라 국민 전체가 행복한 것이 바로 '정의'라고 생각해 '최대 다수의 최대 행복'이라는 명제를 만들어 냈다. 오토 아이콘이란 이러한 공리주의자들의 주장에 따라, 사람의 시신을 그냥 땅에 묻어 썩힐 것이 아니라 공공의 이익을 위해 보존해서 전시하거나 해부 실습용으로 사용해야 한다는 개념을 말한다. 벤담은 그의 유언에서 자신의 시신이 오토 아이콘이 되기를 원했다. 이 유언이 실행되어 그의 시신은 박제가 되었으며, 벤담이 설립 발기인 중 하나였던 UCL에서 이를 획득해 대중에게 공개하고 있다. UCL의 학생이 아니고는 언제든지 가서 볼 수 있는 것은 아니지만, 학생회관 입구에 있으므로 잠깐 양해를 구한 후 보고 나올 수 있다.

UCL 오른쪽으로 공원이 2개가 있다. 두 개의 공원 중 왼쪽 공원이 고든 스퀘어(Gordon Square)인데, 공원 북동쪽에 ㊻ **누어 이나얏 칸**(Noor Inayat Kahn, 1914~1944)의 동상이 있다. 그녀는 제2차 세계대전 중 암호명 마들렌(Madeleine)으로 활동한 여성 첩보원이며, 1944년에 배신자의 밀고로 체포되어 독일 다하우 수용소에서 처형되었다. 그녀는 첩보 분야에서 금남의 벽을 깨, 세계 여성사에 자주 언급된다. 당시 여성 첩보원들이 주로 정보배달원으로 활약했지만, 칸은 여성으로서는 최초로 무선통신 요원으로 전선에 파견된 첩보원이었다.

㊻ 누어 이나얏 칸

㊼ 존 케인즈

　　두 개의 공원 중 오른쪽 공원은 타비스톡 스퀘어(Tavistock Square)다. 고든 스퀘어와 타비스톡 스퀘어 사이 46번 건물은 ㊼ 존 케인즈(John Maynard Keynes, 1883~1946)가 살았던 집이다. 케인즈는 아버지가 경제학자였으며 어머니는 정치인으로 나중에 시장까지 당선이 된, 한마디로 금수저 집안에서 태어났다.

수학 천재였던 그는 귀족 자제들이 다니는 명문 중고등학교인 윈저의 이튼 스쿨을 졸업했고, 캠브리지 대학교를 졸업한 후 공무원 시험을 통해 관청 공무원이 된다. 공무원 생활에 싫증이 나 캠브리지 대학교에서 강의를 시작했고, 28세의 나이에 왕립경제학회의 공식 기관지인 『이코노믹 저널』의 편집장이 되었다. 제1차 세계대전이 끝나고 영국 정부 대표로 베르사유 조약에 관여했다. 그는 베르사유 조약에서 독일에 대한 과도한 배상금 요구가 또 다른 전쟁의 불씨가 될 수 있다고 언급해 제2차 세계대전을 예언하기도 했다. 1930년대 세계 대공황을 경험하면서 1936년에 그의 대표적인 저서 『고용, 이자, 화폐에 관한 일반 이론(General Theory of Employment, Interest and Money)』을 저술했다. 그의 저서는, 자본주의 시장경제에서 시장실패를 정부의 개입으로 해결할 수 있다는 이론적 기반을 제시했다. 케인즈 이전까지의 경제학은 아담 스미스의 '보이지 않는 손'이 결국에는 시장의 문제를 해결해 준다고 믿었기에 정부의 시장 개입은 생각도 못했다. 그러나, 케인즈는 그 '결국'에는 모두가 이미 다 죽고 없다고 주장하며 불황기에 정부의 역할을 강조했다. 정부의 시장 개입을 중점으로 하는 미국 루즈벨트 대통령의 뉴딜 정책이 성공하면서 케인즈의 이론도 세계 각국의 경제정책으로 받아들여지기 시작했다.

타비스톡 스퀘어 남쪽에 지금은 타비스톡 호텔이 된 이곳은 ㊽ 버지니아 울프(Virginia Woolf, 1882~1941)가 살았던 곳이다. 버지니아 울프는 영국 런던에서 태어나 킹스 칼리지를 졸업했고, 1895년에 어머니가 사망한 후 처음으로 정신이상 증세를 보였다. 1904년에 아버지마저 사망하면서 병세가 악화되었으나, 점차

㊽ 버지니아 울프

안정을 찾고 소설들을 발표하기 시작했다. 그녀의 작품은 소위 '의식의 흐름' 기법으로 새로운 소설 형식을 시도했는데, 이곳에서 『올란도』, 『물결』, 『등대로』 등을 집필했다. 그녀는 양성애자로 동성 친구 비타 섹빌 웨스트와 교류를 지속했고, 1941년에 정신질환을 견디다 못해 유서를 남기고 우즈강에 투신자살했다.

⑭ 찰스 디킨스

타비스톡 스퀘어 밖으로 1시 방향에 찰스 디킨스가 살았다는 건물이 있다. ⑭ 찰스 디킨스(Charles John Huffam Dickens, 1812~1870)는 빅토리아 여왕 시기 영국을 대표하는 소설가로, 영국 남부 포츠머스에서 공무원인 아버지의 둘째 아들로 태어났다. 어릴 때 아버지가 공무원을 그만두자, 집안이 가난해져서 중산층에서 노동자층으로 전락했다. 20세에 신문사 기자가 되었으나, 여러 신문사에 기고한 소설들이 인기를 얻으면서 본격적으로 소설을 쓰기 시작했다. 대표작으로, 자서전적 소설인 『데이빗 코퍼필드』, 구두쇠의 대명사가 된 스크루지 영감이 주인공인 『크리스마스 캐럴』, 런던 슬럼가의 소매치기 어린이의 삶을 다룬 『올리버 트위스트』 등이 있다. 『올리버 트위스트』에서 알 수 있듯이, 산업혁명 시기 런던에는 가난한 어린이들이 소매치기를 많이 했다. 특히, 펍에서 맥주를 마시는 동안 손님들의 지갑을 슬쩍하는 아이들이 많다 보니, 손님들은 술잔을 들 때마다 "Here's looking at you, kid(애야, 내가 널 지켜보고 있단다)."라는 말을 습관적으로 하면서 잔을 들이켰다. 이것이 나중에는 건배할 때 사용하는 관용구가 되었다. 영화 〈카사블랑카〉에서 주인공 험프리 보가트가 잉그리드 버그만에게 건배하면서 이 말을 했는데, 우리나라에서는 이 문구를 "당신의 눈동자에 건배를!"로 번역해 가장 멋들어진 의역의 표본이 되었다.

# 5. 유럽으로 가는 관문

*"If you want to know what a man's like, take a good look at how he treats his inferiors, not his equals."*

(그 사람이 어떤지 알고 싶으면, 그가 그와 동등한 사람이 아닌 그보다 낮은 사람을 어떻게 대하는지 잘 살펴보라.)

– 조앤 롤링, 소설 『해리포터와 불의 잔』 중에서

## P. 해리포터의 9와 4분의 3 정거장 | 세인트 판크라스 & 킹스 크로스역(St. Pancras & King's Cross)

P. 세인트 판크라스 & 킹스 크로스역      ㊿ 영국도서관

타비스톡 스퀘어에서 북동쪽으로 더 걸어서 세인트 판크라스역까지 간다. 역 건너편에는 ㉚ **영국도서관(The British Library)**이 있는데, 과거 영국박물관 안에 있던 도서관과 런던 시내의 다른 도서관들을 1973년에 모두 통합하면서 새로 만든 도서관이다. 영국도서관은 기원전 파피루스 책을 비롯해 약 1억5천만 개의 데이터베이스를 보유하고 있으며, 이곳에서는 또한 1215년 대헌장 원본, 구텐베르그의 성경, 제프리 초서의 켄터베리 이야기, 셰익스피어의 최초 희극 집 퍼스트 폴리오, 『오만과 편견』의 저자인 제인 오스틴의 육필 원고 등도 구경할 수 있다.

㉛ 9와 4분의 3 정거장

세인트 판크라스역은 킹스 크로스역과 연결되어 있는데 런던에서 워털루역, 빅토리아역 다음으로 세 번째로 복잡한 기차역이다. 세인트 판크라스역은 현재 유로스타와 유라시아 철도의 종착역이다. 애초 유로스타는 킹스 크로스역을 종착역으로 하려 했으나 교통량이 많아 세인트 판크라스역으로 변경되었다. 런던 세인트 판크라스역에서 유로스타를 타면 37.9km 해저터널을 통과해 파리 중심의 북역(Gare du Nord)까지 2시간 조금 넘게 걸려 도착한다. 킹스 크로스역 안에는 소설 『해리포터』에서 마법 학교 호그와트행 급행열차를 타는 ㉛ 9와 4분의 3 정거장이 있어 관광객들이 줄을 서서 사진을 찍는다. 해리포터의 작가 조앤 롤링의 부모님이 서로가 처음 만난 곳이 런던에서 스코틀랜드로 가는 해군 기차 안에서였는데, 그 기차가 바로 킹스 크로스역에서 출발했기에 작품에 등장시켰다. 그러나, 영화 〈해리포터〉 1편에서 9와 4분의 3 정거장의 실제 촬영지는 킹스 크로스역이 아니라 세인트 판크라스역이다.

# 6. 요람에서 무덤까지 아스널 FC와 함께

*"I'm very grateful for the honour and I'm grateful to England for creating the sport. I don't know what I would do without it."*

(훈장의 영예에 매우 감사하고, 이 운동을 만들어 낸 영국에 감사하다. 축구가 없었더라면 내가 무엇을 하고 있을지 모르겠다.)

— 아르센 벵거, 2003년 6월 대영제국훈장을 수여받고

## Q. 에미레이츠 스타디움에서 프리미어 리그를 | 아스날(Arsenal)

축구에 관심이 있는 사람이라면 세인트 판크라스역에서 피카딜리 라인 북쪽으로 아스날 역에 내려서 6만 개의 좌석을 자랑하는, 아스널 FC의 홈 구장인 에미레이츠 스타디움 경기장을 가보면 좋다. 축구를 좋아하는 사람은 흔히 EPL이라고 하는 잉글랜드 최상위 축구 리그 관람을 즐긴다. 잉글랜드의 축구 리그는 총 21부 리그

Q. 아스날 구장

까지 있다. 그중에 최상위 리그를 EPL이라고 부르는데, EPL은 매년 8월

에 시작해 이듬해 5월에 시즌을 마감한다. 영국의 겨울 날씨가 평균기온이 영상 4도이기 때문에, 겨울에도 축구 경기를 할 수 있다. 20개 팀이 홈 & 어웨이 방식으로 38경기를 치르면서 승강제가 이루어지기 때문에 하위 3개 팀은 다음 시즌부터 2부 리그로 강등된다. 2부 리그 1, 2위 팀과, 3~6위 팀 간 승격 플레이오프를 치르고 승리한 1개 팀까지 해서 총 3개 팀이 다음 시즌부터 EPL로 승격된다.

대부분의 팀 이름이 동네 이름을 따온 것에 비해 아스널 FC는 Arsenal(무기고)을 사용한다. 원래 아스널 FC는 런던 남부 울리치 지역 무기고 근처에서 조직된 '울리치 아스날'이란 축구팀이었는데, 현재의 하이버리 지역으로 팀 연고지를 옮겨 오면서 '울리치'라는 지역 명칭이 떨어져 나갔기 때문이다. 아스널 FC는 1919년 이후로 한 번도 2부 리그로 강등된 적이 없는 명문 구단이다. 프랑스 출신 아르센 뱅거 감독이 부임한 2003~2004 시즌에는 무려 한 게임도 지지 않고 우승을 차지해 무패 리그 우승의 기록도 세웠다.

영국에서는 돈과 시간이 있다고 축구 경기를 관람할 수 있는 것은 아니다. 클럽마다 경기를 관람할 수 있는 방식이 다르므로 미리 확인하고 직관하도록 한다. 기본적으로 모든 클럽은 멤버십 제도를 운용해 멤버들에게 티켓 구매의 우선권을 부여한다. 멤버가 아니면 구매 순위가 뒤로 밀리게 되므로, 대부분 영국인은 연회비를 납부하면서 클럽의 멤버가 된다. 심지어 자녀들이 태어나자마자 부모들이 자녀의 멤버십을 구매해, 그들이 성인이 되었을 때 꽤 높은 등급의 멤버가 되어 있도록 하기도 한다. 영국인 대부분은 이렇듯 태어날 때부터 팀의 모태 멤버가 되어 죽을 때까지 팀 세탁을 하지 않는다. 따라서, 등급 상향이나 같은 등급 내에서의 순위 향상은 나보다 위에 있는 누군가가 사망했을 때나 겨우 가능하다. 영국에 여행

와서 단지 축구를 관람하기 위해 연회비를 납부할 순 없으므로 티켓 구매 대행사를 통하거나 한인 사이트 등에 올려놓은 취소 티켓 매물들을 구매해 관람하는 방법을 이용한다. 축구 경기가 있는 날은 축구장 주변에 전운이 감돈다. 유니폼을 맞춰 입고 아빠, 엄마 손을 잡고 경기장으로 걸어가는 아이와 가족들의 뒷모습은 꽤나 비장하다.

경기장에서 주심의 호루라기와 함께 경기가 시작되면 그 즉시 모두가 자리에서 일어나 열렬히 응원하며 축구를 관람한다. 앉아 있으면 경기가 안 보이기 때문에 어쩔 수 없이 모두 일어난다. 한국의 야구장과 달리 영국 축구장에서는 음식을 먹는 사람들이 없다. 음식을 가지고 들어갈 수도 없지만, 축구에 집중하러 온 사람들이라 경기 내내 일분일초를 축구공에서 눈을 떼지 않는다. 경기장에 입장할 때는 음료로 생수만 들고 입장할 수 있는데, 생수병의 뚜껑을 제거한 채로 입장해야 한다. 뚜껑을 닫으면 관람석에서 경기장 안으로 멀리 던질 수 있기 때문이다. 한때 훌리건(hooligan, 난동을 부리며 싸움을 벌이는 극성 축구팬)으로 유명한 것이 영국 축구였다. 전반전이 끝나면 대부분 자리에서 밖으로 나와 맥주를 마신다. 짧은 하프타임 동안 재빠르게 맥주를 마시면서 친구들끼리 전반적 경기를 분석하고, 다시 후반전을 보기 위해 경기장 안으로 들어간다. 맥주는 경기장 안에서는 마실 수 없고, 경기장 밖에 별도로 맥주를 파는 부스와 맥주를 마실 수 있는 구역이 있다. 축구 종주국인 영국에서 즐기는 축구 경기 관람은 다른 나라에서는 느낄 수 없는 새로운 경험이 될 것이다.

## ≫ 4일 차 동선 요약

| 구분 | 모듈번호 | 시간 | 장소 |
|---|---|---|---|
| 오전 | 4-1 | 1시간 | A. 엠빙크먼트 → B. 빅토리아 엠방크먼트 가든스 → C. 코톨드 갤러리 → D. 킹스 칼리지 |
| | 4-2 | 1시간 | E. 템플 → F. 작은 용의 동상 → G. 미들템플 가든스 → H. 템플 교회 → I. 스트랜드 → J. 세인트 클레멘트 데인스 교회 → K. 런던 정치경제대학교 → L. 존 손 박물관 |
| 점심 | 식당가 : 영국박물관 | | |
| 오후 | 4-3 | 2시간 | M. 영국박물관 |
| | 4-4 | 1시간 | N. 러셀 스퀘어 → O. 유니버시티 칼리지 → P. 세인트 판크라스 & 킹스 크로스역 |
| | 4-5 | 1시간 | Q. 아스날 |

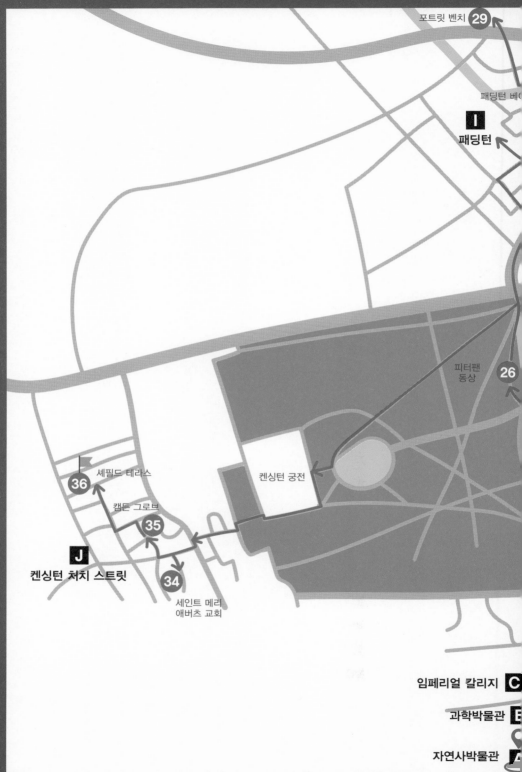

포트릿 벤치 **29**

패딩턴 베

**I**
패딩턴

피터팬
동상

**26**

셰필드 테라스

**36**

캠든 그로브

켄싱턴 궁전

**35**

**J**
켄싱턴 처치 스트릿

**34**

세인트 메리
애버츠 교회

임페리얼 칼리지 **C**

과학박물관 **E**

자연사박물관 **A**

# DAY 5

박물관의 거리

켄싱턴 Kensington

**20**

**H**
하이드 파크

사우스 스트릿

**17**

체스트필드
스트릿

사우스 오드리
스트릿

**G**
메이페어

**18**

**16**

커즌 스트릿

세르펀타인 호수 **21**

**24**

**19** **15**

앱슬리 게이트

**F**
웰링턴 아치

**38**

**E**
해로즈 백화점

빅토리아&
알버트
박물관

브롬튼 로드

설로우 플레이스

# 1. 박물관 삼각지대

## A. 대왕고래 '호프' | 자연사박물관(Natural History Museum)

지하철 피카딜리, 서클, 디스트릭트 라인 3개 노선이 지나가는 사우스켄싱턴 역에 내려서 엑서비션 로드를 따라 북쪽으로 올라가면 자연사박물관, 과학박물관, 빅토리아&알버트 박물관이 모여 있는 박물관 삼각지대를 만난다. 박물관에 관심이 많은 사람이라면 모두 둘러보고 싶겠지만, 하루에 박물관을 세 군데 다니면 체력이

A. 자연사박물관

많이 소모되니 본인의 체력과 관심도에 맞게 선택하는 것이 좋다. 영국의 박물관은 알다시피 대부분 입장료가 무료다. 다만, 무료라 하더라도 홈페이지를 통해 입장을 예약해야 하는 경우가 많다. 어떤 박물관은 예약하지 않으면 아예 입장이 안 되는 곳도 있고, 예약을 하지 않으면 입장하는 데

꽤 오랜 시간이 걸리는 곳도 있다.

① 대왕고래

자연사박물관은 일단 건물부터 매우 아름답다. 외형이 궁전 같기도 하고 놀이동산 같기도 한데, 웬만한 유럽의 어느 궁전보다 아름답다. 박물관은 빅토리아 시기 건축가 알프레드 워터하우스에 의해 건축되었다. 워터하우스는 리버풀에서 태어나 맨체스터에서 건축 교육을 받았고, 맨체스터와 런던에 많은 공공건물을 설계했다. 그는 특히 건물 외벽에 점토를 구운 테라코타(terra-cotta) 장식을 많이 사용했는데, 그 장식들은 1800년대 후반 공해가 심했던 런던에서 건물 오염을 방지하는 데 유용했다. 일단 건물 입구에 들어서면 천장에 걸려 있는 25.2m의 거대한 ① 대왕고래(Blue Whale) 뼈가 시선을 압도한다. 대왕고래는 지금까지 존재했거나 존재하는 생명체 중 가장 크고 무거운 동물이다. 무자비한 포획으로 20세기에 멸종위기까지 갔으나, 인류가 전 세계적 차원에서 보호하기로 한 최초의 동물이다. 런던 자연사박물관은 이 대왕고래의 뼈에 '호프(Hope)'라는 이름을 붙였는데, 인류의 힘이 지속 가능한 미래를 만들어 낼 수 있다는 희망을 상징한다. 한국 TV 드라마 〈이상한 변호사 우영우〉에서 주인공인 우영우가 좋아하는 고래가 바로 이 대왕고래다.

"보잉737 비행기만큼 큰 대왕고래가 하마만큼 무거운 새끼를 낳는 장면을 포착하기가 그렇게 어려울까 싶겠지만, 바다는 너무나 크고 또 깊어서 고래들의 비밀을 굳게 지켜주고 있는 겁니다." － 우영우 자연사박물관은 4개의 존(zone)으로 구분되어 있다. 레드존은 지구의 기원을 보는 곳이며, 그곳에서 화산, 인류의 진화, 지진 등에 대한 자료를 감상할 수 있다. 특히 고베 슈퍼마켓 세트장에서는 고베 대지진의 강도를 온몸으로 경험해 볼 수 있다. 고베 대지진은 1995년 1월에 발생한 일본 역사상 최고인 규모 7.2의 지진으

② 앤디의 시계

로 6,400여 명의 사망자가 발생했다. 그린존에는 곤충, 조류, 광물 등이 전시되어 있고, 블루존에는 공룡, 포유류, 양서류 등의 동물들이 전시되어 있다. 블루존에서 힌츠 홀(Hintze Hall)로 가는 길에 ② **앤디의 시계**(Andy's Clock)가 있는데 아이들이 보면 좋아할 것이다. 앤디의 시계는, 영국 TV 방송 시비비스(CBeebies)에서 방영한 〈앤디의 선사 시대 탐험〉이란 프로그램에서 주인공 앤디가 선사시대로 이동할 수 있는 타임머신의 역할을 하는 벽시계다.

마지막 오렌지존은 다윈 센터 코쿤이나 아텐버로우 스튜디오에서 자연과학을 경험해 볼 수 있는 구역이다. ③ **찰스 다윈**(Charles Robert Darwin, 1809~1882)은 영국 중서부 지방 슈루즈버리에서 태어났다. 할아버지, 아버지가 의사여서 본인도 영국에서 의대로 유명한 에든버러 의대에 입학했으나, 의술에 흥미를 잃고 자퇴한 후 캠

③ 찰스 다윈

브리지 대학교에 입학했다. 졸업 후 생물학에 관심이 있던 중 해군 탐사선에 같이 타 5년간 세계 탐험을 했고, 그 과정에서 작성한 보고서들이 영국 내에서 큰 인기를 끌었다. 1839년에 엠마 웨지우드와 결혼을 했는데, 처가가 세계적인 도자기 회사인 '웨지우드'.가문이라 다윈은 연구하는 동안 경제적으로 어려움을 겪지는 않았다. 다윈은 5년 간의 세계 일주 직후 『종의 기원(The Origin of Species)』을 저술하기 시작했으나, 세상에 미칠 파장을 걱정해 20년이나 출판을 미뤘다. 다윈의 진화론은 발표되자마자 세계적으로 찬반 논쟁이 격렬했지만, 그는 영국 내에서만큼은 대과학자로 국가적 인정을 받고 사후에 웨스트민스터 사원에 묻혔다.

④ 데이빗 아텐버로우

④ 데이빗 아텐버로우(David Attenborough, 1926~)는 영국의 유명한 방송인이자 동물학자로, 영화 〈쥬라기공원 2〉의 감독이었던 리차드 아텐버로우의 동생이다. 리차드 아텐버로우는 배우로서는 쥬라기공원 1편에서 쥬라기공원을 건설한 늙은 사업가 존 해먼드 역으로 나온다. 데이빗 아텐버로우는 영국 BBC방송 자연 다큐멘터리에서 50년 넘게 해설을 맡았고, 영국에서 '동물 박사' 하면 단연코 이 사람을 가리킨다.

## B. 제임스 와트에서 스티븐 호킹까지 | 과학박물관(Science Museum)

자연사박물관 바로 옆에 과학박물관이 있다. 자연사박물관 건물이 웅장하고 화려한 반면, 과학박물관 건물은 단순하고 현대적이다. 전자는 불국사 다보탑의, 후자는 석가탑의 느낌이 있다. 과학박물관도 많은 체험을 통해서 과학을 직접적으로 경험할 수 있다. 그래서 아이들뿐만 아니라 어른들도 매우 재미있게 박물관을

B. 과학박물관

견학한다. 자연사박물관의 전시물들이 주로 인류가 생겨나기 이전 것들에 대한 것이라면, 과학박물관은 인류가 만들어 낸 발명품들이 주가 된다.

특히 입구에서부터 증기기관에 관한 이야기가 많다. 아마 영국은, ⑤ 제임스 와트(James Watt, 1736~1819)의 증기기관 덕분에 인류가 본격적으로 산업혁명의 시대로 진입했고, 지금의 현대문명을 이룩할 수 있었다는 자부심을 가지고 있는 듯하다. 제임스 와트는 스코틀랜드에서 태어나 런던에서 기계공 일을 했다. 와트는 증

⑤ 제임스 와트

기기관을 처음으로 발명한 사람은 아니고, 증기기관을 개량해 실용적으로 보급하는 데 성공한 사람이다. 그는 증기기관의 열효율과 속도를 획기적

으로 개선했으며, 압력 밸브를 통해 안전성을 확보해, 이후 자동차, 증기 기관차 등이 발명되는 기초를 제공했다. 오늘날 사용하고 있는 동력 단위 '와트(w)', '킬로와트(kw)'가 그의 이름에서 따왔다. 과학박물관 에너지 홀에는 와트의 초기 증기기관 엔진인 올드 베스(Old Bess)가 있다. 그의 시신은 버밍엄의 세인트 메리 교회에 안장되었고, 세인트 폴 성당에 그의 조각상이 있다.

⑥ 아이작 뉴턴

제임스 와트 이전 최고의 과학자를 꼽으라면 단연 ⑥ 아이작 뉴턴(Isaac Newton, 1643~1727)이다. 뉴턴은 1660년, 18세의 나이로 캠브리지 대학에 입학했고, 이후 광학에 관한 연구를 통해 새로운 반사망원경을 발명한 업적을 인정받아 28세에 캠브리지 대학교의 수학 교수가 되었다. 그는 수학 분야에서 미적분법을 창시했고, 물리학 분야에서는 질량이라는 비례상수 개념을 처음으로 제대로 정립해 뉴턴 역학 체계를 확립했다. 이것에 표시된 수학적 방법 등은 자연과학의 모범이 되어, 뉴턴은 아인슈타인이 등장하기 전까지 과학계 최고봉이 된다. 통상 뉴턴이 사과나무 아래서 떨어지는 사과를 맞고, 모든 물체는 서로 끌어당긴다는 만유인력의 법칙을 발견한 것으로 알고 있다. 사실 만유인력의 존재 자체를 뉴턴이 최초로 발견한 것은 아니고, 자신의 운동법칙과 미적분이라는 수학적 도구를 통해 만유인력을 수학적 표현으로 정립해 낸 것이다. 물리학에서는 그의 이름을 따서 힘의 단위를 '뉴턴(N)'이라 한다. 쉽게 얘기해서 100g짜리 물건을 들어 올렸을 때 손에 느껴지는 힘이 약 1뉴턴이다. 평생 독신으로 살았는데, 심지어 취미도 없이 일생을 연구에만 매진했다. 그의 시신은 웨스트민스터 사원에 안장되어 있고, 저서로 근대 물리학 체계를 집대성한 『프린키피아(PRINCIPIA, 자연철학의 수학적 원리)』가 있다. 이러한 천재 물리학자이자 수학자인 뉴턴도 흑역사가 있는데, 그는 1720년에 영국 남해회사의 주식에 단타 매매 형식으로 투자했다가 자기 재산의 80~90%를 날려버린 적이 있다. 주가가 폭락하고 있음에도 손절을 못하고 대출까지 동원해 물타기를 하다가 망했고, 결국 천하의 지성 뉴턴마저도 이런 말을 남겼다.

*I can calculate the motion of heavenly bodies, but not the madness of people*

나는 천체의 움직임은 계산할 수 있지만, 인간의 광기는 도저히 계산할 수 없다

– 아이작 뉴턴

뉴턴 이후 최고의 영국 과학자는 아마 ⑦ 스티븐 호킹(Stephen William Hawking, 1942~2018)이 아닐까 싶다. 흔히들 휠체어에 앉아 있는 장애인 과학자로 알고 있지만, 청년기에는 굉장히 활동적이고 몸을 움직이는 것을 좋아해 대학교에서 조정 선수로도 활약했다. 호킹은 21세에 갑작스럽게 루게릭병이 발병해 의사로부터 1~2

⑦ 스티븐 호킹

년밖에 살지 못할 것이라는 시한부 선고를 받았다. 병으로 근육이 마비되어 책 한 장조차 넘기지 못했고 1줄의 공식도 종이에 쓸 수 없었지만, 그는 암산으로 수식을 풀어 박사학위까지 따냈다. 의사는 길어야 2년이라고 했지만 무려 55년이나 더 살았는데, 루게릭병이 멈춘 게 아니라 매우 느리게 진

행된 특이한 사례였다. 그의 전공은 물리학과 우주론이고, 특히 블랙홀 열역학에 관해서 그는 시조나 다름없다.

호킹은 블랙홀이 물질을 무자비하게 빨아들이는 우주의 진공청소기에 그치는 것이 아니라 무한하게 에너지도 뱉어낸다고 주장했다. 아인슈타인의 일반상대성이론에 따르면, 블랙홀 주변에는 '사건의 지평선(Event Horizon)'이 형성되어 있어 그 안쪽으로 들어가면 중력이 너무나 강해 빛조차도 빠져나오지 못한다. 그러나 호킹은, 사건의 지평선 바로 바깥쪽 진공에서는 입자와 반입자가 생성되어, 반입자는 사건의 지평선으로 떨어지지만 입자는 외부로 방출된다고 주장한다. 이때 외부로 방출되는 열복사를 '호킹 복사(Hawking Radiation)'라고 부른다. 가수 윤하의 〈사건의 지평선〉이라는 노래가 있다. 한때 서로 열렬히 사랑했던 연인이라도 사이가 멀어지면 한 명이 점점 사건의 지평선 근처로 간다. 그러다 그 한 명이 사건의 지평선을 넘어서는 순간 블랙홀에 빨려 들어가, 둘은 각자 다른 세계에 살면서 서로는 영원히 만날 수 없는 사이가 된다는 의미를 품고 있다.

**사건의 지평선**  – 윤하

여긴 서로의 끝이 아닌 새로운 길모퉁이
익숙함에 진심을 속이지 말자
하나 둘 추억이 떠오르면 많이 많이 그리워할 거야
고마웠어요 그래도 이제는 사건의 지평선 너머로

호킹은 뛰어난 업적에도 불구하고 노벨물리학상을 받지 못했는데, 호킹이 한창 활동하던 시기에는 천체물리학이 순수물리학의 범주에서 벗어나 있는 것으로 인식되어 있었기 때문이다. 21세에 시한부 판정을 받고 근육마비로 평생을 휠체어와 컴퓨터의 음성합성시스템에 의존해 생활했음에도, 그의 개그 본능은 아무도 말릴 수 없었다.

"올해 잠깐 심장마비가 왔었는데 구급차가 저를 살리려고 PC World(영국의 컴퓨터 전문점)에 먼저 데려갔어요."
"한 번은 제가 병을 앓았는데, 사람들이 했던 일은 껐다가 다시 켜는 거였어요."

이 밖에도 영국인답게, 자신의 음성합성기 음원 제공자가 미국인 MIT 물리학 교수의 목소리라서, 자신의 고급스러운 영국식 발음이 안 나온다며 미국을 디스하는 일도 잊지 않았다. 2018년에 캠브리지의 자택에서 사망했고, 그의 시신은 아이작 뉴턴, 찰스 다윈과 함께 웨스트민스터 사원에 안장되어 있다.

"아무리 어려운 인생이라도 당신이 할 수 있고, 성공할 수 있는 것은 언제나 존재한다."
"나는 지난 49년 동안 때 이른 죽음이 찾아올 가능성과 함께 살았지만, 나는 죽음을 두려워하지 않고 죽기를 서두르지도 않았다. 나는 그전에 하고 싶은 것이 너무나 많다. 뇌는 부품이 고장나면 작동을 멈추는 컴퓨터라고 생각한다. 고장난 컴퓨터를 위한 천국이나 사후세계는 없다. 그것은 심연을 두려워하는 사람들이 만들어 낸 동화 속 이야기일 뿐이다."

– 스티븐 호킹

## C. 플레밍과 처칠의 우정 | 임페리얼 칼리지(Imperial College London, ICL)

C. 임페리얼 칼리지

과학박물관 뒤쪽에 임페리얼 칼리지가 있다. ICL은 1907년에 에드워드 7세에 의해 설립되었는데, 원래 런던대학교의 일원이었으나 2007년에 탈퇴해 지금은 독립대학교가 되었다. 영국의 MIT로 불릴 만큼 이공대 쪽으로 상당히 유명하다. 더욱 유명한 것은 세계적으로 비싼 학비인데, 기숙사비를 포함하면 학비가 1년에 1억 원 정도 된다. 학비도 비싸지만, 학업 스트레스도 심해, 교정 가운데 높이 솟아 있는 퀸즈 타워에서 학업 스트레스로 자살하는 학생들이 많아져서 개방을 중단할 정도다.

총 14명의 노벨상 수상자를 배출했으며, 페니실린을 발명한 알렉산더 플레밍, 그룹 퀸의 기타리스트 브라이언 메이 등이 졸업생이다. ⑧ 브라이언 메이(Brian May, 1947~)는 ICL에서 물리학과 수학을 공부하다가 밴드 활동을 위해 학업을 중단했는데, 밴드가 해체된 후 학업을 재개해 2007년에 천문학 박사학위를 받았다.

⑧ 브라이언 메이        ⑨ 알렉산더 플레밍

⑨ **알렉산더 플레밍**(Alexander Fleming, 1881~1955)은 영국의 의사이자 생물학자로 페니실린을 발견해 '항생제의 아버지'라 불린다. 그는 스코틀랜드의 평범한 농부 집안에서 태어나서, 런던에서 의사를 하던 형 덕분에 런던에서 공부할 수 있었고, ICL에서 본격적으로 의사가 되기 위해 준비했다. 1928년에 포도상구균에 관해 연구하다가 도중에 휴가를 갔는데 실수로 포도상구균 샘플 배양 접시를 제대로 닫지 않았다. 휴가에서 돌아오자 방치된 배양 접시에 있던 포도상구균이 웬 곰팡이에 의해 거의 죽음에 이른 것을 발견했다. 이 곰팡이의 이름이 페니실리움이었고 이를 이용해 만든 것이 바로 페니실린이다. 1945년에 노벨생리학/의학상을 받았고, 1955년에 심장마비로 세상을 떠났으며 시신은 세인트 폴 성당에 안장되었다. 플레밍의 아버지가 처칠을 죽음으로부터 구해줘 처칠이 플레밍의 학비를 대 줬다는 이야기가 있다. 또한, 처칠이 플레밍의 학비를 지원해 줬는데 훗날 처칠이 사경을 헤맬 때 플레밍이 아직 미완성이었던 페니실린으로 치료해서 처칠을 살려냈다는 감동스토리도 많이 알려져 있다. 놀랍게도 이 이야기들은 모두 사실무근이다.

⑩ 윈스턴 처칠

임페리얼 칼리지 서쪽 퀸스 게이트 도로를 따라 북쪽으로 걷다가 하이드 파크 게이트 골목으로 들어가 본다. 이 골목의 22번 건물은 작가 버지니아 울프가 태어난 곳이고, 28번 건물이 ⑩ 윈스턴 처칠(Winston Churchill, 1874~1965) 총리가 사망한 곳이다. 처칠은 영국의 제61대, 제63대 총리를 역임했고, 제2차 세계대전에서 독일의 히틀러 총통과 맞서면서 뛰어난 리더십을 발휘해 연합군의 승리를 끌어냈다. 부유한 귀족 집안에서 태어났는데, 아버지는 재무장관을 지낸 랜돌프 처칠이고 어머니는 유명한 금융 가문의 자녀로 백만장자다. 처칠은 고등학생 때까지 공부를 매우 못했으며, 영국 육군사관학교인 샌드허스트도 삼수 끝에 입학했다.

샌드허스트는 영국 육군사관학교로서, 공식 명칭은 왕립 군사학교 샌드허스트(Royal Military Academy Sandhurst)다. 미국의 육군사관학교를 그 지역 이름을 따서 별칭으로 '웨스트포인트'라 부르는 것과 마찬가지로, 영국의 육군사관학교도 샌드허스트 지역에 있으므로 간단히 '샌드허스트'라 부른다. 샌드허스트는 한국의 육군사관학교와 달리 2년제이며, 1801년 설립 초기에는 기병과 보병을 양성했다. 1947년에는 포병과 기술 장교를 양성하던 울리치를 통합했다. 학교장은 현역 소장이며, 주요 졸업생으로 제임스 본드의 작가인 이언 플레밍, 윈스턴 처칠, 그리고 윌리엄과 해리 왕자 등이 있다.

다시 처칠로 돌아와서, 처칠은 샌드허스트에서 합격점이 낮은 기병 병과에 입학했고, 보어전쟁에서 종군기자이자 장교로 참전했다. 전쟁 중 포로로 잡혔으나 기적적으로 탈출에 성공했는데, 이러한 명성을 빌려 이후 보수당원으로 정계에 입문했다. 제1차 세계대전 당시 처칠이 해군 장관의 지위에 있을 때, 친영 국가인 오스만 제국의 전함 2척을 강탈했다. 이로써 그는 제1차 세계대전에서 오스만 제국이 독일 편에 서는 데 일조하는 실수를 했다. 그는 제1차 세계대전이 끝나고는 재무장관을 역임했다. 이때, 케인즈와 마찬가지로 베르사유 조약이 독일에 부과한 막대한 전후 배상금 때문에 새로운 전쟁이 일어날 수도 있음을 경고했다. 결국 그것이 제2차 세계대전의 원인 중 하나가 된다.

처칠은 히틀러가 집권하자 그의 야망을 경고하며 독일과의 전쟁에 대비해야 한다고 주장했다. 그러나, 제1차 세계대전이 끝나고 평화 분위기가 정착되는 시점에서 전쟁광으로 몰려 오히려 정치적으로 입지가 좁아졌다. 독일의 히틀러는 정권을 잡자마자 팽창주의 정책으로 주변 국가들을 하나씩 병합해 나갔다. 당시 영국은 독일과의 충돌을 피하고자, 체코 영토의 30%를 독일이 가져가는 대신 더 이상의 팽창은 없기로 하는 뮌헨협정을 독일과 체결했다. 이때에도 처칠은, "치욕과 전쟁 둘 중 하나를 선택해야 하는 자리에서 둘 다 선택했다."라며 같은 보수당의 총리를 신랄하게 비판했다. 이후 히틀러가 폴란드를 침공하면서 처칠의 예상이 맞았던 것으로 입증되었고 그것을 바탕으로 처칠은 총리에 오른다. 제2차 세계대전이 발발했을 때, 오스트리아와 체코는 독일에 이미 병합되었고, 폴란드는 침공당했으며, 덴마크, 네덜란드도 바로 항복했다. 믿었던 프랑스는 무능했고 전쟁에 대응할 태세가 전혀 안 되어 있었다. 당시 유럽에서 독일에 대항할 유일한 지도자였던 처칠은 영국의 보수당, 자유당, 노동당을 아우르는 거국적인 전시내각을 구성하고 전시 총리가 된다. 당시 독일보다 열세였던 영국이었기에 국민의 사기 고취가 무엇보다 중요했다. 이를 위해, 그는 독일군의 런던 공습으로 폭탄이 떨어지는 상황에도 지하 대피소로 피신하지 않고 지상의 집무실에서 끝까지 항전했다.

전황이 불리해지자 거국내각에서 독일과의 협상이 거론되기 시작했다. 처칠은 이런 주장에 대해 강하게 질책하며 화평론을 배척했다. 국민은 그가 공습 피해지역에 항상 등장해 국민과 함께하는 모습을 보며 단결했고, 그의 트레이드 마크인 손가락 V 사인을 보며 전의를 고취했다. 전쟁 중 처칠의 지지도는 78% 아래로 내려간 적이 없었다. 한편, 거국내각에서 노동당은 국민의 사기 증진을 위해, 그 유명한 베버리지 보고서(Beveridge Report)를 발표해 '요람에서 무덤까지'라는 복지국가 정책을 추진했다. 보수당은 이 보고서의 내용이 재정적으로 현실적이지 못하다고 판단해 보고서 공표를 미적대었다. 이 때문에, 처칠은 전쟁에는 이겼지만, 전후 치러진 총선에서는 노동당에 패배한다. 처칠은 제2차 세계대전이 끝나고 당시의 회고록인『제2차 세계대전사』를 출간했다. 이로 인해 1953년에 노벨문학상을 수상했는데, 글 자체가 노벨문학상을 탈 만한 정도는 아니었다. 그가 독일을 물리치고 세계를 구했으나 평화적인 방법은 아니었기에, 노벨평화상을 노벨문학상으로 대신했다는 이야기도 있다. 1965년에 향년 90세의 나이로 서거했고 세인트 폴 성당에서 국장을 치른 후 그의 소원대로, 웨스트민스터 사원이 아닌 그의 고향 블레이든의 성 마틴 교회 가족묘에 안장되었다. 그의 장례식에는, '군주는 신하의 장례식에 참석하지 않는다.'는 불문율을 깨고 엘리자베스 2세 여왕이 직접 참석했다.

## D. 세계 최대의 디자인 박물관 | 빅토리아 & 알버트 박물관(Victoria & Albert Museum)

D. 빅토리아 & 알버트 박물관

다시 임페리얼 칼리지로 와서 대각선으로 길을 건너면 세계 최대의 디자인 박물관인 빅토리아 & 알버트 박물관이 있다. 1851년, 영국은 산업혁명 이후 다른 나라들은 어떤 제품을 만드는지 궁금해하며 하이드 파크에 만국박람회를 개최했다. 박람회의 성공적인 개최로 거둔 수입과 런던 만국박람회 기획자인 헨리 콜의 노력으로 이듬해인 1852년에 산업박물관이 설립되었다. 산업박물관은 1909년에 빅토리아 여왕과 그의 부군인 알버트 공의 이름을 따서 빅토리아 & 알버트 박물관(V&A)으로 명칭을 바꾸었다. 박물관은 중세부터 현대까지 회화, 조각, 디자인 제품 등 총 500만 점의 소장품을 보유하고 있음을 자랑한다. 주요 국가별로 섹션을 구분해 전시하고 있는데, 한국의 경우 도자기 등이 주로 전시되어 있고, 영국의 박물관 중에서 '한국관'이 처음 생겨난 곳이 이곳이다. 영국의 박물관에 '한국관'이 있다는 것이 좋은 일은 아니다. 당시 대영제국이 조선에 돈을 주고 이 많은 도자기를 구매해서 전시하지는 않았을 것이기 때문이다. V&A 박물관 가운데에는 정원이 있어 잠깐 쉬어가기 좋다.

## E. 영국에서 가장 큰 백화점 | 해로즈 백화점(Harrods)

E. 해로즈 백화점

V&A 박물관을 나와 설로우 플레이스에서 동쪽으로 걸어 브롬튼 로드까지 조금 더 간다. 거대한 건물이 나타나는데, 전체 6층으로 약 5천 명의 직원이 근무하는 영국 최대 백화점 '해로즈'다. 1824년에 찰스 헨리 해로드가 작은 포목점을 열었고, 이를 확장해 1849년에 해로즈 백화점을 설립했다. 1898년에는 영국 최초로 백화점에 에스컬레이터를 설치했다. 전 세계 유명 브랜드들을 판매하며, 부유층이 주로 이용하기 때문에 '왕실 전용 백화점'이라는 별명도 생겼다. 해로즈는 1985년에 이집트의 거부 모하메드 알파예드에게 인수되었다가, 2010년에 카타르 홀딩스에 다시 인수되었다. 모하메드의 아들 도디 알파예드는 파리 시내에서 파파라치에 쫓겨 도망치다 알마교 옆 터널에서 교통사고로 사망했는데, 그때 동승자가 당시 찰스 왕세자와 이혼한 다이아나 왕세자빈이었다. 파리 알마교에는 지금도 왕세자빈을 추모하는 꽃다발이 놓이고, 해로즈 백화점 지하에는 한때 도디와 다이아나를 추모하는 제단이 있었다. 백화점을 방문할 때, 슬리퍼나 반바지 차림 같은 지나치게 가벼운 복장으로는 출입이 안될 수 있다.

## 2. 외국 대사관이 즐비한 런던 한남동

*"Being born in a stable does not make one a horse."*
(마구간에서 태어났다고 다 말이 되는 것은 아니다.)

— 아서 웰즐리, 나폴레옹을 격퇴한 웰링턴 공작

### F. 하이드 파크의 관문 | 웰링턴 아치(Wellington Arch)

해로즈 백화점이 위치한 브롬튼 로드에서 동쪽으로 끝까지 걸어가면 거대한 웰링턴 아치가 보인다. 웰링턴 장군이 1827년에 나폴레옹 군대를 상대로 워털루 전투에서 승리한 것을 기념하기 위해 조지 4세가 지시해 만든 건축물이다. 웰링턴 아치가 있는 이 섬 지역은 전쟁 기념비들이 가득한데, 먼저 아치 서쪽으로 ⑪ 왕립 포병

F. 웰링턴 아치

기념비(Royal Artillery Memorial)가 있다. 곡사포 모양의 기념비는 제1차 세계대전 당시 전사한 포병들을 기리기 위한 것인데, 1차 대전에서는 포병 전사자가 가장 많았다. 아치 북쪽으로는 ⑫ 웰링턴 장군이 그의 말 코펜하겐을 타고 있는 동상이 있고, 그 옆으로 ⑬ 기관총 군단 기념비

(Machine Gun Corp Memorial)가 있다. 아치 북동쪽에 있는 700kg 짜리 16개의 청동 기둥은 ⑭ 뉴질랜드 군인 위령비(Southern Stand) 다. 1922년까지 웰링턴 아치에는 트라팔가 광장에 있는 경찰서 다음으로 런던에서 두 번째로 작은 경찰서가 있었다. 아치 동쪽으로 영연방 현충문을 통해 그린 파크와 연결된다. 하이드 파크 북동쪽 외곽에 마블 아치(Marble Arch)가 있는데, 웰링턴 아치와 마찬가지로 워털루 전투 기념비다. 마블 아치는 존 내쉬에 의해 설계되었고, 원래 버킹엄 궁전 정문으로 사용했었는데 대형 마차가 문을 통과하지 못해 1851년에 지금의 위치로 옮겨졌다. 마블 아치에 작은 방이 3개가 있는데 이곳들도 1950년까지 경찰서로 사용되었다.

⑪ 왕립 포병 기념비　　　　　　⑫ 웰링턴 장군

⑬ 기관총 군단 기념비　　　　　　⑭ 뉴질랜드 군인 위령비

런던 시내를 걷다 보면 경찰서는 잘 보이지 않는데, 경찰들은 많이 보인다. 도보로 순찰하는 경찰, 말을 타고 순찰하는 기마경찰, 사이렌을 울리며 이동하는 순찰차 등이 런던 도심 곳곳에서 시민들의 안전을 위해 근무한다. 시민들이 경찰에 대해 가지는 이미지는 매우 긍정적이다. 그러나, 이런 영국 경찰도 1989년에 발생한 힐스버러 참사와 관련해서는 참사의 비극을 시민들의 탓으로 돌리는 무책임한 모습을 보이기도 했다. 힐스버러 참사란, 영국 셰필드에 있는 힐스버러 스타디움에서 정원을 초과해 입장한 관중들이 축구 경기를 관람하던 중, 구조물이 무너지면서 94명이 압사당한 사건을 말한다. 당시 경찰은 참사의 원인이 술에 취한 팬들이 티켓도 구매하지 않고 입장했기 때문이라고 주장했다. 그러나, 34년이 지난 2023년 1월이 되어서는, 입장하는 인원을 통제하지 못한 경찰의 책임을 인정하고 공식적으로 사과했다. 2022년, 서울 이태원에서도 할로윈 축제를 즐기던 사람들이 좁은 골목에서 인파가 밀리면서 158명이 압사당한 사건이 발생했다. 축구를 관람하다 사망하거나 축제를 즐기다 사망한 국민까지 국가가 책임져야 하느냐는 주장도 있을 수 있다. 하지만, 영국 경찰은, "경찰의 의무는 국민의 생명과 안전을 지키는 일입니다. 힐스버러 참사 때 우리는 그러지 못했습니다."라며 경찰의 실패를 인정했다.


## G. 동네 이름이 이쁘네요 | 메이페어(Mayfair)


웰링턴 아치에서 하이드 파크로 들어가기 전, 하이드 파크의 동쪽 지역인 메이페어 지역을 둘러본다. 그러나, 박물관을 둘러보고 드넓은 하이드 파크까지 봐야 하기에 이곳은 체력을 고려해 방문하는 것이 좋다. 메이페어는 런던 웨스트엔드에 있는 부유한 지역으로 외국 대사관들도 많고 런던에서 땅값이 가장 비싸기로 유명해 서울의 한남동 같은 분위기다. 지명은 말 그대로 지금의 셰퍼드 마켓 자리에서 매년 5월 1일부터 14일까지 열리던 축제인 '메이 페어(May Fair)'에서 유래되었다.

⑮ 말머리 동상

먼저 ⑮ 말머리 동상(Still Water)에서 시작한다. 이 청동으로 된 거대한 말머리 모양의 동상은 약 10m의 높이로, 아일랜드 출신 조각가 닉 피디안–그린의 작품이다. 그는 영국박물관의 엘긴 마블스 방에서 말 머리 조각을 보고 영감을 받아 이후 말머리 작품 제작에 매진했다. 그의 파트너 헨리에타는 마부이며, 이들은 함께 4명의 아이와 6마리의 말을 키우며 살고 있다.

⑯ 벤자민 디즈레일리

커즌 스트릿으로 가서 19번 건물을 찾으면 이곳에서 ⑯ 벤자민 디즈레일리(Benjamin Disraeli, 1804~1881) 총리가 사망했다고 되어 있다. 디즈레일리는 『비비안 그레이』, 『젊은 공작』 같은 작품들이 성공하면서 작가로서의 명성을 날렸고, 이를 이용해 정계에 진출하려 했다. 6번의 낙선 끝에 보수당 하원으로 당선되어 보호무역의 수호자로 활동하다 1868년에 영국의 40대 총리 자리에 오른다. 정적인 글래드스톤과 총리직을 놓고 항상 대립했고, 빅토리아 여왕 시절 대외 팽창정책을 주도해 영국을 세계의 열강으로 만드는 데 성공했다.

여기서 잠깐 영국 정당에 대해 알아본다. 영국은 대헌장 이래 권리청원, 명예혁명과 권리장전을 거치면서 국왕의 권한을 조금씩 줄여 왔다. 1714년, 앤 여왕 이후 국왕인 조지 1세와 조지 2세는 독일에서 자라 영어를 몰랐기 때문에 이때부터 "왕은 군림하나 통치하지 않는다(The Kings reign but not govern)."는 원칙이 확립되었다. 이에 따라 영국의 정치구조는 의회를 지배하는 정당이 내각과 결합한 의원내각제로 운영됐다. 1679년에 영국 국교회가 아닌 가톨릭을 신봉하는 제임스 2세의 즉위를 인정할 것이냐 여부에 따라 의회 내에서 찬성파와 반대파가 대립했다. 이 과정에서 즉위를 찬성하고 왕권을 옹호하며 귀족과 지주들의 이익을 대변하는 토리당(Tory)이 조직되었다. 토리당은 조지 2세 시기까지는 겨우 명맥만 유지했다. 조지 3세 재임기에 프랑스 혁명에 대한 공포를 느끼는 보수적 풍조에 힘입어, 이후 1830년까지 약 50년간 정권을 잡았고 보수당으로 발전했다. 반면, 제임스 2세의 즉위를 반대했던 무리는 휘그당(Whig)을 만들었고 상인과 소시민의 지지 하에 명예혁명 이후 1783년까지 정권을 잡았으며 이후 자유당으로 발전했다. 자유당은 20세기 초까지 보수당과 함께 영국 정계를 이끌던 양대 정당이었으나, 1924년 총선을 기점으로 군소정당으로 추락했다가 1988년에 해산했다.

산업혁명으로 노동자 계급이 등장했고 1867년에 차티스트 운동으로 도시 거주 남성에게 보통 선거권이 주어졌다. 이때, 노동당은 대중 정당화와 온건 사회주의 강령을 내세우며 세력을 확장했고, 1923년 총선에서 크게 승리하면서 자유당과 연합해 첫 집권에 성공했다. 제2차 세계대전이 발발하자 처칠의 거국내각에 다른 정당들과 함께 참여했다. 이후 베버리지 보고서를 적극적으로 추진해 전후 총선에서 승리함으로써 처음으로 단독 집권에 성공했다. 1979년부터 1997년까지는 노동당의 암흑기였는데, 이때 영국 정계는 마가렛 대처 총리가 주도하는 보수당의 장기 집권이 이어졌다. 대처 총리 이후 노동당은 다시 토니 블레어와 고든 브라운의 13년 집권으로 이어졌다. 그리고는, 2010년 데이빗 캐머런 총리부터 2023년까지 보수당에 정권을 내어 주었다가, 2024년 총선에서 승리함으로써 다시 정권을 가져왔다. 오늘날 노동당은 과거의 자유당을 대신해 보수당과 함께 영국의 정계를 이끌고 있다.

⑰ 플로렌스 나이팅게일

이제 파크 레인을 따라 북쪽으로 이동하면 사우스 스트릿 10번 건물에서 ⑰ 플로렌스 나이팅게일(Florence Nightingale, 1820~1910)의 블루 플라크를 볼 수 있다. 나이팅게일의 이름이 플로렌스인 이유는, 나이팅게일의 부모가 결혼식을 마치고 3년간 세계 일주의 신혼여행을 떠났는데 이탈리아 피렌체(영어식으로 플로렌스)에서 나이팅게일을 낳았기 때문이다. 나이팅게일의 아버지는 상당한 부자였기에 귀한 막내딸이 당시 사회에서 멸시받던 간호사가 되겠다고 하자 극렬히 반대했다. 그러나, 나이팅게일은 결국 자기 뜻을 관철해 간호사가 되었고, 이후 바로 크림전쟁에 참여했다. 이곳에서 그녀는 전쟁에서 총에 맞아 죽는 군인보다 부상을 제대로 치료하지 못해 사망하거나 병으로 사망한 병사들이 훨씬 많다는 것을 알게 되었다. 이를 도표로 만들어 그녀는 영국 정부의 지원을 받는 데 성공했다. 처음으로 군에 '위생' 개념을 도입했는데, 그 결과 영국군의 부상자 사망률을 40%에서 2%로 감소시켰다. 그녀는 병상 간의 거리, 간호사 1명당 담당하는 환자의 수, 병원 자체의 위생 등 군 위생개념을 정립함으로써 현대적 간호 철학을 확립했고 당시 간호사의 지위도 진일보시켰다. 그녀는 밤마다 등불을 들고 병사들의 상태를 확인하느라 '등불을 든 여인'이라는 이름으로 각종 언론에 보도되었다. 이러한 유명세로 많은 기부를 받아, 전쟁이 끝나고 자신의 간호 철학이 담긴 간호학교를 세인트 토마스 병원에 설립했다. 90세까지 살며 장수했고 웨스트민스터 사원에서 장례식이 치러진 뒤 웨스트 웰로우에 있는 세인트 마거릿 성당 내 묘지에 안장되었다. 세인트 폴 성당에는 그녀의 부조가 벽면에 걸려 있다.

한편, 영국의 공공의료체계(NHS, National Health Service)는 제2차 세계대전 이후에 확립되었으며 무상의료를 기본 원칙으로 한다. 따라서, 안과와 치과를 제외하고 영국인들은 병원비를 내지 않는다. 일단, 몸이 아프면 GP(General Practice)라는 1차 진료병원으로 간다. GP는 1차 진료병원이라는 뜻도 있지만, GP에 근무하는 일반의(General Practitioner)를 의미하기도 한다. GP가 환자들의 2차 진료에 대한 접근을 통제하지만, 사실 응급이 아니고서는 환자가 GP를 만나기까지는 시간이 꽤 걸린다. 공공의료체계이기 때문에 GP들은 공무원이라 보면 되고, 무상의료이기 때문에 과다진료는 없고 최소 진료를 목표로 한다. 감기에 걸려 병원에 가면 처방 없이 일단 물을 많이 마시고 1주일 후에 오라고 한다. 그래서 1주일 후에 가면 1주일만 더 기다려 보자고 한다. 그리고 몸이 좀 낫게 되면 더더욱 별다른 처방을 하지 않는다. 또, 한국에서는 디스크라 하면 일단 수술이나 시술을 시작하지만, 영국에서는 먼저 재활치료를 몇 개월 해서 경과를 지켜보고 판단한다.

우스갯소리로 미국은 (보험료가 비싸)돈이 없어 죽고 영국은 의사 기다리다 죽는다고 한다. 영국의 의료체계가 무상이라 좋은 점도 있지만 의료

서비스를 받기까지 시간이 너무 오래 걸린다는 단점도 있다. 다만, '치료약이 없어서 국민이 사망하는 것은 어쩔 수가 없지만, 국민이 돈이 없어서 죽는 일은 없어야 한다.'라는 마인드는 존경할 만하다. 런던 여행 중 병원을 가야하는 경우 응급실(A&E)이나 Walk-in Cnetre를 이용한다. 응급실에서는 관광객들도 간단한 응급처치를 무료로 제공받는다. Walk-in Centre는 응급은 아니지만 가벼운 치료가 필요한 경우에 가는 곳이고, 비용 역시 무료다. 다만 중증인 경우에는 두 곳 다 치료비를 요구할 수도 있다.

⑱ 서머셋 몸

다시 나이팅게일의 블루 플라크에서 동쪽으로 크게 돌아 체스터필드 스트릿의 6번 건물은 작가 ⑱ 서머셋 몸(William Somerset Maugham, 1874~1965)이 살았던 집이다. 서머셋 몸은 외교관인 아버지를 따라 프랑스에서 성장했다. 킹스 칼리지 런던에서 의과대학을 졸업해 의사 면허를 취득했지만, 문학에 더 흥미를 느껴 작가로 활동했다. 제1차 세계대전 당시에는 MI6 소속 스파이로 러시아에서 활동하기도 했다. 장편 소설 『인간의 굴레』와 『달과 6펜스』가 그의 대표작이다. 그는 또한, 당시 유명하지 않던 에밀리 브론테의 『폭풍의 언덕』과 허먼 멜빌의 『모비 딕』을 매우 높게 평가해 여기저기 알리는 데 앞장섰다. 제약 사업가의 아내인 시리와 불륜을 저지르다 발각되었고, 훗날 시리와 결혼을 하지만 몇 년 후에 이혼하게 되는데, 서머셋 몸이 양성애자라는 것이 이혼 사유로 알려져 있다.

# 3. 넓은 잔디밭과 호수가 있는 런던 호수공원

*"Never say goodbye because goodbye means going away and going away means forgetting."*

(안녕이라고 말하지 마, 왜냐하면 안녕은 가버리는 것을 의미하고 가버리는 것은 잊힘을 의미하기 때문이야.)

― 피터 팬, 소설 『피터 팬』 중에서

## H. 피터 팬을 찾아보자 | 하이드 파크(Hyde Park)

웰링턴 아치로 돌아와서 하이드 파크로 들어간다. 먼저 정문인 앱슬리 게이트를 지나는데, 앱슬리 게이트의 세 개의 아치형 문 중 가운데 아치 위쪽에는 엘긴 마블스를 복제한 부조가 있다. 앱슬리 게이트를 통과하고 나면 오른쪽에 퀸 엘리자베스 게이트가 있다. 퀸 엘리자베스 게이트는 엘리자베스 2세 여왕과 이름이 같은 여왕

H. 하이드 파크

의 어머니 엘리자베스의 90세 생일을 기념하기 위해 만들어졌다.

⑲ 아킬레스의 동상

⑳ 스피커스 코너

㉑ 세르펀타인 호수

게이트 통과 후 제일 먼저 보이는 동상은 트로이 전쟁에서 그리스의 영웅인 ⑲ 아킬레스의 동상(Statue of Achilles)이다. 아킬레스의 동상은 워털루 전투의 승자인 웰링턴 장군을 표현하기 위해 제작한 것인데, 최초에는 전체 누드로 제작되었다가 여론의 비난을 받고 주요 부위를 나뭇잎으로 가리는 형태로 다시 제작되었다. 하이드 파크 오른쪽 외곽 길을 따라 북쪽으로 올라가면 북동쪽에 ⑳ 스피커스 코너(Speaker's Corner)가 있다. 1827년에 설치되어 누구든 의자나 상자에 올라가서 정치 분야나 사회 분야 등 주제를 가리지 않고 자유롭게 발언을 할 수 있다. 단, 국왕과 왕실에 관한 이야기는 할 수 없고, 오직 영국 국왕만이 스피커스 코너를 폐지할 수 있다.

스피커스 코너에서 다시 남서쪽으로 하이드 파크의 대표 호수인 ㉑ 세르펀타인 호수(The Serpentine)를 향해 걸어간다. 가는 도중 펼쳐져 있는 넓은 잔디밭은 크리스마스 주간에 윈터 원더랜드(Winter Wonderland)

라는 작은 유원지로 변신한다. 윈터 원더랜드에는 작은 놀이기구도 몇 개 가져다 놓는 등 아기자기한 맛이 있어, 나름 80~90년대 동네 유원지의 아날로그 감성을 불러온다.

호수 길을 따라 서쪽으로 걸어가면 세르펀타인 북쪽 갤러리를 구경할 수 있고, 호수를 가로질러 ㉒ 세르펀타인 갤러리(The Serpentine Gallery)도 구경할 수 있다. 호수를 건너가기 전 갤러리 근처에 ㉓ 헨리 무어 아치(The Arch by Henry Moore)가 있다. 헨리 무어는 영국의 조각가로 요크셔 지방에서 광부의 아들로 태어났다. 제1차 세계대전에 참전했다가 전투 중 독가스에 중독되어 전역했는데, 참전보조금 덕분에 리즈 예술학교에서 디자인을 배울 수 있었다. 그는 유럽의 전통 조각에 싫증을 느끼고 자연의 모습에서 이상적인 조각상을 구현하고자 했다. 뼈, 돌, 바위의 이미지를 가지고 생명력이 넘치면서도 단순한 선으로 이루어진 조각상들을 제작해 영국 조각의 수준을 한층 올려놓았다.

㉒ 세르펀타인 갤러리

㉓ 헨리 무어 아치

㉔ 다이아나 왕세자빈 추모 분수

㉕ 다이아나 스펜서

호수를 가로질러 세르펀타인 갤러리 옆에 ㉔ **다이아나 왕세자빈 추모 분수**(Princess Diana Memorial Fountain)로 가본다. ㉕ **다이아나 스펜서**(Diana Frances Spencer, 1961~1997)는 귀족 집안에서 태어났으나 부모가 이혼한 후 아버지에 의해 양육되었다. 그녀는 1976년에 언니 사라 스펜서의 남자 친구인 찰스 왕세자를 처음 만났는데, 찰스 왕세자가 언니와 헤어진 후 1980년부터 그와 교제했다. 1981년에 찰스로부터 청혼을 받아 그해 7월 29일에 세인트 폴 대성당에서 세기의 결혼식을 올렸다. 그러나, 찰스가 결혼 전부터 사귀고 지내던 카밀라 파커 불스와의 관계를 계속 유지했기 때문에, 둘 사이에는 그로 인한 불화가 끊이지 않았다. 그런데도, 다이아나는 본인 부모님의 이혼으로 인한 경험을 자식들에게 물려주고 싶지 않아, 왕자들이 성년이 될 때까지 대인지뢰 제거 운동 등의 사회봉사 활동에 전념하면서 궁중 생활을 견뎠다.

봉사활동에 대해서 왕실의 간섭이 심해지자, 그녀는 결국 1996년에 찰스와 이혼했다. 이혼의 사유가 찰스에게 있었으므로 그녀는 위자료도 받고 왕세자빈의 직함(Princess of Wales)도 유지되었으며 켄싱턴궁전에 머무를 수 있는 권한도 가졌다. 찰스는 다이아나와 이혼 후 결국 카밀라와 결혼했는데, 결혼 당시 카밀라는 왕세자빈 대신 콘월 공작부인의 칭호를 받는 것으로 만족해야 했다. 다이아나는 이집트 사업가인 도디 알파예드와 사귀다가 1997년에 프랑스의 한 터널에서 파파라치에 쫓기다 교통사고로 사망했다. 사고 당시 알파예드와 운전사는 즉사했지만, 다이아나는 운전석에 끼여 고통스러워했다. 수많은 파파라치가 그 상황에서조차 플래시를 터트리며 사진을 찍어대었다는 사실에 많은 사람들이 분노했다. 하이드 파크의 다이아나 추모 분수는 일반 분수와 다르게 수평으로 물이 흘러가는 독특한 분수의 형태를 띠는데, 이는 평소 다이아나의 봉사활동이 의미하는 '평등'과 '개방'을 상징한다.

㉖ 피터 팬

　분수에서 호수를 따라 서쪽으로 걸어가면 하이드 파크의 명물 ㉖ 피터 팬(Peter Pan) 동상이 나온다. 피터 팬은 1911년에 ㉗ 제임스 매튜 배리(James Matthew Barrie, 1860~1937)가 지은 동화 『피터와 웬디』의 주인공의 이름이다. 영원히 어른이 되지 않는 나라인 네버랜드에 사는 피터 팬은 달링 부부의 집에 갔다가 개에게 그림자를 빼앗겼으나, 부부의 딸인 웬디 덕분에 그림자를 되찾는다. 그리고, 웬디와 그녀의 동생들과 함께 네버랜드로 여행을 가서 해

㉗ 제임스 매튜 배리

적 악당 후크선장을 물리친다. 작가 배리는 피터 팬의 저작권을 아동병원에 기부하고 그 수익금으로 많은 아이들의 생명을 구했기 때문에, 세계에서 가장 착한 작가로 칭송받는다. 스코틀랜드에서 태어난 배리는 7세가 되던 해 13세의 형 데이빗이 죽자, 실의에 잠긴 어머니를 위로하기 위해 형의 옷을 입고 형의 행세를 했다. 배리는 형이 죽은 나이 13세 이후로 일부러 성장을 멈췄다고 말했는데, 이것이 영원히 늙지 않는 나라 네버랜드와 주인공 피터 팬이 창작된 계기였다. 현대 심리학에서는 몸은 성인인데 어린아이가 되고자 하는 심리상태를 '피터 팬 증후군'이라고 한다. 어른이 되어서도 사회에 적응하지 못하고 어린이와 같은 행동을 하면서 자기만의 세계로 도피하려는 사람들에게서 흔히 나타난다.

# 4. 런던 푸바오의 동네

## I. 패딩턴 베어의 등장 | 패딩턴(Paddington)

피터 팬 동상에서 북쪽으로 이탈리아 정원을 통해 잠시 하이드 파크를 빠져나와 패딩턴 지역을 보고 온다. 이 지역은 영국의 작가 마이클 본드가 만들어 낸 동화 캐릭터인 ㉘ 패딩턴 베어로 유명하다. 패딩턴 베어가 런던에서 브라운 가족에게 발견된 곳이 패딩턴 역이어서, 브라운 가족이 '패딩턴'이란 이름을 지어주었다. 패딩턴

㉘ 패딩턴 베어

베어는 1958년에 『패딩턴이라고 불리는 곰』이라는 동화가 첫 출간됨으로써 탄생했고, 그의 모험과 관련된 책들은 20개국에서 40개 이상의 언어로 출판되었다. 이후 애니메이션으로 총 117편이 만들어졌고 2014년에는

영화로도 제작되었다.

㉙ 앨런 튜링

세인트 메리 처치 야드 남쪽 끝에 가볍게 지나갈 장소로 포트릿 벤치 (Portrait Bench Paddington)가 있다. 이곳에는 패딩턴 베어를 안고 있는 마이클 본드, 천재 암호 해독가 앨런 튜링, 크림전쟁의 간호사 메리 시콜의 초상화 조각들이 있다. ㉙ 앨런 튜링(Alan Mathison Turing, 1912~1954)은 영국이 낳은 천재 수학자이자 컴퓨터과학자다. 어릴 때부터 천재여서 16세에 수학 선생님이 더 이상 가르칠 게 없으니 알아서 공부하라고 했고, 누구에게 배우지 않고도 스스로 미적분 문제를 풀었다. 캠브리지 대학에 입학한 후, 계산하는 기계의 일반적인 개념을 가상적으로 제시한 '튜링 머신'으로 컴퓨터 발명의 이론적 토대를 제시했다. 제2차 세계대전이 발발했을 때, 전력상 열세인 영국이 독일의 공습에서 그나마 버틸 수 있었던 건 영국이 가지고 있던 레이더 기술과 독일 암호체계인 이니그마(Enigma)를 해독한 능력 때문이었다. 사실 독일은 까다롭기로 유명한 이니그마가 해독되었다는 것은 꿈에도 생각 못 하고 영국 레이더에 의해 공격 방향이 노출되었다고만 생각했다. 바로 이 이니그마를 튜링이 해독함으로써 연합군의 전략에 상당한 도움을 주었고 전쟁의 종결을 앞당길 수 있었다. 2015년에 제작된 영화 〈이미테이션 게임〉은 앨런 튜링이 에니그마를 해독하는 과정을 그렸다.

전쟁이 끝난 후 튜링은 맨체스터 대학교에서 초기 디지털 컴퓨터 개발에 참여했고, 인공지능에 대한 논문을 발표했다. 그뿐만 아니라 전산학의 기초가 되는 논문을 발표하기도 하고, 생물학을 수학과 물리학, 화학을 통해 설명하는 등 여러 방면에서 천재성을 발휘했다. 다만, 튜링은 동성애자였고 1950년대 영국에서 동성애는 불법이었기에, 당시 자신이 만나던 아놀드 머레이 때문에 튜링은 외설 혐의로 기소된다. 결국 법원에서 화학적 거세형을 선고받고 신체의 여성화가 진행되었는데, 법원 판결이 난지 몇 해 지나지 않은 1954년에 41세의 젊은 나이에 스스로 생을 마감했다. 청산가리를 주입한 사과를 한 입 베어 물고 자살한 것으로 알려져 있는데, 여기에 대해서는 의견이 분분하다. 어느 유명한 컴퓨터 회사가 회사의 로고로 한 입 베어먹은 사과를 사용하는 것은 바로 이 컴퓨터 발명에 기여한 천재 과학자 앨런 튜링을 기리기 위해서다.

㉚ 롤링 브리지

포트릿 벤치에서 패딩턴 역을 가기 위해서는 패딩턴 베이신을 건너야 하는데 건너기 전 먼저 ㉚ 롤링 브리지(Rolling Bridge)를 만나본다. 이 다리는 평소에는 말려 있다가 매주 수요일과 금요일 12시, 토요일 오후 2시에 펼쳐진다. 롤링 브리지 옆으로 패딩턴 베어 동상이 있고, 그 옆에는 영국 보수정치인 ㉛ 사이먼 밀턴(Simon Henry Milton, 1961~2011)의 동상이 있다. 밀턴은 웨스트민스터 시의회를 이끌다가 런던 시

㉛ 사이먼 밀턴

㉜ 패딩턴 베어의 동상

장인 보리스 존슨의 비서실장 및 런던 부시장을 역임했다. 1990년, 젊은 나이에 갑작스럽게 백혈병 진단을 받았고 골수 이식 수술을 했으나, 결과적으로 폐렴이 발생해 폐가 손상되었다. 그런데도, 2007년에는 지방정부 협회 의장으로 선출되었으며, 그 후 시청에서도 안정적이고 효율적인 행정을 펼치다가 결국 2011년에 50세의 나이로 사망했다. 밀턴 동상 옆 팬 브리지 역시 롤링 브리지와 같은 시간에 부채 모양으로 펼쳐지면서 다리가 된다. 이제 패딩턴 베이신을 건너 패딩턴 역 안으로 들어가서 마지막으로 ㉜ **패딩턴 베어의 동상**을 찾는 것으로 패딩턴 지역 여행을 마무리하기로 한다.

# 5. 문학의 거리 런던의 신촌

"*An archaeologist is the best husband a woman can have.
The older she gets, the more interested he is in her.*"
(고고학자는 여성이 가질 수 있는 최고의 남편이다. 여성이 나이가 들수록 그는 그녀에
게 더 관심을 둔다.)

— 아가사 크리스티, 남편이 고고학자

## J. 추리소설의 여왕이 살던 곳 | 켄싱턴 처치 스트릿(Kensington Church Street)

하이드 파크로 돌아와서 서쪽의 ㉝
켄싱턴궁전(Kensington Palace)
으로 걸어간다. 켄싱턴궁전은 본래
노팅엄 백작의 건물이었는데, 메리
2세와 공동 군주였던 윌리엄 3세가
1689년에 휴양을 위한 별장으로 이
저택을 사들였고, 이후 크리스토퍼
렌이 재건축을 한 후 궁전으로 사용
되고 있다. 조지 2세까지 메인 궁전으

㉝ 켄싱턴궁전

로 쓰이다가 조지 3세가 버킹엄 궁전을 선호하면서 켄싱턴궁전은 왕자와
공주들의 거처가 되었다. 1819년에 궁전 1층에서 빅토리아 여왕이 태어

났기에 궁전 앞에 빅토리아 여왕의 동상이 있다. 과거 찰스 왕세자와 다이아나 왕세자빈도 이곳에서 생활한 적이 있어 다이아나 왕세자빈의 장례식 행렬이 이곳에서 시작되었다. 현재 왕족들이 거주하는 일부 공간을 제외하고는 외부에 개방되어 있어 유료로 관람할 수 있다.

㉞ 에즈라 파운드

켄싱턴궁전 뒤쪽 켄싱턴 처치 스트릿은 문학자들의 거리로 불릴 만큼 작가들이 머물다 간 흔적이 많다. 그중에 몇 명만 살펴보면 먼저 세인트 메리 애버츠 교회 뒤쪽 10번 건물은 미국 시인 ㉞ 에즈라 파운드(Ezra Pound, 1885~1972)가 영국에 체류하는 동안 머물렀던 집이다. 에즈라 파운드는 1908년부터 1920년까지 런던에 체류하면서, 토마스 엘리엇과 제임스 조이스를 세상에 소개하는 등 영국과 미국의 시인들을 잇는 가교역할을 했다. 본인은 제2차 세계대전 중 이탈리아의 독재자 무솔리니를 지지해, 전쟁이 끝나고 전범으로 체포되어 정신병원에 수감되었다. 많은 시인이 그의 석방 운동을 벌여 1958년에 방면되었고, 이후 그는 이탈리아로 망명했다. 에즈라 파운드의 시는 간결하면서 명백한 시각 이미지로 유명하다.

**지하철역에서** – 에즈라 파운드

*The apparition of these faces in the crowd*
*Petals on a wet, black bough*

군중 속에서 유령처럼 나타나는 얼굴들
까맣게 젖은 나뭇가지 위의 꽃잎들

다시 켄싱턴 처치 스트릿을 따라 북
쪽으로 걷다가 캠든 그로브 안쪽으로
들어가면 28번 건물에 ㉟ 제임스 조
이스(James Joyce, 1882~1941)
가 1931년에 살았던 집이 있다. 조이
스는 아일랜드에서 태어나 더블린 유
니버시티 칼리지를 졸업한 후, 1914
년에 『더블린 사람들』을 출간하고 『젊
은 예술가의 초상』을 연재하기 시작

㉟ 제임스 조이스

했다. 그러나, 더블린 시민들이 소설의 내용에 대해 거칠게 항의하고 소설
속 당사자들이 소송을 제기하겠다고 위협하자, 조이스는 1915년에 아일
랜드를 떠나 스위스로 가서 다시는 아일랜드로 돌아오지 않았다. 1922년
에 이른바 더블린 3부작의 마지막으로 알려진 『율리시스』가 파리에서 출
판되었으나, 미국에서 음란물 판정을 받아 영어권 국가에서는 12년이 지
나서야 출판되었다.

계속해서 켄싱턴 처치 스트릿을 따
라 북쪽으로 걷다가 세필드 테라스
로 꺾어 들어가면 나오는 58번 건물
은 그 유명한 추리소설의 여왕 ㊱ 아
가사 크리스티(Agatha Christie,
1890~1976)가 살았던 집이다. 아가
사 크리스티는 1920년에 『스타일스

㊱ 아가사 크리스티

저택의 괴사건』을 시작으로, 사망한 1976년까지 거의 1년에 1편 정도의 추리소설을 발표했다. 그녀는 총 80여 편의 작품을 남겨 추리소설의 여왕으로 불렸으며, 명탐정 엘큐르 포와로와 할머니 탐정 미스 마플이라는 유명한 탐정 캐릭터들도 만들어냈다. 영어권에서 10억 부의 소설 판매라는 기록을 세웠고, 전 세계 103개 언어로 번역된 번역본 역시 10억 부 이상 판매되어 기네스북에 올랐다. 그녀의 희곡 『쥐덫』은 1955년에 런던에서 초연된 이후 현재까지 공연되고 있다.

원래 그녀는 음악을 직업으로 삼고자 했으나 재능이 없다는 평가를 듣고 그만두었고, 제1차 세계대전 중 병원에서 일하면서 독극물에 대한 지식을 쌓아갔다. 이러한 독극물에 관한 지식은 훗날 추리소설의 주요 소재로 등장한다. 1920년에 11살 연상의 언니와 추리소설에 관해 이야기하다가, 언니가 "너는 내가 결과를 예측할 수 없는 추리소설을 쓸 수 없을 거야."라고 하자, 그녀는 자기의 첫 번째 추리소설인 『스타일스 저택의 괴사건』을 써서 언니를 이겨버린다. 이후 『오리엔트 특급 살인』, 『ABC 살인사건』, 『나일강의 죽음』과 같은 베스트셀러들을 발표하면서 추리소설 작가로서의 확고한 입지를 굳힌다. 1926년에는 크리스티가 갑자기 행방불명되는 사건이 발생하는데, 10일 후 그녀는 해러게이트 호텔에서 발견되었다. 그녀도 그곳에 왜 있었는지 기억하지 못해, 자작극인지 아니면 어머니의 죽음과 남편의 외도로 인한 충격이 가져온 단기 기억상실인지에 대한 논란이 있었다.

엘리자베스 2세 여왕은 크리스티의 팬으로 유명했고, 레스터 스퀘어 역 근처 앰배서더스 극장을 직접 방문해 그녀의 연극 〈쥐덫〉을 관람했다. 현재 극장에는 그녀의 ㊲ **기념 명판**이 있다. 그녀의 무덤은 그녀의 고향인 콜시의 세인트 메리 교회에 있으며, 그곳에 두 번째 남편인 맥스 말로완과 함께 묻혀 있다. 여담이지만 그녀의 묘비석에 그녀와 남편의 이름 및 직업이 같이 새겨져 있는데 남편의 직업인 고고학자(Archaeologist)가 Archeaologist로 잘못 새겨져 있다.

㊲ 아가사 크리스티 기념 명판

㊳ The Grenadier

켄싱턴 지역을 마무리하기 전에 특이한 펍 하나를 소개하고 끝내고자 한다. 해로즈 백화점과 웰링턴 아치 사이쯤에 있는 ㊳ The Grenadier 라는 펍인데, 안으로 들어가 보면 천장에 온갖 종류의 지폐가 가득 붙어 있다. Grenade는 수류탄이라는 뜻이고, Grenadier는 수류탄을 던지는 척탄병이라는 뜻이다. 지금은 척탄병이라는 병과가 없어졌지만, 과거의 수류탄은 크고 무거워서 수류탄을 정확하고 멀리 던질 수 있는 군사 주특기가 필요했다. 예전에 The Grenadier 펍이 있는 자리 인근에 척탄병 부대가 주둔했기 때문에 펍 이름을 그렇게 붙인 것이다. 그 당시에는 펍에서 술을 마시면서 도박도 많이 했었는데, 젊은 척탄병이었던 세드릭은 이곳에서 도박으로 많은 빚을 졌다. 이를 타개하기 위해 그는 카드 게임에서 속임수를 쓰다가, 그 속임수가 발각되어 동료들에게 맞아 죽는 일이 발생했다. 이후 펍 주변에서 세드릭의 유령을 보았다는 소문이 돌았고, 펍을 방문하는 손님들이 불쌍한 세드릭의 빚을 갚아주기 위해 조금씩 돈을 천장에 붙이기 시작했다. 지금은 전 세계 관광객들이 이곳을 들러 자국의 지폐를 붙여놓는데, 이에 필자도 질 수 없어 호기롭게 대한민국의 지폐를 붙여 놓았으니, 기회가 되는 독자는 한 번 확인해 보기 바란다.

## ≫ 5일 차 동선 요약

| 구 분 | 모듈번호 | 시 간 | 장 소 |
|---|---|---|---|
| 오전 | 5-1 | 2시간 | A. 자연사박물관 / B. 과학박물관 / D. 빅토리아 & 알버트 박물관 중 1~2개 |
| | 5-2 | 1시간 | C. 임페리얼 칼리지 → E. 해로즈 백화점 → F. 웰링턴 아치 → G. 메이페어 |
| 점심 | 식당가 : 메이페어, 하이드 파크 | | |
| 오후 | 5-3 | 2시간 | H. 하이드 파크 |
| | 5-4 | 1시간 | I. 패딩턴 → J. 켄싱턴 처치 스트릿 |

웨스트본 파크 로드 · 12

18 · 19 · 20

블렌하임
크레센트 · 14
15 · 탈봇 로드 · **D** · 포위스 스퀘어
운동장

11 · **포위스 스퀘어**

콘윌 크레센트

10

엘긴 크레센트

**C**

7 · **포토벨로 로드**

17

란스돈 크레센트 · **B**

**라드브록 그로브**

라드브록
스퀘어

**A**

**홀란드 파크**

# DAY 6

이민자의 거리
## 노팅 힐 Notting Hill

36 켄우드 하우스

E
햄스테드 히스

38
37
베일 오브 힐스
베일 오브
힐스 연못

이스트 히스 로드

34
히스 스트릿
웰 워크
39

애드미럴스
워크
햄스테드
그로브

마운트
버논
31  32
홀리 워크
29
햄스테드역

28
25  24
레딩턴 로드
처치 로우
프로그널

스페이니어즈 로드

# 1. 패션의 거리 런던의 압구정 로데오

*"I don't care if you get up in the morning and don't wash, don't put any make-up on, don't do your hair, even, but you have to have clothes if you want to look different."*
(나는 당신이 아침에 일어나서 씻지도 않고, 화장도 안 하고, 머리를 손질하지 않아도 상관없는데, 만약 당신이 다르게 보이고 싶다면 제대로 된 옷을 입어야 한다.)

— 비비안 웨스트우드, 영국 펑크 문화의 대모

## A. 소녀 감성 캐스 킷스턴의 설립 | 홀란드 파크 (Holland Park)

A. 홀란드 파크

노팅 힐 여행을 시작하기 전 켄싱턴 지역의 홀란드 파크를 들러본다. 지하철 서클과 디스트릭트 라인이 지나가는 하이 스트릿 켄싱턴역에서 내려 서쪽으로 계속 걷다 보면 공원 입구가 나온다. 공원으로 들어가기 전에 영국 지하철에 대해 알아보자면, 영국은 세계에서 처음으로 지하철을 운영한 나라다. 영국 도시 중 지하철은 런던만 운영하고 있으니 영국 지하철이라기보다 런던 지하철이라는 표현이

① 튜브

② 오이스터 카드

더 맞겠다. 아무튼, 조선에서는 고종이 즉위한 해인 1863년에 최초로 지하철이 개통되었으니 그 역사가 160년이 넘어간다. 미국에서는 영어로 서브웨이(the subway)라고 하지만, 영국식 영어로는 언더그라운드(the undergroud)라고 하거나, 또는 둥그런 터널 모양을 따서 ① 튜브(the tube)라는 애칭으로 부른다. 지하철 요금은 이동 거리에 따라 달라지는데, 런던 중심에서 거리가 먼 구역(존, zone)으로 이동할수록 요금이 비싸지기 때문에 목적지가 어느 존에 위치하는지 미리 확인해야 한다. 2024년 현재 1회권은 6.7파운드(약 11,390원)로 매우 비싸기 때문에 ② 오이스터 카드를 구매해서 1일권이나 7일권으로 사용하는 것이 좋다. 지하철 내에서는 휴대폰 통화가 되지 않고 일반적으로 인터넷도 이용할 수 없다. 그래서인지 승객들이 지하철에서 휴대폰 대신 책이나 신문을 보고 있는데, 이런 풍경이 한국과 달라 매우 이색적이다. 백년 전에 만든 철로의 너비에 맞춰 지하철의 차량이 제작되어, 차량의 크기가 작고 좌석 사이의 거리도 매우 짧다. 키가 좀 큰 사람들은 다리를 뻗으면 건너편 좌석에 다리가 닿고도 남는다. 따라서, 영국의 정보통신 기술이 부족해 지하철에서 휴대폰을 쓸 수 없는 것이 아니라, 다른 승객들에게 방해가 되지 않게 하려고 휴대폰 사용을 차단한 것이다.

홀란드 파크로 돌아와서, '홀(hol)'은 '낮은'이란 뜻의 hollow에서 왔고 '란드(land)'는 '땅'이란 뜻이기 때문에 홀란드는 (해수면보다)낮은 땅, 즉 네덜란드를 의미한다. 네덜란드 역시 낮은(nether)과 땅(land)의 합성어다. 다만, 실제 지리적으로 홀란드는 네덜란드 중서부의 12개 지방만을 일컫는 것인데, 유럽에서는 보통 문맥상 '홀란드' 그 자체로 네덜란드 국가를 의미하기도 한다. 우리나라에서 네덜란드를 '화란(和蘭)'이라고 표기하는 것은 홀란드를 한자화한 것이다. 여기 켄싱턴의 홀란드 파크는 사실 네덜란드와 직접적인 연관성은 없고, 영국 정치가 가문 중 하나인 홀란드 가문이 소유했던 공원에서 유래되었다. 공원 자체가 아기자기하며 테마가 있고 아름다워서 둘러볼 만하다. 공원 입구에서 북쪽으로 걷다가 왼쪽에 디자인 뮤지엄이 있으므로, 디자인에 관심 있는 사람이라면 한번 방문해 본다. 근처에 있는 빅토리아&알버트 뮤지엄도 디자인 관련 박물관이고, 영국의 유명 패션 브랜드인 캐스 키드슨 또는 캐스 킷스턴(Cath Kidston)도 홀란드 파크 인근에서 처음 설립되었으니, 이곳 켄싱턴 지역은 디자인과 인연이 깊은 동네 같다.

③ 캐스 킷스턴은 영국의 패션 디자이너 캐서린 킷스턴에 의해 창립되었고 의류, 가방 등 가정용품을 주력으로 한다. 제품들은 영국 특유의 소녀 감성을 자극하는 꽃무늬 패턴으로 유명하다. 코로나 사태 이후 오프라인 매장을 모두 철수하고 온라인으로만 제품을 판매한다. 캐스 킷스턴 외에 영국의 의류 브랜드로 유명한 것들은 버버리, 멀버리, 비비안 웨스트우드 등이 있다.

③ 캐스 킷스턴

④ 버버리

대표적인 명품 패션 브랜드인 ④ 버버리는 1856년에 영국의 토마스 버버리에 의해 설립되었다. 영국은 겨울에 비가 많이 오는 나라이기 때문에 신사들은 항상 우산을 들고 레인코트를 입었는데, 당시 레인코트는 고무로 된 옷이어서 크고 무거웠다. 이때 토마스 버버리가 면사를 방수 처리해서 훨씬 가벼운 레인코트를 발명했다. 한국에서 일명 바바리 코트라 불리는 버버리의 트렌치코트는 보어전쟁 때 영국군이 최초로 사용했다. 에드워드 7세가 "내 바바리를 가져와라 (Bring my Burberry)."라고 자주 말하면서 바바리 코트가 고유명사화되었다. 안타깝게도 이 고급 브랜드가 한국에서는 노출증 환자(바바리맨)들을 일컬을 때 사용되면서 다소 희화화된 측면이 있긴 하나, 여전히 유명세를 유지하고는 있다.

⑤ 멀버리

⑤ 멀버리도 버버리와 마찬가지로 슈퍼 브랜드지만 한국에서는 많이 알려지지 않은 듯하다. 버버리는 설립자 토마스 버버리의 이름에서 유래되었지만, 멀버리는 창립자 집 앞의 뽕나무에서 유래되었다. 멀버리라는 단어가 '뽕나무'라는 뜻이며, 멀버리 로고의 나무도 바로 뽕나무다.

비비안 웨스트우드는 브랜드를 설
립한 패션 디자이너 ⑥ 비비안 웨스트
우드(Vivienne Isabel Westwood,
1941~2022)의 이름에서 따왔다. 그
녀는 영국 펑크 룩(Punk Look) 유행
에 중요한 역할을 했다. 펑크 룩이란,
경제 불황 시기에 노동자 계층에서 유
행한 찢어진 바지, 징이 박힌 팔찌, 지
퍼가 많이 달린 가죽 재킷 등의 반사

⑥ 비비안 웨스트우드

회적이고 저항적인 이미지로 대표되는 패션을 의미한다. 패션계 여왕으로
서 그녀가 탐구했던 트위드, 타탄 체크(tartan check), 클래식 테일러링
(classic tailoring) 등은 영국 패션의 발전에 크게 이바지했다.

# 2. 초승달 모양의 주택단지

*"Shake my left hand, it's closer to my heart."*
(왼손으로 악수합니다. 그것이 내 심장과 더 가까우니까.)

– 지미 헨드릭스, 서구에서 왼손 악수는 결례였으나…

## B. 기타 천재의 의문의 죽음 | 라드브록 그로브(Ladbroke Grove)

B. 라드브록 그로브

라드브록 스퀘어 서쪽에서 아래위로 뻗은 길이 라드브록 그로브다. '그로브'가 사전적으로는 '가까이 함께 자라는 식물 집단'을 의미하는데, 흔히 영국에서 로드(road), 스트릿(street), 애비뉴(avenue)와 같이 거리를 일컫는 단어로 많이 쓰인다. 라드브록 그로브를 중심으로 건물들이 원형으로 들어서 있는 모습을 볼 수 있는데, 과거 이곳이 런던 내 유명한 경마장이었기에 그러하다.

경마라는 스포츠는 영국에서 최초로 생겨났다. 영국의 토종마들이 원래 빨리 달리는 품종이 아닌데 아랍의 말들과 교배하면서 속도가 증가했다.

중세 봉건 영주들은 자신들의 말이 빠르다는 것을 강한 군사력의 상징으로 여겨 이웃 영주들과 속도 경쟁을 즐겼다. 이 경주들이 평민들에게도 큰 구경거리가 되었으며, 구경꾼들은 점차 승부 내기를 하기 시작해 오늘날의 경마가 되었다. 이렇듯 처음 영국에서 시작된 경마는 왕실과 귀족의 스포츠였다. 1711년에 로얄 아스콧(Royal Ascot)이라는 왕실과 귀족들의 경마 행사가 처음 열렸는데, 지금은 귀족들뿐 아니라 모든 국민이 참여하는 국민축제가 되었다. 로얄 아스콧은 런던 근교의 아스콧이라는 지역에서 매년 6월 3주에 시작해 5일간 이어진다. 특히 3일째 되는 날은 '레이디스 데이(Ladies day)'라고 부르며, 이날은 여성들이 화려하고 특이한 모자들을 쓰고 온다. 로얄 아스콧을 구경하기 위해서는 티켓을 구매해서 참여할 수 있는데, 홈페이지를 통해 매년 복장 규정을 확인해야 한다. 복장이 맞지 않으면 티켓이 있더라도 입장을 못한다. 1836년에 사업가 존 와이트가 이곳 라드브록의 경마장을 아스콧에 있는 경마장보다 크게 설계해 건축했고, 이름은 '히포드롬 경마장'이라 했다. 그러나, 홍수가 나서 경마장이 침수되어 말들이 죽고, 그로 인해 지역주민들의 민원이 계속되면서 1841년에 경마장 사업은 끝이 났다. 경마장은 폐쇄되었고 이후 이곳은 주택지로 개발되었으나 도로 형태는 예전 경마 코스를 그대로 유지해 지금의 초승달 모양의 거리 모습을 볼 수 있다.

라드브록 그로브에서 첫 번째 초승달 모양의 거리인 란스돈 크레센트에서 ⑦ 21번 건물은 과거 사마르칸 호텔(Samarkand Hotel)이 있던 곳이다. 1970년, 이 호텔에서 기타의 신 ⑧ 지미 헨드릭스가 사망했다. 독일 피겨스케이트 선수이자 그의 마지

⑦ 21번 건물

막 여자 친구인 ⑨ 모니카 단네만(Monika Dannemann)이 호텔에서 의식 없는 상태의 헨드릭스를 발견해 신고했다. 그의 사인은 수면제 과다 복용과 그로 인한 구토물이 기도를 막아 질식사한 것으로 전해진다. 대체 불가능한 기타 천재가 겨우 27세의 어린 나이에 너무나도 어이없는 이유로 사망한 것이 안타깝다.

다만, 단네만의 일관성 없는 증언이 그의 사망을 미스테리한 사건으로 만들었다. 단네만은 인터뷰에서, 헨드릭스가 쉽사리 잠들지 못해 자신이 수면제를 주었다고 했다가, 이후 경찰조사에선 헨드릭스가 자신 몰래 반 알만 먹으면 되는 수면제를 아홉 알이나 삼켰다고 번복했다. 또한, 단네만은 자신이 오전에 담배를 사러 나갈 때만 해도 헨드릭스가 정상이었는데, 돌아와 보니 토사물 범벅이 되어 있었고 앰뷸런스를 함께 타고 갈 때에도 생명은 붙어 있었다고 진술했다. 그러나, 응급요원들은 병원에 전화를 한 건 단네만이 맞지만, 앰뷸런스가 도착했을 때 사실상 헨드릭스는 처음부터 죽은 상태였다고 했다. 또한, 그들은 단네만이 앰뷸런스를 타지도 않았을 뿐만 아니라 나타난 적도 없다고 말했다. 그가 세상을 떠난 지 22년이 되는 1992년에 헨드릭스의 과거 연인이었던 캐시 에칭햄의 요청으로 재수사가 이루어졌다. 경찰은 당시 헨드릭스가 만났던 사람들을 조사했지만 이렇다 할 결론을 내리지 못했고, 결국 1996년에 단네만이 세상을 떠나면서 진실은 영원히 땅에 묻혔다.

⑧ 지미 헨드릭스 　　　　　　　　⑨ 모니카 단네만

세 번째 초승달 모양의 거리인 엘
긴 크레센트 입구에 60번 건물은 인
도의 초대 총리인 ⑩ 자와할랄 네루
(Jawaharlal Nehru, 1889~1964)
가 살았던 집이다. 네루는 인도의 귀
족 가문에서 태어나 영국 캠브리지에
서 수학한 후 변호사 자격증을 취득하
고 인도로 돌아갔다. 간디를 만나 감
명을 받고 인도 독립운동에 관심을 두

⑩ 자와할랄 네루

기 시작한 이후, 인도가 독립할 때까지 총 9차례 투옥되면서 간디의 비폭
력 운동에 동참했다. 제2차 세계대전이 끝나고 영국이 인도 자치령을 선포
하면서, 네루는 헌법을 제정하고 초대 총리가 되었으며 인도의 왕정을 폐
지했다. 그는 전통적으로 전해 내려오던 인도의 계급제도인 카스트 제도
를 철폐하고자 했는데, 이 과정에서 귀족의 지지를 받는 간디와 충돌하기
도 했다. 간디가 힌두 극우세력에 의해 암살당하자, 그들을 배제하며 인도
를 다양한 종교가 존재하는 다원주의 국가로 만들려고 노력했다. 자신도

독재의 유혹에 빠지지 않으면서 언론의 자유를 인정함으로써 인도는 안정적인 민주주의 체제를 유지할 수 있었다.

# 3. 영화 <노팅 힐> 촬영지

*"Don't forget. I'm also just a girl, standing in front of a boy, asking him to love her."*

(잊지 마세요. 저도 그냥 소녀라는 걸, 소년 앞에 서서 나를 사랑해 주기를 바라는.)

– 안나 스콧, 영화 〈노팅 힐〉의 여주인공

## C. 영화의 거리 | 포토벨로 로드(Portobello Road)

엘긴 크레센트에서 라드브록 그로브를 따라 북쪽으로 가다 콘월 크레센트를 만나기 전 좌측에 보이는 105번 건물은 과거에 ⑪ 삼 웨스트 스튜디오 (Sarm West Recording Studios) 였던 곳이다. 이곳에서 레드 제플린의 기타리스트 지미 페이지가 그 유명한 솔로곡 〈Stairway to Heaven〉을 녹음했다. 그 외에도 이곳에서 스팅,

⑪ 과거 삼 웨스트 스튜디오

왬, 보이 조지와 같은 영국 가수들이 올스타 세션 녹음에 참여하기도 했으며, 1970년에는 레드 제플린 4집이 녹음되기도 했다. 1977년에 그룹 퀸이 〈We Are The Champions〉를 녹음하기 위해 이 스튜디오를 사용했

고, 웸의 전 멤버였던 조지 마이클도 1집 앨범 〈Faith〉 중 오르간 연주를 여기서 녹음했다.

⑫ 280번 건물

콘월 크레센트에서 웨스트본 파크 로드를 따라 걷는다. 웨스트본 파크 로드와 포토벨로 로드가 만나는 곳에서 ⑫ 280번 건물을 찾으면 파란 대문을 볼 수 있다. 영화 〈노팅 힐〉에서 휴 그랜트가 사는 집인데, 영화 각본을 쓴 리처드 커티스의 실제 집이었기도 했다. 리처드 커티스는 뉴질랜드에서 태어났는데, 아버지가 체코슬로바키아 망명자였기에 어릴 때 스웨덴을 비롯해 몇몇 나라를 떠돌다 11세에 영국으로 건너와 정착했다. 옥스포드 대학에서 영문학을 전공했으며 이 당시 ⑬ 로완 앳킨슨(Rowan Sebastian Atkinson, 1955~)을 만나 작업을 같이 했다. 앳킨슨도 처음에는 코미디 각본을 주로 썼지만, 커티스의 영화 〈미스터 빈〉의 주인공 역을 맡으면서 오히려 코미디언

⑬ 로완 앳킨슨

으로서 세계적으로 성공한다. 커티스는 〈노팅 힐〉, 〈미스터 빈〉, 〈네 번의 결혼식과 한 번의 장례식〉의 각본을 썼으며, 〈러브 액츄얼리〉, 〈브리짓 존스의 일기〉, 〈어바웃 타임〉의 각본과 감독을 맡은 명감독이다. 커티스는 노팅 힐 영화 제작을 마치고 영화가 상영을 시작하자마자 자신의 집을 팔고 이사를 가버렸지만, 뒤에 온

세입자는 영화 흥행 후 관광객들이 한 번씩 문을 두드리고 가는 바람에 힘들어했다. 결국 세입자는 영화 속 시그니처인 태커 씨의 푸른 대문을 까만 페인트로 칠했지만, 관광객들의 노크를 멈출 순 없었다. 지금은 다시 원래의 푸른색으로 복원했고, 오늘날까지도 이 대문 앞에는 관광객들의 방문이 끊이지 않는다.

포토벨로 로드를 따라 남쪽으로 걷다가 블렌하임 크레센트를 만나 그 골목으로 들어가면 ⑭ 노팅 힐 북숍(The Notting Hill Book Shop)이 있다. 영화 〈노팅 힐〉에서 휴 그랜트와 줄리아 로버츠가 처음 만난 장소인 '트래블 북숍(The Travel Bookshop)'이 이곳이다. 여전히 많은 관광객이 서점 앞에서도 사진을 찍는데, 포토벨로 로

⑭ 노팅 힐 북숍

드에 있는 트래블 북숍(The Travel Bookshop)과 혼동하지 않길 바란다. 그곳은 영화 속 서점과 이름만 같을 뿐, 현재 기념품 가게이며 영화를 촬영한 장소가 아니다.

노팅 힐 북숍에서 포토벨로 로드로 들어서면 '⑮ 일렉트릭(Electric)'이라는 오래된 극장이 있다. 1911년에 처음 세워진 유서 깊은 극장이지만, 극장의 내부는 현대적으로 많이 개조되어 두 다리를 쭉 뻗으며 영화관람을 할 수 있는 고급 극장이다. 제2차 세

⑮ 일렉트릭

계대전이 일어났을 때 극장 매니저가 하필 독일인이었다. 그로 인해, 극장 외벽에 깜박이는 네온사인이 독일 전투기들의 공습을 유도하는 조명 역할을 한다는 유언비어가 돌아, 극장은 동네 사람들에게 뭇매를 맞았다.

⑯ 존 레지날드 크리스티

또한 이곳에서는 ⑯ 존 레지날드 크리스티(John Reginald Christie, 1899~1953)가 영화관 영사기사로 일했다. '렐링턴의 괴물'로 알려진 크리스티는 영국의 유명한 연쇄살인마다. 그는 가난한 노동자 집안에서 태어나 심각한 결벽증이 있었는데, 병이 옮을까 봐 타인이 만진 물건은 절대 못 만지는 건강염려증에 시달렸다. 제2차 세계대전 당시 일렉트릭 영화관에서 일했고, 근처 렐링턴에 거주하면서 아내를 포함해 총 8명을 살인한 후 집안 마당과 부엌 등 곳곳에 매장했다. 심지어 한 살인사건의 용의자로 지목되기도 했으나 오히려 같은 동네의 지체장애인에게 누명을 씌워 그를 교수형에 처하게도 했다. 크리스티가 이사하고 새 입주자가 집을 보수하던 중, 벽과 마루에서 시신들이 발견되는 바람에 그의 행각이 드러났다.

⑰ 포토벨로 로드 마켓

포토벨로 로드를 따라 그 유명한 ⑰ 포토벨로 로드 마켓(Portobello Road Market)이 있다. 말 그대로 길을 따라 늘어선 길거리 시장이며, 영화 〈노팅 힐〉은 포토벨로 마켓을 걸어가는 휴 그랜트의 모습으로 영화가 시작된다. 시장은 19세기 청과물 시장에서 시작했으나, 1940년대부터 앤티크 상점들이 늘어나기 시작했다. 토요일에 시장이 가장 활발하고 빈티지 제품들뿐만 아니라 길거리 푸드 트럭들도 많아 먹거리, 살 거리를 구경하며 풍족한 도보여행을 할 수 있다.

# 4. 노팅 힐 카니발의 시작점

*"I must be careful not to get trapped in the past. That's why I tend to forget my songs."*

(과거에 갇히지 않기 위해 조심해야 한다. 그래서 나는 내 노래들을 잊어버리는 경향이 있다.)

— 믹 재거, 시대의 흐름을 따라 항상 변화하는 롤링 스톤즈의 리드 보컬

## D. 인디 밴드들의 운동장 | 포위스 스퀘어(Powis Square)

⑱ 노팅힐의 아름다운 주택단지

포토벨로 로드를 아래로 갔다가 다시 위로 올라오면서 시장 구경을 마치고 다시 일렉트릭에서 탈봇 로드로 걷는다. 걷다가 왼쪽에 콜빌 하우스 골목으로 들어가면 ⑱ 노팅힐의 아름다운 주택단지를 볼 수 있다. 형형색색의 알록달록한 주택들은 바라보기만 해도 마음이 편안해지는 한 편의 수채화 같다. 이 골목뿐 아니라 노팅힐 거리 곳곳에 이런 색감의 주택들이 많다.

다시 골목을 나와서 동쪽으로 콜빌 스퀘어를 따라 걸으면 ⑲ 올 세인츠 처치(All Saints' Church)에 다다른다. 이 교회는 1960년대 후반 런던 언더그라운드 운동의 중심지로, 당시 주류였던 보수 우익 문화에 반기를 든 많은 비주류 예술가와 인연이 있다. 세계적으로 이름을 날리기 이전 초창기의 핑크 플로이드가 이 교회 강당

⑲ 올 세인츠 처치

에서 정기적으로 공연했다. 핑크 플로이드의 리더였던 시드 배럿이 이곳에서 당시 런던 언더그라운드 운동에 관심이 있던 에밀리라는 학생을 만나 영감을 얻어 히트곡 〈See Emily Play〉를 작곡했다. 에밀리(Emily Young)는 나중에 커서 '현존하는 영국의 최고 석재 조각가'로 칭송을 받는 조각가가 된다.

교회 옆으로는 붉은색 벽돌 건물인 ⑳ 태버내클(Tabernacle)이 있다. 태버내클은 오늘날 지역 문화센터 공간으로 이용되고 있는데, 과거 핑크 플로이드와 롤링 스톤즈가 이곳에서 주로 예행연습을 했고, 클래쉬가 연주회도 개최했다. ㉑ 핑크 플로이드(Pink Floyd)는 1965년에 런던에서 결성된 록 밴드로 몽환적 분위기의 사

⑳ 태버내클

이키델릭 록의 선구자였다. 〈See Emily Play〉가 영국 음악차트 6위에 오르면서 영국의 메이저 밴드로 떠올랐지만, 밴드의 인기가 높아질수록

㉑ 핑크 플로이드

멤버들의 압박감은 커졌다. 리더였던 시드 배럿은 이를 약물로 해결하려다 결국 정상적인 활동을 할 수 없어 밴드를 탈퇴했고, 밴드는 이후 데이빗 길모어를 영입해 최고의 전성기를 구가했다. 멤버들 간 끊임없는 불화를 겪다가 1995년에 해체되었고, 이후 재결성과 해체를 반복했다. 2005년에 환갑의 할아버지들이 모여 콘서트를 했고 공연 후 멤버들이 화해의 포옹을 하는 장면은 팬들에게 큰 감동을 주었다.

㉒ 롤링 스톤즈

핑크 플로이드와 더불어 ㉒ 롤링 스톤즈(The Rolling Stones) 역시 영국의 전설적인 밴드로, 1962년에 런던에서 결성되어 오늘날까지 한 번의 해체 없이 여전히 활동 중인 밴드다. 핑크 플로이드가 사이키델릭 록 스타일을 유지했다면, 롤링 스톤즈는 시대적 분위기에 맞춰 60년대에는 사이키델릭 록, 70년대에는 디스코, 80년대에서는 팝, 90년대에는 현대적인 록 스타일로 항상 변화하는 모습을 보여주었다. 보컬인 믹 재거와 기타리스트 키스 리처즈는 비틀즈의 존 레논과 폴 매카트니와 같이 밴드의 프론트 멤버이자 작곡 콤비다. 그러나, 깔끔한 정장 차림의 이미지를 내세운 비틀즈와 달리 세계적인 악동 이미지로 자신들을 차별화했다. 보컬인 믹 재거는 중산층 가정에서 태어나 어릴 때는 모범생으로 공부도 잘해 런던정경대(LSE)에서 경영학을 공부했다. 밴드 활동 내내 여성들과의 스캔들로 유명했고 수많은 염문설을 뿌렸다. 심지어 2016년에는 72세의 나이로 27세의 미국 출신 발레리나 여자 친구를 임신시킨 기사도 있다. 미국 록 밴드 마룬5의 노래 〈Moves Like Jagger〉의 Jagger가 믹 재거다. 믹 재거와 유치원, 초등학교 동창인 키스 리처즈는 술과 마약, 막말로 유명하다. 그는 믹 재거와 달리 가난한 노동자 계층에서 태어나 기술학교에 다니다 결국 교내 흡연으로 퇴학까지 당했다. 키스 리처즈는 성인이 되어 우연히 믹 재거와 만남으로써 롤링 스톤즈가 탄생했다.

태버내클 남쪽으로 포위스 스퀘어 운동장(Powis Square Playground) 이라는 작은 공원이 있는데, 이곳이 바로 ㉓ 노팅힐 카니발(Notting Hill Carnival)의 시작점이다. 1950년대 피터 라흐만은 이곳 포위스 스퀘어 일대에 수많은 주택을 보유하고 있던 건물주였는데, 주로 서인도제도 이민자들을 세입자로 두었다. 물론, 이 당시

㉓ 노팅힐 카니발

가 식당에 버젓이 '흑인, 개, 아일랜드인 출입 금지'라는 간판이 걸려 있는 게 당연한 시대이긴 했지만, 라흐만은 특히 자신의 구역 이민자인 세입자들에게 폭력과 협박을 일삼으며 못되게 굴었다. 라흐만의 악명 높은 행태는 오늘날 영어사전에 '라흐마니즘(Rachmanism, 빈민가 주민에 대한 건물주의 임대료 착취 행위)'이라는 단어로 등재되어 있다.

노팅 힐 지역의 이민자들은 평소에도 이러한 인종차별을 자주 겪었는데, 특히 1958년에는 이민자들을 상대로 폭력 행사를 목표로 한 '노팅 힐 폭동'도 경험했다. 이는 영국 파시스트 집단이 지지하던, 노팅힐 지역 백

인들의 인종차별 단체인 'The Teddy Boys'가 일으킨 백인들의 폭동이다. 나중에 록 그룹 클래쉬의 〈White Riot〉이라는 히트곡이 이 폭동에 영감을 얻어 작곡된다.

노팅 힐 카니발은 이러한 폭력적인 인종차별의 긴장을 완화하고 이민자 자신들의 문화와 전통을 소개하고자 하는 취지에서 시작되었다. 처음에는 작은 행진으로 시작된 축제였으나, 지금은 브라질 리우 카니발 다음으로 세계에서 두 번째로 큰 거리 축제가 되었다. 매년 8월 마지막 주말에 이곳 노팅힐에서 개최되고, 참가자들은 가장행렬과 음악공연 그리고 다양한 음식 체험을 즐길 수 있다.

# 5. 런던에서 가장 높은 런던 북한산

*"A Woman has to live her life, or live to repent not having lived it."*

(여자는 그녀의 삶을 살아야 합니다. 아니면, 그렇게 살지 못했던 것을 후회하며 살아야 합니다.)

— 데이빗 로렌스, 소설 『채털리 부인의 사랑』 중에서

## E. 부자들은 높은 곳을 향해 | 햄스테드 히스(Hampstead Heath)

노팅힐을 둘러보는 것은 반나절이면 되기 때문에 나머지 반나절은 햄스테드 히스를 방문해 보기를 권한다. 영어로 '히스(heath)'라고 하면, 잡초와 야생화들만 있는 황야를 의미하는데, 거대한 나무들로 뒤덮인 숲이 아니라 자그마한 초원 정도로 이해하면 된다. 런던 북부에 있는 햄스테드 히스는 런던에서 가장 높은 곳에 있다. 17세기 런던에서 결핵, 천연두, 콜레라가 창궐하자 부유한 사람들이 복잡한 런던을 떠나 공기 좋은 이곳으로 몰려들기 시작했다. 지금도 부자들이 많이 살아 서울의 성북동 같은 느낌이 있다. 그래서인지 유명인들의 자취가 담긴 블루 플라크들을 심심찮게 찾아볼 수 있다.

지하철을 타고 노던 라인의 햄스테드역에서 내려 여행을 시작한다. 히

㉔ 허버트 조지 웰스

스 스트릿 남쪽으로 내려가다 처치 로우로 들어가면 보이는 17번 건물은 작가 ㉔ 허버트 조지 웰스(Herbert George Wells, 1866~1946)가 살았던 집이다. 웰스는 1895년에 『타임머신』이란 소설을 발표해, 시간 여행을 할 수 있는 '타임머신'이라는 용어를 처음 만들었다. 그 외에도 SF 분야에 두각을 나타내 『투명 인간』, 『우주전쟁』 등의 작품을 썼다. 2002년에 사이먼 웰스 감독이 『타임머신』을 영화로 제작했는데, 사이먼 웰스 감독은 허버트 웰스의 증손자다.

㉕ 세인트 존 앳 햄스테드 교회　　　　　　　㉖ 브람 스토커

　처치 로우와 프로그날 웨이가 만나는 곳에 ㉕ 세인트 존 앳 햄스테드 교회(St. John-at-Hampstead Church)가 있다. 교회의 공원묘지는 음산한 분위기를 자아내는데, 작가 ㉖ 브람 스토커(Bram Stoker, 1847~1912)가 이곳을 둘러보고 그의 소설 『드라큘라』를 집필했다. 그는

1878년에 플로렌스 발콤브라는 유명한 미인과 결혼했다. 오스카 와일드가 그녀에게 청혼했다가 거절당하고, 상심해 미국으로 떠나버린 일화가 있다. 스토커는 유명 연극 배우인 헨리 어빙의 비서로 일했는데, 드라큘라 백작의 캐릭터를 그에게서 영감을 얻었다고 한다. 비서로 일하면서 자기 상사를 흡혈귀의 캐릭터로 연상했다고 하니 그의 직장생활이 꽤 고단했던 것이 아닌가 상상하게 된다. 앞서 언급했듯이 헨리 어빙의 동상은 내셔널 포트릿 갤러리 옆에 있으니 그를 보고 드라큘라의 모습이 연상이 되는지 확인해 보길 바란다.

이곳에 묻힌 다른 유명인은 화가 존 콘스타블이 있고, 교회 안쪽에는 시인 ㉗ 존 키츠(John Keats, 1795~1821)의 기념비가 있다. 키츠는 셸리, 바이런과 함께 영국 낭만주의 3대 시인으로 알려져 있다. 폐결핵으로 25세의 젊은 나이에 요절했는데, 생전에 비평가들로부터 높은 평가를 받지 못하다가 사후에 높이 평가되었

㉗ 존 키츠

다. 그의 팬들은 25세의 셰익스피어보다 25세의 키츠가 훨씬 낫다고 하며, 키츠가 오래 살았더라면 셰익스피어를 능가했을 것으로 본다. 그의 시 중 'The Eve of St. Agnes'에서 '성 아그네스 데이'가 유래했다. 1월 20일이 성 아그네스 데이인데, 20일에서 21일로 넘어가는 밤에 처녀들은 자기 미래의 남편 얼굴을 꿈에서 볼 수 있다고 한다. 제대로 된 꿈이면 남편 얼굴이 흐릿하게 나오고 선명하게 나오면 남편 얼굴이 아니다.

㉘ 해롤드 길리스

처치 로우 끝에서 북쪽으로 프로그날 길을 따라가다 보이는 레딩턴 로드와 만나는 곳의 71번 건물은 ㉘ 해롤드 길리스(Harold Delf Gillies, 1882~1960)가 살았다는 집이다. 길리스는 뉴질랜드 출신의 의사로 현대 성형수술의 아버지다. 제1차 세계대전이 발생하자 육군 의무대에 입대했다가 피부이식 기술에 관심을 가졌고, 1917년 유틀란트 해전에서 부상당한 월터 여(Walter Yeo)를 상대로 세계 최초로 안면 성형수술에 성공했다. 그는 또한 1946년에 마이클 딜런을 상대로 세계 최초로 여성에서 남성으로의 성전환 수술에도 성공했다.

㉙ 타마라 카르사비나                ㉚ 고든 섬머

좀 더 북쪽으로 가서 108번 건물은 ㉙ 타마라 카르사비나(Tamara Karsavina, 1885~1978)가 살았던 집이다. 그녀는 러시아 출신 발레 무용수로 이곳 햄스테드 히스에 정착한 이후 전문적으로 발레를 가르치기

시작했으며, 현대 영국 발레의 설립자 중 한 명으로 인식된다. 108번 건물은 또한 ㉚ 고든 섬머(Gordon Matthew Thomas Summer, 1951~)가 한때 살았던 곳이기도 하다. 고든 섬머는 우리에게 〈Englishman in New York〉와 〈Shape of My Heart〉로 유명한 '스팅(Sting)'의 본명이다. 이곳에서 대각선 왼쪽의 99번 건물은 샤를 드골이 제2차 세계대전 중 자유 프랑스군을 지휘하기 위해 머물렀던 곳이다.

마운트 버넌 도로를 따라 홀리 워크로 접어들면 7번 건물에 ㉛ 로버트 스티븐슨(Robert Louis Stevenson, 1850~1894)의 블루 플라크가 있다. 스티븐슨은 스코틀랜드에서 태어났고 어릴 때부터 폐병을 앓았으나, 그는 야외와 바다, 모험을 좋아했다. 그의 대표작으로, 아들에게 모험 이야기를 들려주기 위해 지은 『보물섬』과 인간의 선과 악의 내면적 모순에 관한 서술인 『지킬 박사와 하이드 씨』가 있다.

㉛ 로버트 스티븐슨

홀리 워크에서 마운트 버논을 따라 북으로 가다 햄스테드 그로브로 들어가기 전 ㉜ 홀리 부시 펍(The Holy Bush)을 구경한다. 이펍은 1790년대에 화가 ㉝ 조지 롬니(George Romney, 1734~1802)가 소유했는데, 조지 롬니는 넬슨 제독의 여인 엠마 해밀턴의 미모를 높이 사 그녀의 초상화를 많이 그린 것으로 알려져 있다.

㉜ 홀리 부시 펍                           ㉝ 조지 롬니

　다시 햄스테드 그로브를 따라가다 애드미럴스 워크로 들어가면 ㉞ 애드
미럴스 하우스(Admiral's House)가 나온다. 이곳에서는 ㉟ 조지 길버트
스콧(George Gilbert Scott, 1811~1878)이 살았다. 그는 세인트 판
크라스 역의 미들랜드 그랜드 호텔과 하이드 파크의 알버트 기념관을 설계
한 유명 건축가다. 그의 손자가 테이트 모던 편에서 언급했던 자일스 길버
트 스콧이다. 애드미럴스 하우스는 건물이 기품이 있어 보인다. 그래서인
지, 이 근처에 살았던 화가 존 콘스타블도 애드미럴스 하우스를 세 번이나
그렸고, 이 그림들은 현재 테이트 모던, V&A, 베를린 국립미술관에 각각
전시되어 있다. 햄스테드 그로브와 히스 스트릿을 거쳐 스페이냐즈 로드
쪽에서 숲길로 들어가서 본격적으로 햄스테드 히스의 자연을 느끼며 걷는
다.

③④ 애드미럴스 하우스　　　　　　③⑤ 조지 스콧

그렇게 북쪽으로 올라가면서 ③⑥ 켄우드 하우스(Kenwood House)를 찾아간다. 자연 속에서 갑자기 떡하니 나타나는 아름다운 저택인 켄우드 하우스는 내부가 미술관으로 운영되어, 렘브란트의 자화상을 비롯해 베르메르, 안소니 반 다이크, 조슈아 레이놀즈 등 유명 화가의 작품을 볼 수 있다. 1925년에 맥주회사 기네스의

③⑥ 켄우드 하우스

사장인 에드워드 기네스가 켄우드 하우스를 사들였다가, 그가 사망하면서 국가에 기증해 1928년부터 대중에게 공개하고 있다. 이곳이 더욱 유명해진 것은 이 정원이 영화 〈노팅 힐〉의 한 배경이 되면서부터다.

켄우드 하우스에서 크게 돌아 햄스테드 히스의 자연을 마음껏 구경한 후 다시 햄스테드역 쪽으로 돌아서 나오는데, 베일 오브 힐스 연못으로 방향을 잡아 내려온다. 베일 오브 힐스 거리의 6번 주택에 ③⑦ 데이빗 로

⑨ 데이빗 로렌스

렌스(David Herbert Lawrence, 1885~1930)의 블루 플라크가 있다. 로렌스는 영국의 소설가로 인간의 원시적인 성의 본능을 매우 중요시했는데, 대표적인 작품으로 『채털리 부인의 사랑』이 있다. 이 소설은 출간되자마자 영국 신문들에 의해 외설물이라고 공격당했다. 런던경찰청이 소설들을 압수하기 시작했고, 그는 외설 작가라는 악명을 얻었다. 당시에는 많은 비난을 받았지만, 그의 작품은 시간이 흐르면서 시대정신과 인간관계의 활력 있는 균형을 이루고 있다고 재평가받고 있으며 『채털리 부인의 사랑』은 영화로도 만들어졌다.

⑧ 라빈드라나드 타고르

로렌스가 살았던 집 건너편 3번 건물은 인도 시인 ⑧ 라빈드라나드 타고르(Rabindranath Tagore, 1861~1941)가 살았던 집이다. 타고르는 인도 카스트 제도의 최상위 계급인 브라만 계급 출신으로 15형제 가운데 13번째 아들로 태어났다. 영국 런던 유니버시티 칼리지(UCL)에서 법학과 문학을 전공했고, 시집 『기탄잘리(신에게 바치는 노래)』로 1913년에 아시아인으로서는 최초로 노벨문학상을 수상했다. 한국에서는 그의 시 '동방의 등불'이 유명하다.

## 동방의 등불 – 타고르

*In the golden age of Asia*
*Korea was one of its lamp-bearers*
*And that lamp is waiting to be lighted once again*
*For the illumination in the East*

일찍이 아시아의 황금시대에
빛나던 등불의 하나인 조선
그 등불 다시 한번 켜지는 날에
너는 동방의 밝은 빛이 되리라

베일 오브 힐스를 따라 내려오다 이
스트 히스 로드를 거쳐 웰 워크로 빠
지면 40번 건물이 화가 ㉟ 존 콘스타
블(John Constable, 1776~1837)
이 살았던 집이다. 콘스타블은 영국
낭만주의 화가로 시골에서 태어나 개
천이나 숲이 많은 고향의 자연을 사랑
했다. 평생 풍경화만 그렸으며 특히
하늘의 구름을 면밀히 연구해 화폭에

㉟ 존 콘스타블

담아 '구름 화가'로 불리기도 했다. 웰 워크와 플라스크 워크를 거쳐 처음
의 햄스테드역으로 돌아오며 오늘의 여정을 마친다.

## ≫ 6일 차 동선 요약

| 구분 | 모듈번호 | 시간 | 장소 |
|------|----------|------|------|
| 오전 | 6-1 | 2시간 | A. 홀란드 파크 → B. 라드브록 그로브 → C. 포토벨로 로드 → D. 포위스 스퀘어 |
| 점심 | 식당가 : 포토벨로 로드 | | |
| 오후 | 6-2 | 2시간 | E. 햄스테드 히스 |

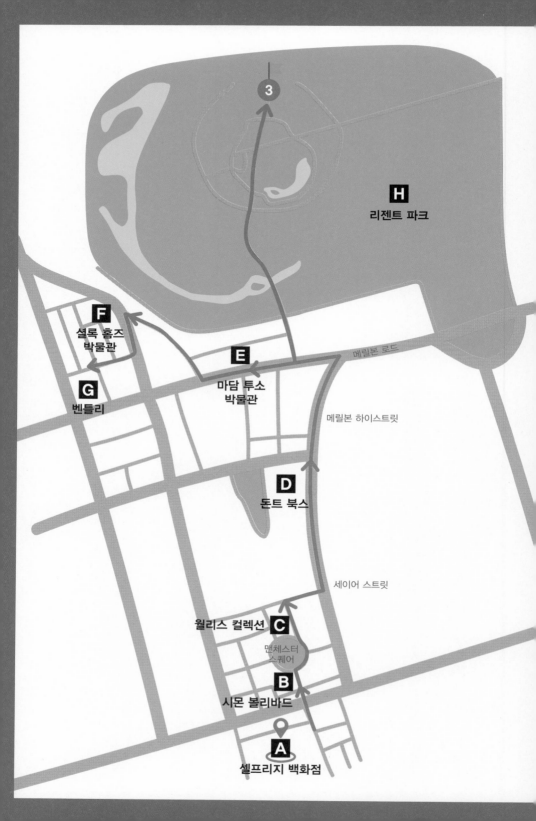

**H**
리젠트 파크

메릴본 로드

**F**
셜록 홈즈
박물관

**E**
마담 투소
박물관

**G**
벤틀리

메릴본 하이스트릿

**D**
돈트 북스

세이어 스트릿

**C**
월리스 컬렉션

맨체스터
스퀘어

**B**
시몬 볼리바드

**A**
셀프리지 백화점

# 1. 숨겨진 보석 같은 거리

*"Those of us who have toiled for liberty in South America have but plowed the sea."*
(우리가 남아메리카의 독립을 위해 애썼던 것들이 그저 바다에서 밭갈이한 것이 되어버렸다.)

– 시몬 볼리바르, 남아메리카 독립 영웅

## A. 런던에서 두 번째로 큰 백화점 | 셀프리지 백화점(Selfridges)

마지막 7일 차의 여행은 지하철 주빌리와 센트럴 라인이 지나가는 본드역에서 시작한다. 역에서 내려 옥스포드 스트릿을 따라 서쪽으로 가면 셀프리지 백화점이 있다. 셀프리지 백화점은 1909년에 해리 고든 셀프리지에 의해 창립된 백화점으로, 앞서 언급한 해로즈 백화점에 이어 영국에서 두 번째로 큰 백화점이다. 해리 고

A. 셀프리지 백화점

든 셀프리지는 미국에서 태어났고, 아버지가 가족을 버려 가난하게 자랐다. 어릴 때부터 신문을 배달했고 14세의 나이에 학교를 그만두고 은행

에 취직하며 생계를 유지했다. 이후 도소매업에서 자신의 입지를 다졌고, 시카고의 부유한 집안의 로잘리 버킹엄과 결혼해 상당한 재산을 모았다. 1904년, 미국 시카고에 처음으로 자신의 백화점을 열었고, 1906년에 런던을 여행하던 중 이곳에서도 백화점이 성공할 수 있으리라 확신하며 여기 옥스포드 스트릿에 셀프리지 본점을 설립했다. 이후 영국으로 귀화해 영국인이 되었고, 1947년에 폐렴으로 사망할 때까지 런던에서 살았다. 현재 영국의 주요 백화점으로는 앞서 언급한 해로즈, 리버티, 셀프리지 외에 존 루이스, 벤톨 등을 꼽을 수 있다.

## B. 독재자가 된 영웅 | 시몬 볼리바르(Simon Bolivar)

B. 시몬 볼리바르

셀프리지 백화점에서 듀크 스트릿을 따라 북쪽으로 가다가 맨체스터 스퀘어에 이르기 직전 왼쪽에 시몬 볼리바르(1783~1830)가 묵었다는 주택이 있다. 볼리바르는 베네수엘라 출신의 군인이자 라틴 아메리카의 독립

운동가다. 그는 무장투쟁을 통해 당시 스페인 식민지였던 파나마, 에콰도르, 콜롬비아, 베네수엘라, 페루, 볼리비아를 독립시켰다. 볼리비아는 아예 국가명을 그의 이름에서 따왔고, 많은 나라들이 도로, 공항 등에 그의 이름을 붙이고 있다. 볼리바르는 미국의 아메리카 합중국이라는 연방제를 모델로 삼아, 독립한 남아메리카 국가들이 연방제적 국가연합을 이루기를 희망했다. 그러나, 지역 군벌의 비협조적인 자세, 국가별 정치적 이해관계 등으로 인해 그의 노력은 실패로 끝났다. 한편, 그는 새로 독립한 남아메리카에는 독재체계가 가장 효율적인 시스템이라 믿고 엘리트 중심의 정치를 펼쳤다. 본인은 종신 대통령이 되었으며 후계자 지명권도 스스로 가짐으로써, 과거의 공로에도 불구하고 그는 독재자라는 악명을 얻었다. 이후 정적들의 반란, 국민의 반감, 그에 대한 암살 미수사건 등이 발생하자 결국 스스로 대통령직을 물러났고, 47세의 나이에 폐결핵으로 사망했다. 만약, 그의 소신대로 남아메리카 국가들이 하나의 '남아메리카 합중국'을 구성했더라면 오늘날 미국에 버금가는 강대국으로 성장했을까?

## C. 컬렉션이란 이런 것이다 | 월리스 컬렉션(Wallace Collection)

C. 월리스 컬렉션

맨체스터 광장 북쪽으로 월리스 컬렉션이라는 박물관이 있다. 박물관은 허트포드 후작 4세와 그의 아들 리처드 월리스가 수집한 소장품들을 전시하고 있다. 1897년에 리처드 월리스의 부인이 약 5,500점의 그림, 도자기, 가구, 갑옷, 무기들로 구성된 허트포드 가문의 컬렉션을 국가에 기증했다. 영국 정부는 이들을 전시하기 위해 허트포드 가문의 주택을 현 상태 그대로 사들여 박물관으로 꾸민 후, 대중에게 무료로 개방하고 있다. 박물관에 들어서면 과거 귀족 가문의 주택 형태를 그대로 볼 수 있고, 16~19세기 중세 및 근세의 웬만한 물건들은 모두 구경할 수 있다. 사실, 갑옷이나 총, 칼 등의 무기, 독특한 미니어처 같은 것들은 굳이 왜 이렇게 많이도 수집했을까 하는 생각이 들 정도로 없는 게 없다. 어쨌든 그들의 수집벽 덕분에 현재 우리는 그 당시 사람들이 사용하던 물건들에 대해 자세히 알 수 있다.

여기서 잠깐 영국의 귀족에 대해 알아본다. 남녀 귀족의 작위는 서열순서대로 공작(Duke/Duchess), 후작(Marquess/Marchioness), 백작(Earl/Countess), 자작(Viscount/Viscountess), 남작(Baron/Baroness)이 있다. 칭호에는 제3자를 일컫는 경칭과, 바로 앞에서 상대방을 부르는 호칭이 있는데, 앞에 언급한 영어 단어들은 경칭을 의미한다. 귀족들을 호칭할 때, 공작은 Your Grace라 하고 후작 이하는 My Lord/Lady라 한다. 귀족의 부인인 경우, 남편이 사망해도 아들이 결혼하기 전까지는 기존의 경칭을 계속 사용할 수 있지만, 아들이 결혼을 하면 호칭은 그대로 My Lady라고 하되 경칭 앞에만 Dowager(다우어저, 미망인)를 붙인다. 부인이 귀족이고 남편이 평민이면, 남편에게는 그냥 Mr.만 붙여 부른다. 자녀의 경우에는 공작과 후작의 자녀는 Lord/Lady로 호칭하고, 자작 이하는 남녀 모두 Honourable로 칭하되, 백작의 딸만 Lady로 칭한다. 한국이나 영국이나 예법이라는 것이 꽤나 복잡하고 헷갈리기는 마찬가지다. 런던을 여행하는 중에 사석에서 영국 귀족을 만날 일은 거의 없겠지만 사람 일을 누가 알겠는가? 버킹엄 궁전에 초대받아 귀족들과의 연회에 참석하게 될지.

## D. 런던에서 가장 아름다운 서점 | 돈트 북스(Daunt Books)

D. 돈트 북스

월리스 컬렉션에서 조지 스트릿을 따라 동쪽으로 이동하다 세이어 스트릿을 만나 북쪽으로 가다 보면 돈트 북스라는 간판의 서점을 만난다. 1990년에 전직 은행가인 제임스 돈트가 설립한 여행 전문 서점이다. 참나무 골조와 화려한 채광창이 서점을 고풍스러우면서도 화사하게 만든다. 그러나, 책이라는 것이 햇볕에 노출되면 손상되기 쉬워, 이런 채광창 때문에 책이 상할까 봐 조금 걱정스럽기는 하다. 입구 근처의 대형 금고는 과거에 값비싼 책들을 보관했던 곳이다.

개인적으로 셀프리지 백화점에서 맨체스터 스퀘어와 월리스 컬렉션을 거쳐 돈트 북스에 이르기까지의 거리는, 잘 알려지지는 않았지만 볼거리가 많은, 보석 같은 거리라고 생각한다.

# 2. 창조된 주소 베이커 스트릿 221B

*"My name is Sherlock Holmes. It is my business to know
what other people don't know."*

(제 이름은 셜록 홈즈입니다. 다른 사람들이 모르는 것을 아는 것이 저의 일이죠.)

– 셜록 홈즈, 코난 도일의 소설 〈셜록 홈즈〉 중에서

## E. 전 세계 셀럽들의 집합소 | 마담 투소 박물관(Madame Tussauds London)

돈트 북스에서 북쪽으로 메릴본 하
이스트릿을 따라 이동하다 메릴본 로
드에서 11시 방향의 마담 투소 박물
관 쪽으로 간다. 세계적으로 유명한
밀랍 인형 박물관인 마담 투소 박물
관은 ① 안나 마리아 그로숄츠(Anna
Maria Grosholtz, 1761~1850)에
의해 건립되었다. 안나는 프랑스에서
태어났는데, 생후 2개월에 아버지가

E. 마담 투소 박물관

사망하자 어머니와 함께 스위스로 이사했다. 안나의 어머니는 스위스에서
해부학 의사의 가정부로 일하면서 밀랍 인형 만드는 법을 배웠고, 그녀는
바로 이 기술을 어머니로부터 전수 받았다. 그녀는 1789년 프랑스 혁명을

① 안나 마리아 그로숄츠

거치면서 왕실과 친하다는 이유로 투옥된 적도 있고, 혁명기에 루이 16세, 왕비 마리 앙투아네트, 로베스피에르 등의 인물들을 밀랍 인형으로 제작해 달라는 의뢰도 받았다. 토목기사 프랑소와 투소와 결혼한 후 1802년에 자신의 런던 전시회에 참석하러 갔다가, 나폴레옹 전쟁이 발발하면서 프랑스로 돌아가지 못했다. 1835년에 이곳 베이커 스트릿에 그녀의 작품들을 영구적으로 전시하는 전시장을 개설했고, 1850년에 88세의 일기로 생을 마감했다. 오늘날 마담 투소 박물관은 런던 본점을 비롯해 뉴욕, 홍콩, 방콕, 두바이 등 전 세계 주요 도시에서 왕실 인물, 영화배우, 스포츠 스타 등의 실제 크기와 모습 그대로를 밀랍 인형으로 재현해 놓았다. 런던에 있는 박물관이 본점인 만큼 한 번 들러볼 만하다. 박물관은 오전 10시에 오픈하는데, 다 둘러보고 마지막에 3D 영화까지 보고 나면 오전이 다 지나간다. 입장 시간을 미리 인터넷으로 예약해야만 입장할 수 있다.

## F. 셜록 홈즈의 모든 것 | 셜록 홈즈 박물관(The Sherlock Holmes Museum)

마담 투소 박물관을 둘러보고 나서 셜록 홈즈 박물관으로 걸어간다. 셜록 홈즈는 알다시피 영국의 유명 소설가 ② 코난 도일(Arthur Conan Doyle, 1859~1930)의 소설 속 명탐정의 이름이다. 코난 도일은 원래 안과의사였다. 그는 스코틀랜드 에든버러 출신으로 영국에서 의대로 유명한 에든버러 의대를 나와서 안과를 개업했는데, 손님이 너무 없어 소설을 쓰기 시작한 것이 대박이 나자 의사를 그만두고 전업 작가로 전환했다. 그는 젊었을 때, 포경선에서 선원으로 일하기도 했고, 1901년 제2차 보어전쟁(1899~1902)에는 군의관으로 자원 입대도 했다. 이러한 그의 다양한 경험은 추리소설의 소재들을 더욱 풍성하게 하는 데 일조했다. 특히 셜록 홈즈 시리즈에서 홈즈를 보좌하기 위해 왓슨(Watson)이라는 퇴역군인인 의사를 등장시켜 그의 군의관 시절의 경험을 소설 속에 녹여냈다.

F. 셜록 홈즈 박물관

② 코난 도일

1894년에 코난 도일은 셜록 홈즈 시리즈를 마무리 하기 위해 『마지막

사건』에서 홈즈를 죽이는 것으로 끝을 맺었다. 그러나, 홈즈의 죽음은 전 세계 독자들로부터 거센 비난과 항의를 불러일으켰고, 이러한 항의는 코난 도일을 매우 힘들게 했다. 심지어 어머니에게 힘들다는 편지를 보냈는데, 오히려 어머니로부터 "그래 네가 고생이 많구나. 그런데 홈즈는 왜 죽였니?"라는 답장까지 받았다. 그는 7년에 걸친 독자들의 항의를 견디다 못해 결국 1901년, 『바스커빌 집안의 개』를 통해 홈즈를 부활시켰다. 당시 코난 도일은 이런 말을 했다. "내가 실제로 사람을 죽였어도 이렇게까지 욕먹지는 않았을 것이다."

셜록 홈즈 박물관은 1990년에 개관했는데, 오래된 가정집을 리모델링해서 소설 속 홈즈의 집을 재현했다. 박물관에서는 작품 속 주인공들의 물건들뿐만 아니라 작가의 유품들도 같이 구경할 수 있다. 원래 소설 속 홈즈의 집 주소인 베이커 스트릿 221B는 실제로는 존재하지 않는 도로명주소였으나, 소설의 인기와 함께 런던시가 1930년경 도로 정비를 하면서 새롭게 만들었다.

셜록 홈즈 박물관 옆에는 베이커 스트릿 지하철역이 있는데, 자그마치 주빌리, 메트로폴리탄, 해머스미스앤시티, 베이커루, 서클의 5개 라인이 지나가는, 교통이 무척 편리한 역이다. 여담으로 베이커루, 워털루에서 '루(loo)'라는 단어는 영국에서 친구들 사이에서 '화장실'을 격의 없이 표현할 때 많이 쓰이는 단어다. "화장실 좀 써도 돼?"를 쉽게 "Can I use your loo?"라고 한다. 좀 더 격식을 갖추려면 '토일렛(toilet)'을 쓴다. "화장실이 어디에 있습니까?"는 "Where can I find the toilet?"이라고 한다. 유럽 대부분의 나라와 마찬가지로 영국에서도 공중화장실은 유료다. 지하철역 안에 있는 공중화장실도 마찬가지다. 다만 유럽과 달리 영국은 박물관 대부분이 입장료가 무료이기 때문에 박물관이나 미술관이 근처에 있다면 무료로 화장실을 이용할 수 있다. 박물관이 문을 닫은 저녁 시간대에는 인근 펍에 들어가서 조용히 화장실만 이용하고 나올 수도 있다. 다만, 펍을 이용할 때 맥주를 마시지 않고 화장실만 이용하려거든 미리 양해를 구하고 이용하길 권한다.

영국의 박물관과 미술관은 유럽과 달리 왜 무료인 곳이 대부분일까? 이에 대해 첫째, 박물관이나 미술관이 소장한 작품들 중에 영국 작가의 작품이 일정 비율을 넘지 않으면 무료로 해야 한다는 규정이 있다는 얘기가 있다. 즉, 제국주의시대에 식민지로부터 착취한 작품들이 많아 양심적으로 입장료를 받지 않겠다는 것이다. 둘째로는, 사립이 아닌 국립박물관이나 미술관의 경우 국민이 문화를 관람하는 데 있어, 국가가 가진 자와 가지지 못한 자를 차별할 수 없다는 정책이 반영되었다는 얘기도 있다. 둘 중 어느 것이 맞는지는 정확히 알 수 없으나, 박물관과 미술관이 무료라는 점은 영국을 여행하는 데에 엄청난 장점이다.

## G. 영국 대표 슈퍼카 | 벤틀리(Bentley)

G. 벤틀리(최초 생산지)

셜록 홈즈 박물관 뒤로 조금 걸어가면 영국의 명품 자동차회사인 벤틀리 자동차회사가 최초로 탄생한 장소가 있다. 이곳은 1919년에 벤틀리 자동차회사가 설립된 곳이며 최초의 벤틀리가 여기에서 생산되었다. 벤틀리는 월터 오웬 벤틀리와 그의 형 호레이스

밀너 벤틀리가, 한국에서 3.1 운동이 일어났던 해인 1919년에 설립했다. 1931년에 롤스로이스에 인수되었다가 현재는 독일의 폭스바겐이 대주주다. '빠른 차, 좋은 차, 동급 최고의 차'를 모토로 하는 벤틀리 자동차는 기업 회장, 중동 왕족들이 주로 애용한다. 두바이 왕자의 자가용이 번호판 1번을 달고 있는 순금 벤틀리라는 이야기가 있다.

영국은 자체 자동차 브랜드가 많았으나 대처 정부 시절 제조업 중심의 산업구조를 탈피하고자 많은 브랜드를 외국에 매각시켜 지금은 거의 남아 있지 않다. 과거에 유명한 영국의 자국 자동차 브랜드로는, 영화 〈007〉에서 주인공 제임스 본드의 자동차로 유명한 애스턴 마틴을 비롯해 재규어, 롤스로이스, 미니 쿠퍼, 랜드로버, 맥라렌, 복솔 등이 있다. 1906년에 찰스 롤스와 헨리 로이스에 의해 설립된 롤스로이스는 최고급 수공 승용차라는 브랜드 이미지가 있다. 예전에는 자격요건을 갖추지 못하면 무조건 판매를 거부해, 아무나 살 수 있는 차가 아니었다. 당장 가용한 현금이 300억 원 이상 보유한 구매자에게만 차를 판매한다는 소문도 있었고, 3대에 걸친 가문을 조사해 문제가 있으면 퇴짜를 놓았다는 얘기도 있었다. 인터넷 유머로도, 롤스로이스가 자율주행차량에 관심을 두지 않는 이유가 "우리 고객들은 이미 스스로 운전하지 않는다."라고 할 정도로 고급스러운 평판을 자부한다.

## 3. 동물원 옆 대공원

"A dream you dream alone is only a dream. A dream you dream together is reality."
(혼자 꾸는 꿈은 꿈일 뿐이지만, 함께 꾸는 꿈은 현실이 된다.)

— 오노 요코, 비틀즈의 보컬 존 레논의 부인

### H. 런던 최대 왕실 공원 | 리젠트 파크(The Regent's Park)

다시 마담 투소 박물관 쪽으로 이동해서 리젠트 파크로 들어간다. 리젠트 파크는 이름에서 알 수 있듯이 역시 존 내쉬의 작품이고 왕실 공원의 하나로 지정되어 있다. 마담 투소 박물관 뒤쪽 요크 브리지 길로 들어가면 일본 정원과 퀸 메리 장미공원이라는 아름다운 정원이 있다. 퀸 메리 장미공원은 영국 국왕 조지 5세

H. 리젠트 파크

의 왕비인 메리 여왕의 이름을 따서 1932년에 개장되었다. 북쪽으로 조금 가면 ③ 트리톤과 드라이어드 분수(Triton and Dryads Fountain)가 나오는데, 이 조각상은 좀 특이한 점이 있다. 우리가 잘 아는 트리톤

③ 트리톤과 드라이어드 분수

은 그리스 신화에 나오는 바다의 신으로, 포세이돈의 아들이며 상반신은 인간이고 하반신은 물고기의 모습을 하고 있다. 반면 드라이어드는 님프 즉 요정인데, 보통 님프들은 사는 장소에 따라 분류가 된다. 숲속에 사는 님프를 드라이어드 또는 드리아데스(Dryades)라 하고, 바다에 사는 님프를 네레이드 또는 네레이데스(Nereides)라고 한다. 따라서, 바다의 신 트리톤은 보통 네레이드와 함께 있는 투 샷이 정석인데, 이 조각상은 바다와 숲의 공존을 이야기하고 있는 듯하다. 이 분수 조각상은 1950년에 윌리엄 맥밀런이란 스코틀랜드 출신의 조각가에 의해 완성되었다. 맥밀런은 1948년에는 트라팔가 광장의 분수도 조각했는데, 그 조각상은 정석대로 네레이드와 트리톤, 그리고 돌고래가 함께 조각되어 있다.

④ 힐라스와 님프

트리톤과 드라이어드 분수 근처에 ④ 힐라스와 님프(Hylas and the Nymph)라는 조각상이 있다. 힐라스는 헤라클레스가 사랑한 미소년 시종으로, 헤라클레스를 따라 아르고호 원정대에 참가했다. 원정 도중, 그의 미모에 반한 물의 님프들이 힐라스를 불사의 몸으로 만들어 주겠다고 유혹해 연못 속으로 끌고 들어갔다.

공원 오른쪽 길 체스터 로드를 따라 걷다가 브로드 워크를 만나면, 남쪽으로는 영국 정원(English Gardens)이 있고 북쪽으로는 ⑤ 런던 동물원(London Zoo)이 있다. 런던 동물원은 1828년에 설립되었고 영국에서 가장 많은 동물을 보유하고 있다. 동물원을 들어서면, 길이 분홍, 파랑, 오렌지 색깔로 나누어진다. 하나의 색깔

⑤ 런던 동물원

을 선택하고 그 색의 길을 따라 구경하고 나오면 다시 원점으로 되돌아와서 그다음에는 다른 색을 선택해서 둘러볼 수 있다. 런던 동물원에서 가장 인기 있는 장소는 펭귄 수영장이다. 수십 마리의 펭귄들이 단체로 야외에서 수영을 즐기는 장면은 다른 곳에서는 보기 힘든 광경이다. 런던 동물원은 근대적 동물원의 형태를 최초로 구현해 낸 동물원이다.

역사적으로 동물을 수집해 관람하는 것은 원래 왕실의 취미에서 시작되었다. 당시 사진들을 보면, 정말 좁아서 몸을 마음대로 움직일 수 없는 감옥 같은 곳에 동물들을 가두어 두고 왕족이나 귀족들이 잠깐 와서 구경하는 수준이었다. 옴짝달싹 못하

⑥ 칼 하겐베크

는 좁은 철창 대신 그나마 약간의 넓은 우리에서 활동할 정도로 만든 것은 런던 동물원이 시초다. 런던 동물원 역시 시작은 대중에게 개방하기 위함은 아니고 동물 연구를 목적으로 설립되었다. 1847년이 되어서야 대중에게 개방되었고, 많은 나라들이 런던 동물원을 모방해 각국의 동물원

체계를 형성했다. 이후 1907년에 ⑥ 칼 하겐베크(Carl Hagenbeck, 1844~1913)에 의해 동물원은 한 번 더 현대적으로 탈바꿈한다. 하겐베크는 동물들에게 우리가 아닌 자연 상태의 서식지와 유사한 환경을 제공해, 동물들이 이전보다 더 자유롭게 돌아다닐 수 있도록 했다. 그러나, 하겐베크는 아프리카 원주민이나 에스키모인과 같은 사람들까지도 동물원에 전시하는 바람에 많은 비난의 화살을 받았다. 동물원의 존재 자체가 정당한 것인지에 대해서는 논외로 하고, 일단 동물들을 우리에서 해방해 일정한 생활공간과 맞춤형 환경을 제공했다는 점에서 하겐베크의 동물원 체계는 당시로서는 상당히 혁신적이었다.


## I. 영국에서 시작된 스포츠, 크리켓 | 로드 크리켓 구장(Lord's Cricket Ground)

I. 로드 크리켓 구장

런던 동물원에서 아웃터 서클을 따라 서쪽으로 돌아내려 가서 하노버 게이트로 공원을 빠져나간다. 파크 로드를 따라 북쪽으로 가다 보면 세인트 존스 우드 교회가 있고, 그 옆에 바로 세계에서 가장 유명한 크리켓 경기장인 로드 크리켓 구장이 있다. '크리켓'이라는 스포츠가 한국인들에게는 익숙하지 않지만, 영연방국가들에서는 꽤 인기 있는 종목이다. 크리켓은 16세기 영국 잉글랜드 남부지방에서 유행해 영국의 국기(National Sport)가 되었고, 19세기 제국주의 시기에 영연방국가들에 전파되었다. 각각 11명으로 이루어진 두 팀이 공격과 수비를 번갈아 하면서 공을 배트로 쳐 점수를 내는 방식으로 진행된다. 게임의 방식이 야구와 유사해 야구의 기원이라는 설이 다수이지만 대부분의 미국인은 인정하지 않는다. 경기 시간이 정식으로 하면 한 게임에 5일 정도 걸리고, 국제경기는 하루 종일 걸린다. 최근에는 규칙을 개정해 경기 시간을 3시간 정도로 줄인 방식도 나왔다. 모든 일을 느긋하게 즐기는 영국인들에게는 적합할지 몰라도, 한국인들이 즐겨 찾지 않는 이유 중 하나가 경기 시간 때문이 아닐까 싶다.

요크셔 출신의 유명한 크리켓 선수인 ⑦ 토마스 로드(Thomas Lord, 1755~1832)가 1814년에 28,000명을 수용할 수 있는 크리켓 전용 구장을 건설했는데, 그의 이름을 따서 로드 크리켓 구장이라 부른다. 2012년에 런던올림픽 양궁 경기가 이곳에서 열렸으며, 대한민국은 오진혁, 기보배 선수 등이 선전해 금메달 3개,

⑦ 토마스 로드

동메달 1개의 우수한 성적을 거두었다. 구장 안에는 세계에서 가장 오래된 스포츠박물관인 MCC 박물관이 있고, 1936년에 크리켓 공에 맞은 참새도 박제되어 있다. 세인트 존스 우드 전철역 안에는 토마스 로드의 얼굴 부조가 있다.

## J. 비틀즈의 횡단보도를 건너다 | 애비 로드(Abbey Road)

J. 애비 로드                                    ⑧ 애비 로드 스튜디오

　로드 크리켓 구장에서 그로브 엔드 로드를 따라 북쪽으로 걸어가면 그 유명한 비틀즈의 ⑧ 애비 로드 스튜디오(Abbey Road Studio)가 있다. 영국에서 '애비 로드'는 세 가지를 의미할 수 있는데, 첫 번째는 길 이름으로서의 애비 로드, 다음으로 비틀즈가 11번째로 제작한 스튜디오 앨범이자 마지막으로 제작한 앨범의 이름, 마지막으로 현재 애비 로드에 있는 녹음 스튜디오의 이름이다. 애비 로드 스튜디오의 원래 이름은 EMI 스튜디오였는데, 비틀즈가 길 이름 애비 로드를 따서 지은 앨범 〈Abbey Road〉가 유명해지자 스튜디오 이름을 애비 로드로 바꾸었다.

　EMI 그룹은 콜롬비아 그라모폰과 영국 그라모폰이 합병해 만들어진 영국의 음반사였다. EMI는 비틀즈의 앨범들을 출시했으며, 퀸, 딥 퍼프, 스매싱 펌킨스 등 록 뮤지션의 앨범들도 선보였다. 한때, 세계 4대 메이저 음반사였으나 재정위기를 겪고 2012년에 문을 닫았다. 한국에서는 1988

년에 계몽사와 합자해 EMI 계몽사를 세워 진출했다. 2000년대 초반에 EMI 뮤직코리아로 사명을 바꾸고 클래식 음반 마케팅을 펼쳐 2000년대 한국의 클래식 열풍을 일으켰다. EMI가 1921년에 옥스포드 스트릿에 세운 음반 판매점이 ⑨ HMV(His Master's Voice)인데, 강아지가 축음기를 통해 주인의 육성을 듣는 듯한 로고가 인상적이다.

⑨ HMV

1931년에 EMI가 자신들의 전용 녹음실을 애비 로드에 개장했고, 개장식에서 에드워드 엘가가 런던 심포니 오케스트라를 지휘해 위풍당당 행진곡 제1번의 일부를 시연했다. 1958년부터 비틀즈가 수많은 앨범을 이곳에서 녹음했으며, 엘튼 존, 듀란듀란, 퀸, U2, 오아시스, 레이디 가가, 아델 등 많은 음악가도 여기서 녹음했다. 그렇기에 애비 로드는 비틀즈의 팬뿐만 아니라 음악을 사랑하는 많은 사람들이 방문하는 음악의 성지다. 애비 로드 스튜디오 앞의 횡단보도는 '비틀즈 횡단보도(The Beatles Crosswalk)'라는 이름으로 불리는 세계에서 가장 유명한 건널목이다. 이곳에서 많은 관광객이 비틀즈의 애비 로드 앨범 표지의 멤버들처럼 횡단보도를 걷는 모습을 사진으로 남긴다. 애비 로드 스튜디오 밖에서는 기념사진을 찍거나 심지어 담벼락에 낙서를 해도 상관없으나, 담장 안으로 넘어 들어가면 바로 쫓겨난다.

횡단보도 얘기가 나와서 말인데, 영국에서 키 작은 가로등이 깜박이는 횡단보도는 보행자 최우선 횡단보도로, 그 앞에서는 모든 차가 횡단보도에 사람이 있든 없든 일시 정지했다가 가야 한다. 영국인들은 기본적으로 무단횡단을 한다. 횡단보도에 빨간불이 켜져 있어도 차가 멀리 있으면 그냥 건넌다. 심지어, 영국인들이 왕복 8차선 도로를 무단횡단하는 것도 보았다. 무단횡단의 영어 단어인 Jaywalking은 미국 영어사전에 있을 순 있어도 영국 영어사전엔 없다고도 한다. "사람이 허락받고 건너야 하는 길은 없다."는 자세다. 사실 '길'이라는 것이 원래부터 존재하는 것은 아니고, 사람이 반복해서 다니다 보니 그게 길이 되는 것이다. 따라서, 자동차보다 사람이 먼저 길을 만들었기 때문에, 자동차가 사람보다 우위에 있지 않다는 심리가 이해가 간다. 그러나, 영국인들도 고속도로를 무단횡단하는 것은 금지되어 있는데, 그 이유는 위와 같은 마음가짐을 떠나서 국민의 생명을 보호해야 할 경찰의 책임이 우선이기 때문이다.

⑩ 애비 로드 앨범

비틀즈의 마지막 앨범 ⑩ 〈애비 로드〉는 비틀즈의 예술을 집대성한 앨범이자 1960년대 대중음악의 표본으로 평가받는다. 1969년에 발매되어 빌보드차트에서 무려 11주 동안 1위를 지켰고, 1960년대 발매된 앨범 중 다섯 번째로 많은 판매량을 기록한 앨범이며, 현재까지 누적 판매량이 3천만 장을 넘는다. 발매 당시에는 음악 평론가들의 혹평을 받았으나, 1980년대로 접어들면서 '그 당시 기준으로는 시대를 초월한 앨범'이라고 평가받았다. 미국의 한 평론가도 "드디어 존 레논이 베토벤을 뛰어넘었다."라고 평가했다. 2019년에 '애비 로드 50주년 기념음반'이 발매되자 UK 앨범 순위에서 49년 252일 만에 다시 1위에 오른 앨범이라는 기록을 달성했다. 에비 로드 앨범의 커버는 사진 찍으러 멀리 가기가 귀찮아서 스튜디오 앞 횡단보도에서 촬영한 것인데, 사진 촬영 중 이들을 알아본 경찰관이 잠시 차량 통행을 막아줬다고 한다.

이 당시 영국 록 음악에 지대한 공헌을 한 기타리스트이자 싱어송라이터가 있으니, 바로 '기타의 신'이라 불리는 ⑪ 에릭 클랩튼(Eric Clapton, 1945~)이다. 그는 그래미상을 18번이나 수상했고, 로큰롤 명예의 전당에 3번이나 헌액되었다. 싱글 정규앨범만 21장을 냈는데, 현재까지 1억장 이상의 음반 판매량을 올렸으니 록음악의 살아 있는 전설이라고 할 만하다. 그의 뛰어난 음악성에도 불구하고 인간성에 대해서는 비판이 많다. 에릭 클랩튼은 비틀즈의 멤버 조지 해리슨과 절친이었는데, 그의 아내 ⑫ 패티 보이드(Pattie Boyd, 1944~)를 유혹해 결국 자기 아내로 만들었다. 에릭 클랩튼은, 사실 보이드를 사랑해서 결혼한 게 아니라 그냥 조지 해리슨을 질투해서 그녀를 빼앗아 결혼한 것이라며, 양심 없던 행동을 후회한다고 후에 고백한 적이 있다.

⑪ 에릭 클랩튼

⑫ 패티 보이드

반면, 패티 보이드는 조지 해리슨을 진심으로 사랑했으나, 그는 마약과 여성들, 그리고 인도 사상에 심취해 그녀를 거들떠보지도 않았다. 그녀는 그의 마음을 돌리고자 절친인 에릭 클랩튼과 친분을 쌓은 것인데, 오히려 에릭 클랩튼이 그녀에게 적극적으로 다가오자 그녀도 당황했다고 한다. 조지 해리슨은 마음을 돌리기는커녕 오히려 같은 비틀즈 멤버인 링고 스타의 아내와 불륜을 저질렀음을 보이드에게 고백했고, 결국 그녀는 그와 이혼하고 에릭 클랩튼에게 가버린다. 에릭 클랩튼이 당시 그녀를 차지하고 부른 환희의 노래가 〈Wonderful Tonight〉이다.

It's late in the evening
she's wondering what clothes to wear
She puts on her make-up and brushes her long blonde hair
And then she asks me, 'Do I look all right?'
And I say, 'Yes, you look wonderful tonight.'

늦은 저녁이었죠
그녀는 무슨 옷을 입을까 고민하고 있어요
그녀는 화장하고 긴 금발을 빗어요
그리고 내게 물었죠
'저 괜찮아 보여요?'
저는 대답합니다. '네, 당신은 오늘 밤 너무 아름다워요.'

그러나 에릭 클랩튼 역시 조지 해리슨 못지않게 술과 마약과 여성 편력으로 점철된 데다 심지어 가정 폭력도 자주 행사했다. 이를 견디다 못해 1988년에 패티 보이드는 에릭 클랩튼과 이혼했고, 이혼 후에도 그녀는 오랫동안 정신과 치료를 받았다. 패티 보이드와 이혼한 후 에릭 클랩튼은 이탈리아 방송인 로리 델 산토와 사귀면서 사랑스러운 아들 코너 클랩튼을 낳았다. 그는 아들에게 알코올에 찌든 모습을 보여주지 않기 위해 알코올 중독자를 위한 재활센터에 스스로 들어갔다. 오랜만에 아들을 만나러 가는 어느 날, 네 살배기 코너는 아빠가 언제 오는지 보려다 53층 건물 베란다에서 추락해 사망하고 만다. 그가 아들을 잃은 슬픔을 애절하게 노래한 것이 바로 〈Tears in Heaven〉이다.

*Would you know my name*
*If I saw you in heaven*
*Would you hold my hand*
*If I saw you in heaven*
*I must be strong and carry on*
*Cause I know, I don't belong*
*hear in heaven*

내가 너를 천국에서 만난다면, 너는 나의 이름을 기억하고 있을까
내가 너를 천국에서 만난다면, 너는 나의 손을 잡아줄까
나는 강해져야 하고 살아가야 해
왜냐하면 나는 내가 여기 천국에 있지 않다는 걸 알기 때문에

# 4. 접근성 좋은 런던의 남산

*"A desperate disease requires a dangerous remedy."*
(절박한 질병에는 다소 위험한 처방이 필요하다.)

– 가이 포크스, 국회의사당 폭파를 계획하며

## K. 마더 쉽톤의 예언은 이루어질 것인가 | 프림로즈 힐(Primrose Hill)

K. 프림로즈 힐                    ⑬ 셰익스피어의 나무

  애비 로드 스튜디오에서 아카시아 로드를 따라 동쪽으로 걸어 프림로즈
힐로 간다. 프림로즈 힐 꼭대기에 앉아보면 커다란 나무들이 아래에 있고
저 멀리 런던 시가지가 보인다. 평화로운 런던의 스카이라인을 보고 있으

면 저절로 몸과 마음이 안정된다. 1864년에 셰익스피어 탄생 300주년을 맞이해 '⑬ 셰익스피어의 나무(Shakespeare's tree)'로 불리는 참나무 한 그루를 심었다. 과거 이곳은 결투 장소로 종종 이용되었다.

특히 프림로즈 힐에 대해 영국의 예언자 ⑭ 마더 쉽톤(Mother Shipton, 1488~1561)이 언급하기를 "런던 프림로즈 힐에 거대한 성당이 세워지리라."라고 했다. 마더 쉽톤은 태어나자마자 영국의 중북부 요크셔주 나스버로에 있는 동굴에 버려졌는데, 어느 한 노파가 그녀를 발견하고 키웠다. 사람들은 지금도 이 동굴을 '마더 쉽

⑭ 마더 쉽톤

톤의 동굴'이라 부르며 그녀의 탄생지로 여긴다. 그녀는 어릴 때부터 신통한 예언을 해서 동네에서 마녀로 인식되었는데, 1561년에 자기 죽음을 마지막으로 예언하면서 생을 마감했다. 그녀의 무덤은 랭카셔주 클리프톤에 있으며, 묘비명이 "거짓을 말한 적 없는 그녀, 이곳에 잠들다(Here lies she who never lied)."다.

그녀의 예언들은 그녀가 사망한 후 영국의 한 교회에서 발견되었는데, 그녀 사후 400년간의 사건들이 예언되어 있어 세상을 놀라게 했다. "말이 없는 마차가 지나가고(자동차) 전 세계에서는 사람들이 빠르게 하늘을 날아다닌다(비행기).", "사람들은 높은 언덕을 말이나 동물의 힘을 빌리지 않고 올라가고(케이블카), 물밑에서는 사람들이 걸어 다니고 잠을 자며 자유로이 말한다(잠수함).", "머리카락이 짧아지고 남자들의 옷을 입고 다니는 여성들이 거리를 활보할 것이다." 등등 4행시 형식의 968편의 그녀의 예

언시는 처음에는 금서로 선정되었다. 그러다가, 1970년대에 예언시들이 번역되어 나왔는데 제1, 2차 세계대전은 물론 미국의 남북전쟁에 대한 예언도 포함되어 있었다. 그녀의 영험함을 높이 산 사람들이 그녀의 이름 앞에 '마더'를 붙이기 시작했다. 그녀의 예언 중 가장 충격적인 것은, "용의 꼬리가 하늘을 드리운다. 인류는 운명을 맞이하듯 대참사를 맞이한다."인데 많은 사람들이 이를 핵전쟁으로 해석하고 있다. 다만, 현재 프림로즈 힐에는 그녀의 예언과 달리 성당이 세워져 있지는 않다.

⑮ 가이 포크스

매년 11월 5일은 영국의 축제일인 가이 포크스 데이(Guy Fawkes Day)다. 프림로즈 힐은 축제일 밤에 런던 시내에서 터지는 폭죽을 가까이서 구경할 수 있는 명당이기 때문에, 이날 저녁에는 많은 사람들이 이곳을 찾아온다. ⑮ 가이 포크스(Guy Fawkes, 1570~1606)는 영국 제임스 1세 시기의 사람이다. 당시 영국에서는 엘리자베스 1세 여왕이 결혼을 하지 않아 후사가 없이 사망하고, 그녀의 후임으로 스코틀랜드의 제임스 6세가 잉글랜드와 스코틀랜드의 통합 왕(제임스 1세)으로 즉위했다. 그러나, 제임스 1세는 왕위에 오른 후 영국 국교회를 지지하고 가톨릭을 억압하는 정책을 추진해, 일부 가톨릭 신자들이 왕을 제거하려는 암살계획을 세웠다.

가이 포크스는 어릴 때 가톨릭 가정에서 자랐고 군에 입대해서는 능숙하게 화약을 다루는 기술을 배웠다. 한편, 가톨릭 신자인 로버트 케이츠비라는 사람은 영국의 의회 개원식에서 국회의사당을 폭파해 왕과 대신들을 사라지게 하려는 계획을 세웠는데, 포크스도 이 계획에 동참하기로 했다. 그들은 먼저 의사당과 인접한 가정집을 빌려 가정집 지하에서 의사당 아래까지 터널을 파기 시작했다. 8개월 만에 의사당 아래까지 터널을 뚫는 데 성공했고, 총 36개의 화약(800kg)을 의사당 밑으로 옮겨놓았다. 이 과정에서 포크스는 가정집 열쇠 관리, 터널 파기, 화약 관리, 거사 당일 화약에 불을 붙이는 일까지 대부분의 중요한 역할을 담당했다. 그러나, 의사당이 폭발하게 되면 그곳에 참석한 가톨릭 신자인 의원들조차도 다 같이 살해되는 것이 못마땅한 공모자 중 한 명이, 자신과 친한 가톨릭 의원에게 의회 개원일에 의사당에 가지 말라는 쪽지를 건넸다. 그 쪽지가 왕에게 전해져 의사당 지하를 수색하던 중, 그곳에 있던 가이 포크스가 발견되었다. 18개월 동안 준비된 영국 왕 암살계획은 의회 개원식이 시작되기 불과 몇 시간 전에 수포로 돌아갔다. 가이 포크스는 수일에 걸친 고문을 견디지 못하고 공모자들을 모두 자백했으며, 공모자들은 모두 사살되거나 처형을 당했다. 처형당하는 공모자들의 모습이 너무도 끔찍해, 포크스는 이를 직접 지켜보다 못해 스스로 교수대에서 뛰어내려 목이 부러져 즉사했다.

왕이 무사해 다행이라는 의미로, 영국 의회는 가이 포크스가 체포된 11월 5일을 감사절로 정했고, 영국인들은 '가이 포크스 데이'라 부르며 성대한 폭죽놀이와 함께 축제를 즐긴다. 영국 국교회 교인들은 가이 포크스를 조롱하기 위해 그의 가면을 쓰고 왕이 무사함을 기념하는 폭죽을 쏘았다. 반면, 가톨릭 신자들은 그를 기리기 위해 그의 가면을 쓰고 폭탄이 터지지 못한 아쉬움을 달래기 위해 폭죽을 쏘았다. 아이러니하게 이날은 두 종교인 모두가 의도는 다르지만, 형태는 하나가 된 통합의 축제가 되었다. 그의 이름 Guy는 처음에는 조롱의 뜻으로 '이상하게 옷을 입은 남자'라는 뜻으로 사용되었으나, 현대에 와서는 일반적인 남자, 친구, 동료라는 뜻으로 남녀를 불문하고 사용된다.

# 5. 다양한 카페와 펍으로 힙한 런던의 홍대

"I don't care what people think about me. Never did, never will. Life is too short to be worrying about it."
(나는 사람들이 나에 대해 뭐라 생각하든 신경 쓰지 않는다. 그런 적도 없고 그럴 일도 없을 것이다. 인생은 그런 것들을 걱정하기에는 너무 짧다.)

— 에이미 와인하우스, 요절한 음악 천재

## L. 뱅크시당하다 | 오벌 로드(Oval Road)

⑯ 리젠트 운하

프림로즈 힐에서 캠든 지역으로 걸어간다. 프림로즈 힐 남쪽에서 프린스 알버트 로드를 따라 동쪽으로 걷다가 ⑯ 리젠트 운하(Regent's Canal)를 만나 북쪽으로 걷는다. 오벌 로드에 다다르면 온갖 그라피티(Graffiti, 무단 낙서)를 만난다.

영국의 가장 유명한 그라피티 아티스트로 뱅크시가 있다. ⑰ 뱅크시(Banksy, ?)는 모든 인적 사항이 베일에 가려져 있으며, 항상 얼굴을 드러내지 않고 남들이 안 볼 때 작품을 만들고 사라진다. 나중에 자신의 웹사이트를 통해 예술작품을 공개하고 나서야 사람들은 그것이 그의 작품임을 알게 된다. 그는 영국박물관에 잠입해서 원시인이 그려진 돌을 몰래 진열했는데, 며칠 동안 사람들이 그게 가짜였는지 아무도 몰랐다. 예술을 겉치레로 여기고 제대로 감상하지 않는 사람들을 비판하기 위한 행위예술이었

⑰ 뱅크시의 작품

다. 뱅크시가 유명하지 않을 때 그의 그라피티는 낙서에 불과했으나, 그가 유명해지자 사람들이 보존하고 팔기 시작했다. 그러자 뱅크시가 사람들이 알아보지 못하게 변장하고 자신의 그림을 미국 센트럴 파크에 늘어놓고 60달러에 판매했는데 6시간 동안 고작 3명이 구매한 것에 그쳤다. 이 또한 예술의 허례허식을 비판하는 행위예술이었다. 2018년에 소더비 경매장에서 그의 작품 ⑱ 〈풍선을 든 소녀〉가 약 17억 원에 낙찰되었는데, 낙찰되는 그 순간 액자에 장치해 둔 분쇄기가 자동으로 작동되면서 그림이 분쇄되는 퍼포먼스가 발생했다. 이 때문에 새로운 영어인 'banksyed(뱅크시당했다, 경이롭게 당황하다)'라는 단어가 생겨났다. 그러나 기계가 오작동해 그림은 반쯤 분쇄되다가 멈춰버렸는데, 오히려 이 그림은 뱅크시의 또 다른 정식작품 ⑲ 〈사랑은 쓰레기통에〉로 인증을 받았고, 2021년에 다시 경매에 나와 18배 오른 약 305억 원에 낙찰되었다.

⑱ 풍선을 든 소녀　　　　　　　⑲ 사랑은 쓰레기통에

　뱅크시와 비슷한 화풍의 여성 그라피티 아티스트로 밤비(Bambi)가 있다. 그녀 역시 인적 사항에 대해서는 알려진 바가 없고, 뱅크시와 마찬가지로 이미지를 판에 새긴 후 판을 벽에 대고 스프레이 페인트로 찍어내는 스텐실 기법으로 작품을 만들고 있어 뱅크시와 동일인이 아닌가 하는 추측도 있다. 앞서 언급했듯이 코벤트 가든에 밤비의 작품이 하나 있고, 런던 전역에 그녀의 작품이 있는데, 작품 속에 정치적인 메시지를 많이 내포하고 있다.

## M. 캠든에서 영국의 경제를 듣다 | 캠든 마켓(Camden Market)

운하를 따라 계속 걷다 보면 캠든 록 마켓(Camden Lock Market)이 나온다. 캠든 록 마켓과 캠든 마켓은 엄밀히 말하면 다르다고 할 수 있으나, 두 시장이 붙어 있어서 그냥 둘을 한꺼번에 '캠든 마켓'이라고 부르기도 한다. 캠든 마켓은 캠든 지역을 대표하는 마켓으로, 운하를 바라보는 웨스트 야드에는 노점 식당과 카페 등이

M. 캠든 마켓

있다. 이스트 야드에서도 운하가 한눈에 내려다보이는데, 이곳에는 밴드들의 라이브 뮤직을 들을 수 있는 딩월스(Dingwalls)가 있다. 캠든 마켓 입구에서 캠든 타운역까지의 거리가 캠든 하이스트릿이다. 다양한 상점들이 늘어서 있고 펍과 클럽들도 많은데 가게마다 독특한 아우라의 분위기를 연출한다. 살짝 서울의 이태원이나 홍대의 느낌이 나는데, 캠든 특유의 분위기를 느끼기 위해 캠든 하이스트릿을 왕복하며 한 번 걸어볼 만하다. 캠든 하이스트릿 북쪽에 있는 초크 팜 로드 역시 분위기가 비슷하다.

영국의 마켓과 마트에 대해 알아본다. 영국에서 보통 '마켓'이라고 하면 역사와 전통을 자랑하는 영국의 재래시장을 의미한다. 이에 비해 한국의 이마트, 홈플러스와 같은 현대적인 마트도 존재하는데, 마트에 따라 약간의 위계 같은 것이 있다. 웨이트로즈(Waitrose) 같은 경우 왕실 납품증이 있어 제품들이 상당히 고급스럽고 가격도 비싸다. 그 밑으로 막스 앤 스펜서(Max & Spencer), 코우오퍼레이티브(Co-operative) 등이 있

⑳ 파운드랜드

고, 다시 그 밑으로 한국의 이마트, 홈플러스와 같이 동네마다 흔한 테스코(Tesco)와 세인즈버리(Sainsbury)가 있다. 그 외 아스다(ASDA)와 독일 기업인 리들(LIDL)과 알디(ALDI)가 있다. 가장 저렴한 가게로는 ⑳ 파운드랜드(Poundland)가 있어 한국의 다이소처럼 저렴한 제품들을 판매하고 있다. 당연히 파운드랜드라 해서 모든 제품이 1파운드인 것은 아니다. TK MAxx라는 가게에서는, 멀쩡해 보이지만 눈에 잘 보이지 않는 하자가 있다고, 스스로 자백하며 물건들을 저렴하게 판다.

㉑ 카붓 세일

앞에서 언급한 공식적인 마트 말고도 영국의 전통적인 벼룩시장이 있는데 이를 ㉑ 카붓 세일(Car Boot Sale)이라 한다. 'Boot'은 한국식으로 자동차의 트렁크를 의미하고, 카붓 세일은 영국인들이 집에 있는 쓰지 않는 물건들을 가지고 주로 동네 공터에서 차 트렁크에 올려놓고 파는 데서 유래한 중고거래장터를 말한다. 이것을 미국에서는 거라지 세일(Garage Sale)이라 부른다. 만약 영국에서 체류하는 동안 카붓 세일이 열린다는 공지를 보게 되면 한번 쯤 구경해 보기를 권한다. 마트나 백화점에서 보기 어려운 진귀한 물건들을 접할 수 있을 것이다.

㉒ 에이미 와인하우스

캠든 마켓 안쪽 거리에 ㉒ 에이미 와인하우스(Amy Jade Winehouse, 1983~2011)의 동상이 있다. 그녀는 영국의 싱어송라이터로, 단 2장의 앨범으로 전 세계의 주목을 받은 천재 아티스트였다. 27세의 나이로 요절했는데, 그녀로 인해 '천재는 27세에 죽는다.'라는 의미의 '27세 클럽(The 27 Club)'이 만들어졌다. 멤버들로는 27세에 요절한 롤링 스톤즈의 리더 브라이언 존스, 기타의 신 지미 헨드릭스, 도어즈의 리드보컬 짐 모리슨, 너바나의 리드보컬 커트 코베인 등이 있다. 그녀는 뛰어난 음악성 못지않게 파격적인 행동과 기행, 마약과 음주 문제로 유명세를 더했으며 사망 원인 역시 급성 알코올중독이었다. 급성 알코올중독이란, 단시간에 많은 양의 주류를 섭취해 신체 기관들이 정상적으로 작동하지 못해 사망하는 것을 말한다. 그녀는 라이브에서 술과 마약에 취해 풀린 눈으로 비틀거리면서도 음정을 놓치지 않을 정도로 천재성이 있었다. 힙합, 재즈, 블루스, 록 등을 자신만의 현대적인 소울 보컬로 재해석해, 그녀의 노래들은 팝을 의도하지 않았지만, 팝이 되어 대중에게 다가갔다. 2집 앨범은 세계적으로 1,700만 장 정도 팔렸으며 2008년 그래미에서 5개 부분을 수상했는데, 그녀의 마약 전과 때문에 미국 입국이 불허되어 영국의 스튜디오에서 위

성중계로 수상했다.

이렇게 캠든 지역을 마지막으로 7일간의 런던 일정을 모두 마친다. 런던 여행과 관련해 한 문장만 말해보라고 한다면, "런던은 여름에 여행하라!"고 하고 싶다. 겨울의 런던은 비도 많이 오고, 으스스하며, 해도 짧아 오후 3시면 금방 어두워진다. 여름의 런던은 맑고 화창하며 덥지 않은 한국의 늦봄 같은 날씨가 지속되는 데다, 오후 9시에도 어둡지 않은 상태에서 돌아다닐 수 있다. 여행의 8할은 날씨가 좌우하므로, 아름다운 런던을 눈에 담고 싶다면 무조건 여름에 가자!

## ≫ 7일 차 동선 요약

| 구분 | 모듈번호 | 시간 | 장소 |
|------|---------|------|------|
| 오전 | 7-1 | 1시간 | A. 셀프리지 백화점 → B. 시몬 볼리바르 → C. 월리스 컬렉션 → D. 돈트 북스 |
| | 7-2 | 2시간 | E. 마담 투소 박물관 |
| 점심 | 식당가 : 돈트 북스, 캠든 마켓 | | |
| 오후 | 7-3 | 1시간 | F. 셜록 홈즈 박물관 → G. 벤틀리 |
| | 7-4 | 1시간 | H. 리젠트 파크 |
| | 7-5 | 1시간 | I. 로드 크리켓 구장 → J. 애비 로드 |
| | 7-6 | 1시간 | K. 프림로즈 힐 |
| | 7-7 | 1시간 | L. 오벌 로드 → M. 캠든 마켓 |

# 에필로그

이상으로 런던에서의 7일간의 여정이 끝났다. 먼저, 런던이 어떤 MBTI 유형에 속할지 궁금해서 책을 집어 들었던 독자들에게는 죄송한 말씀을 드린다. 사실 이 책의 본문 어디에도 MBTI 이야기는 없다. 그런데도 제목에 MBTI를 사용한 것은, 진심으로 이 책을 통해 '런던에서 보다 나은 여행(Much Better Travel In London)'을 즐기기를 바라는 마음에서다. "아는 만큼 보인다."라는 말이 있지만, 개인적으로 "아는 만큼 즐겁다."라고 생각한다. 인천에서 런던까지 직항으로 14시간 30분이 걸린다. 왕복 항공료는 200만 원에 육박한다. 이왕 시간과 비용을 들인 거라면 아깝지 않게 제대로 즐기고 돌아와야 하지 않겠는가?

또 많은 독자가 왜 이 지역은 소개를 안 하냐고 불평할 수 있을 정도로 소개 못한 지역들이 많다는 것을 잘 알고 있다. 오롯이 작가의 개인적인 취향을 기준으로 런던에서 가볼 만한 7개 구역을 선정했음을 너그러이 이해해 주길 부탁드린다.

책이 나오기까지 많은 격려와 독려와 응원을 해준 가족과 친구, 직장 동료와 선후배들에게 감사드린다. 또한, 부족한 글솜씨로 인해 문장들이 밋밋하고 딱딱한데도 불구하고 끝까지 읽어주신 독자들에게도 감사를 드리며, 졸저가 런던 여행을 계획하는 사람이나 런던에 관심 있는 사람들에게 미약하나마 도움이 되었기를 바라며 글을 마친다.

그리고… 이왕 말이 나온 김에 여기서 진짜 런던(영국)이 어떤 유형의 MBTI일지 한번 추측해 보자. 이 책의 독자라면 작가의 추론에 공감할 수도 있을 것이다.

- I : 영국은 유럽연합(EU)에 속해 있다가 결국 유럽 국가들과 어울리지 못하고 유럽연합을 탈퇴(브렉시트, Brexit)하는 아싸 기질을 보였다. 유럽연합에 속해 있을 때도 다른 유럽 국가들이, 심지어 프랑스조차 유로화를 화폐로 사용하고 있음에도, 영국은 홀로 자국 화폐인 파운드를 고집했다. 영락없는 I다.
- N : 영국은 영어 자체가 N이다. 영국인들의 생활은 그렇지 않은데, 언어 자체는 생각이 많고 남의 눈치를 너무 많이 보며 남을 지나치게 의식한다. 물에 빠진 위급한 상황에서도 "사람 살려(Help me)!" 대신 "실례합니다, 선생님! 귀찮게 해서 죄송합니다만, 혹시 선생님께서 지금 저를 살려주실 충분한 시간이 있는지 궁금해서요(Excuse me, Sir! Sorry to bother you, but I'm just wondering if you now have enough time to help me out)."라고 한다. N이다.
- F : 비틀즈, 데이빗 보위, 오아시스, 롤링 스톤즈, 레드 제플린, 핑크 플로이드, 콜드플레이, 퀸, 엘튼 존, 아델, 에드 시런… 끝이 없다. 겨울에 주야장천 내리는 비 때문에 집안에서 기타랑 피아노만 쳐서 그런지, 그냥 나라 자체가 음악 감성으로 충만하다. 심지어 이과 출신 과학자도 문과스럽다. 주식으로 호기롭게 재산의 90%를 말아먹은 아이작 뉴튼이나, 개그 드립을 치고 싶어 좀이 쑤시는 스티븐 호킹까지….
- P : 영국의 어느 도시도 계획도시라는 것은 없다. 한때 파리의 개선문을 중심으로 한 방사선형의 도로를 계획했지만 무산되었고, 여전

히 마차가 다니는 길처럼 꾸불꾸불한 것이 오늘날 런던 시내의 도로다. 계획과 거리가 먼 영국, P다!

'낭만적이고 마음이 따뜻하며 예술을 좋아하는 몽상가'인 INFP라고 추측해 본다. 사실 공감을 하는 독자도 있을 것이고, 동의하지 못하는 독자도 있을 것이다. 다시 한번, 지극히 작가의 주관적인 추론일 뿐임을 강조하며 정말로 책을 마친다.

런던의 거리에서 버킹엄 궁전을 보고, 타워 브리지를 건너며,
세인트 폴 성당을 마주했을 때,
우리가 잊지 말아야 할 것은 거기에 사람이 있었다는 것이다.

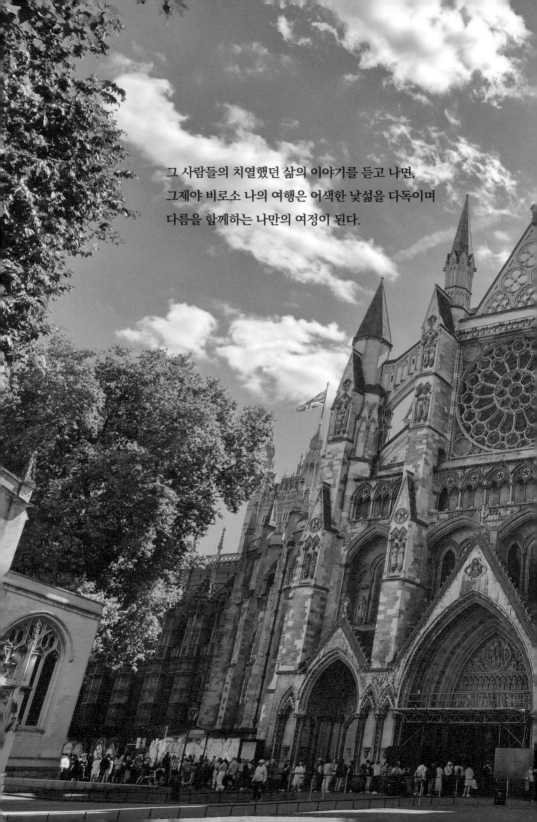

그 사람들의 치열했던 삶의 이야기를 듣고 나면,
그제야 비로소 나의 여행은 어색한 낯섦을 다독이며
다름을 함께하는 나만의 여정이 된다.

# 부록 : 영국 왕조 연대표

| 연도 | 영국 왕조 | | 한국 왕조 | |
|---|---|---|---|---|
| 886-899 | 알프레드 대왕 | 앵글로·색슨 연대기 집필 | 신라 정강왕 (886-887) | |
| | | | 진성여왕(887-897) | |
| 899-924 | 에드워드 장형왕 | 알프레드 대왕의 아들 | 효공왕(897-912) | |
| | | | 신덕왕(912-917) | |
| | | | 경명왕(917-924) | 고려 건국 |
| 924-939 | 애설스탠 | 에드워드 장형왕의 아들, 통일 잉글랜드의 첫 번째 국왕 | 경애왕(924-927) | 발해 명망 |
| | | | 경순왕(927-935) | 신라 멸망 |
| 939-946 | 에드먼드 1세 | 애설스탠의 이복형, 연회장에서 암살 | 고려 태조(918-943) | 훈요 10조 |
| | | | 혜종(943-945) | |
| 946-955 | 에드레드 | 에드먼드 1세의 동생 | 정종(945-949) | 광군 설치 |
| 955-959 | 에드위그 공평왕 | 에드레드의 조카 | 광종(949-975) | 과거제 도입 |
| 959-975 | 에드거 1세 평화왕 | 에드위그 공평왕의 동생 | | |
| 975-978 | 에드워드 순교왕 | 에드거 1세의 아들 | 경종(975-981) | 전시과 마련 |
| 978-1013 | 애셀레드 미숙왕 | 에드워드 순교왕의 동생 | 성종(981-997) | 거란 1차 침입 |
| | | | 목종(997-1009) | |
| 1013-1014 | 스베인 튜구스케그 | 덴마크 국왕 하랄드의 아들, 잉글랜드 공격 | 현종(1009-1031) | 거란 2, 3차 침입 |
| 1014-1016 | 애셀레드 미숙왕 | 복위 | | |
| 1016-1016 | 에드먼드 2세 | 에셀레드 미숙왕의 아들 | | |
| 1016-1035 | 크누트 대왕 | 스베인 튜구스케그의 아들, 북해제국 구축 | 덕종(1031-1034) | |
| 1035-1040 | 해럴드 1세 | 크누트 대왕의 아들 | 정종(1034-1046) | 천리장성 완성 |
| 1040-1042 | 크누트 3세 | 해럴드 1세의 동생 | | |
| 1042-1066 | 에드워드 참회왕 | 크누트 3세의 이복형제, 웨스트민스터 건립 | | |

| 연도 | 영국 왕조 | | 한국 왕조 | |
|---|---|---|---|---|
| 1066-1066 | 해럴드 2세 | 에드워드 참회왕의 매제,<br>헤이스팅스 전투에서<br>윌리엄 1세에게 패해 전사 | 문종(1046-1083) | |
| 1066-1087 | 윌리엄 1세 | 노르망디 공국 공작, 정복왕,<br>잉글랜드 정복 | 순종(1083-1083) | |
| | | | 선종(1083-1094) | |
| 1087-1100 | 윌리엄 2세 | 윌리엄 1세의 아들,<br>스코틀랜드와 웨일즈 정복 | 헌종(1094-1095) | |
| | | | 숙종(1095-1105) | 별무반 설치 |
| 1100-1135 | 헨리 1세 | 윌리엄 2세의 동생,<br>관료국가 수립 | 예종(1105-1122) | 동북 9성 축조 |
| 1135-1154 | 블루아의 스티븐 | 헨리 1세의 외조카,<br>헨리 1세의 딸 마틸다로부터<br>왕위 찬탈 | 인종(1122-1146) | 이자겸의 난,<br>묘청의 난 |
| | | | 의종(1146-1170) | 무신 정변 |
| 1154-1189 | 헨리 2세 | 마틸다의 아들,<br>아들들의 반란으로 퇴위 | 명종(1170-1197) | |
| 1189-1199 | 리처드 1세 | 헨리 2세의 아들, 사자왕,<br>역사소설 아이반호(로빈후드)에<br>등장, 십자군 전쟁 참전 | 신종(1197-1204) | |
| 1199-1216 | 존 왕 | 리처드 1세의 동생,<br>마그나카르타에 서명 | 희종(1204-1211) | |
| | | | 강종(1211-1213) | |
| | | | 고종(1213-1259) | 몽골 침입 |
| 1216-1272 | 헨리 3세 | 존 왕의 아들,<br>매제인 시몽에게 패배 | 원종(1259-1274) | 삼별초 항쟁 |
| 1272-1307 | 에드워드 1세 | 헨리 3세의 아들,<br>잉글랜드의 유스티아누스<br>(법령 정비) | 충렬왕(1274-1298) | |
| | | | 충선왕(1298-1298) | |
| | | | | |

| 연도 | 영국 왕조 | | 한국 왕조 | |
|---|---|---|---|---|
| 1307-1327 | 에드워드 2세 | 에드워드 1세의 아들, 최초의 웨일즈 공 작위, 왕비 이사벨의 쿠데타로 퇴위 | 충렬왕(1298-1308) | |
| | | | 충선왕(1308-1313) | |
| | | | 충숙왕(1313-1330) | |
| 1327-1377 | 에드워드 3세 | 에드워드 2세의 아들, 백년전쟁 시작 | 충혜왕(1330-1332) | |
| | | | 충숙왕(1332-1339) | |
| | | | 충혜왕(1339-1343) | |
| | | | 충목왕(1344-1348) | |
| | | | 충정왕(1349-1351) | |
| | | | 공민왕(1351-1374) | |
| 1377-1399 | 리처드 2세 | 에드워드 3세의 손자, 멋쟁이로 손수건 발명 | 우왕(1374-1388) | 위화도 회군 |
| | | | 창왕(1388-1389) | 대마도 정벌 |
| | | | 공양왕(1389-1392) | 고려 멸망 |
| | | | 조선 태조 (1392-1398) | 조선 건국 |
| 1399-1413 | 헨리 4세 | 리처드 2세의 사촌, 왕위 찬탈 | 정종(1398-1400) | |
| | | | 태종(1400-1418) | |
| 1413-1422 | 헨리 5세 | 헨리 4세의 아들, 아쟁쿠르 전투에서 프랑스 격파, 넷플릭스 영화 헨리 5세 | | |
| | | | 세종(1418-1450) | 한글 창제 |
| 1422-1461 | 헨리 6세 | 헨리 5세의 아들, 정신병, 이튼 칼리지와 캠브리지 대학의 킹스 칼리지 건립, 백년전쟁 종결 | 문종(1450-1452) | |
| | | | 단종(1452-1455) | |
| | | | 세조(1455-1468) | |
| 1461-1470 | 에드워드 4세 | 헨리 6세의 삼종제, 요크공작 리처드의 아들, 장미전쟁 시작 | 예종(1468-1470) | |
| 1470-1471 | 헨리 6세 | 워릭 백작의 반란으로 복위, 런던탑에 감금되고 살해 | 성종(1470-1494) | 경국대전 반포 |
| 1471-1483 | 에드워드 4세 | 워릭백작을 진압하고 복위 | | |

| 연도 | 영국 왕조 | | 한국 왕조 | |
|---|---|---|---|---|
| 1483-1483 | 에드워드 5세 | 에드워드 4세의 아들,<br>동생과 함께 런던탑에 감금 | | |
| 1483-1485 | 리처드 3세 | 에드워드 5세의 숙부,<br>영국의 수양대군,<br>2012년에 유골 발견 | | |
| 1485-1509 | 헨리 7세 | 헨리 6세의 이복 조카,<br>보즈워스 전투에서<br>리차드 3세에게 승리,<br>에드워드 4세의 딸과 결혼,<br>장미전쟁 종결 | 연산군(1495-1506) | |
| | | | 중종(1506-1544) | |
| 1509-1547 | 헨리 8세 | 헨리 7세의 아들,<br>영국 국교회 설립 | 인종(1544-1545) | |
| 1547-1553 | 에드워드 6세 | 헨리 8세의 아들,<br>소설 왕자와 거지의 주인공,<br>5촌 조카 제인 그레이에 왕위 세습 | 명종(1545-1567) | 을묘왜변 |
| 1553-1558 | 메리 1세 | 에드워드 6세의 이복누나,<br>블러디 메리 | | |
| 1558-1603 | 엘리자베스 1세 | 메리 1세의 이복동생,<br>영국의 제1 황금기,<br>스페인 무적함대 격파 | 선조(1567-1608) | 임진왜란 |
| 1603-1625 | 제임스 1세 | 스코틀랜드 메리 1세의 아들,<br>신대륙 최초 식민지 제임스타운,<br>가이 포크스 체포 | 광해군(1608-1623) | |
| 1625-1649 | 찰스 1세 | 제임스 1세의 아들,<br>내전으로 참수, 권리청원 | 인조(1623-1649) | 정묘호란,<br>병자호란 |
| 1649-1660 | 크롬웰 | 청교도 혁명 | 효종(1649-1659) | 북벌론 |
| | | | 현종(1659-1674) | |
| 1660-1685 | 찰스 2세 | 찰스 1세의 아들,<br>왕정복고, 런던 대화재 | 숙종(1674-1720) | |
| 1685-1688 | 제임스 2세 | 찰스 2세의 동생,<br>명예혁명의 당사자 | | |
| 1689-1702 | 윌리엄 3세와<br>메리 2세 | 제임스 2세의 딸인 메리 2세와<br>남편 윌리엄 3세의 공동 집권,<br>권리장전 수락 | | |

| 연도 | 영국 왕조 | | 한국 왕조 | |
|---|---|---|---|---|
| 1702-1714 | 앤 여왕 | 메리 2세의 동생, 고도비만 | | |
| 1714-1727 | 조지 1세 | 앤 여왕의 6촌 오빠,<br>입헌군주제의 시초, 부인 감금 | 경종(1720-1724) | |
| 1727-1760 | 조지 2세 | 조지 1세의 아들,<br>조지 1세와 대립, 헨델 후원,<br>메시아 기립의 시조 | 영조(1724-1776) | 탕평책 |
| 1760-1820 | 조지 3세 | 조지 2세의 손자, 7년 전쟁 시작,<br>미 독립전쟁 개입,<br>나폴레옹 전쟁<br>(트라팔가 해전, 워털루전투) | 정조(1776-1800) | 규장각 설치 |
| 1820-1830 | 조지 4세 | 조지 3세의 아들 | 순조(1800-1834) | 세도정치 시작 |
| 1830-1837 | 윌리엄 4세 | 조지 4세의 동생, 노예제도 폐지 | 헌종(1834-1849) | |
| 1837-1901 | 빅토리아 여왕 | 윌리엄 4세의 조카,<br>해가 지지 않는 나라 | 철종(1849-1864) | |
| 1901-1910 | 에드워드 7세 | 빅토리아 여왕의 아들,<br>60세에 즉위 | 고종(1864-1907) | 을사늑약,<br>대한제국 선포 |
| | | | 순종(1907-1910) | 경술 국치 |
| 1910-1936 | 조지 5세 | 에드워드 7세의 아들,<br>제1차 세계대전 발발 | 일제 강점기<br>(1910-1945) | 3·1운동,<br>임시정부 수립 |
| 1936-1936 | 에드워드 8세 | 조지 5세의 아들,<br>정부 월리스 심슨 | | |
| 1936-1952 | 조지 6세 | 에드워드 8세의 동생,<br>제2차 세계대전 발발,<br>영화 <킹스 스피치>의 주인공 | 미군정<br>(1945-1948) | |
| 1952-2022 | 엘리자베스 2세 | 조지 6세의 딸,<br>최장기 재임 | 대한민국<br>(1948-) | 한국전쟁,<br>서울올림픽 개최,<br>한일 공동월드<br>컵 개최 |
| 2022- | 찰스 3세 | 엘리자베스 2세의 아들 | | |